TUDO TEM UM MOTIVO

TUDO TEM UM MOTIVO

URI GNEEZY & JOHN A. LIST

Tradução de
JORGE RITTER

1ª edição

best. business
Rio de Janeiro · 2021

CIP-BRASIL. CATALOGAÇÃO NA FONTE
SINDICATO NACIONAL DOS EDITORES DE LIVROS, RJ

G493t

Gneezy, Uri
Tudo tem um motivo: os segredos da economia cotidiana / Uri Gneezy, John A. List; tradução Jorge Ritter. – 1ª. ed. – Rio de Janeiro: Best Business, 2021.

Tradução de: The why axis: hidden motives and the undiscovered economics of everyday life
Inclui índice
ISBN 978-85-68905-68-5

1. Economia – Aspectos psicológicos. 2. Motivação (Psicologia) – Aspectos econômicos. I. List, John A. II. Ritter, Jorge. III. Título.

21-71676 CDD: 330.01
CDU: 330:159.923.2

Meri Gleice Rodrigues de Souza – Bibliotecária – CRB-7/6439

Capa adaptada do original.

Título original em inglês: The why axis: hidden motives and the undiscovered economics of everyday life.

Texto revisado conforme o Acordo Ortográfico da Língua Portuguesa.

Direitos exclusivos de publicação em língua portuguesa para o Brasil adquiridos pela Best Business, um selo da Editora Best Seller Ltda.
Rua Argentina, 171 – CEP 20921-380 – Rio de Janeiro, RJ – Tel.: (21) 2585-2000, que se reserva a propriedade literária desta tradução.

Impresso no Brasil

ISBN 978-85-68905-68-5

Para os nossos experimentos de campo
mais importantes — nossos filhos incríveis:

Annika, Eli, Noah, Greta e Mason
Noam, Netta e Ron

Sumário

Prefácio

Às vezes, o que *deveria* ser completamente óbvio acaba sendo mais difícil de perceber.

Esse foi certamente o meu caso, um jovem economista no fim dos anos 1990. Eram tempos empolgantes no mundo da economia. Tive a sorte de participar disso tudo em Harvard e no Instituto de Tecnologia de Massachusetts, o MIT, duas instituições reverenciadas naquela época e que eram o epicentro da nova onda econômica.

Historicamente, a economia tem sido uma disciplina dominada pela *teoria*. Os grandes avanços haviam sido feitos em sua maioria por pessoas inacreditavelmente inteligentes, que escreviam modelos matemáticos complicados e geravam teoremas abstratos sobre como o mundo funcionava. Com o incrível desenvolvimento da capacidade dos computadores e dos grandes conjuntos de dados, no entanto, a profissão de economista se transformou nos anos 1980 e 1990. A pesquisa *empírica* — a análise de dados do mundo real — tornou-se cada vez mais o foco de muitos economistas. Tornou-se respeitável, para um jovem economista como eu, ao perceber que não era nem de perto inteligente o bastante para produzir insights teóricos elaborados, passar meu tempo trabalhando em dados à procura de fatos interessantes.

O grande desafio então (e atualmente) era descobrir se uma relação entre duas variáveis é verdadeiramente causal ou meramente uma correlação. Por que isso importava? Se uma relação era *causal*, então havia um papel para a política pública. Se uma relação era *causal*, você aprendeu algo importante sobre o funcionamento do mundo.

A causalidade, no entanto, é muito difícil de provar. A melhor maneira de se chegar à causalidade é por meio de experimentos aleatórios. Essa é a razão, por exemplo, de a *Food and Drug Administration** exigir experimentos aleatórios antes de aprovar novos medicamentos. O problema era que os tipos de experimentos usados em laboratório para testar as substâncias não eram tão aplicáveis aos tipos de questões que os economistas como eu queriam solucionar. Consequentemente, gastamos nossa energia tentando encontrar "experimentos acidentais", eventos peculiares que acontecem mais ou menos ao acaso no mundo real e que reproduzem vagamente os experimentos aleatórios. Por exemplo, quando um furacão devasta por acaso uma cidade e deixa a outra intocada, seria possível pensar que foi um evento mais ou menos aleatório o fato de determinada cidade ser atingida. Ou considere a legalização do aborto sob a decisão da Suprema Corte no caso *Roe v. Wade*,** em 1973. A probabilidade de um feto ser abortado mudou dramaticamente em alguns estados a partir daquela decisão, mas não em outros. Um comparativo das vidas que se desenvolveram para os bebês nascidos àquela época em diferentes estados nos diz algo a respeito do impacto da política e talvez também acerca de questões mais profundas, por exemplo, como a vida de uma pessoa cujo nascimento não era desejado foi afetada.

---

*Agência do governo norte-americano responsável pela fiscalização de alimentos, medicamentos etc. (*N. do T.*)

**Caso judicial pelo qual a Suprema Corte dos Estados Unidos reconheceu o direito ao aborto no país. (*N. do E.*)

Então é assim que eu, junto a um monte de outros economistas, passo meus dias: procurando experimentos acidentais.

Tudo mudou para mim, no entanto, quando encontrei um economista alguns anos mais jovem do que eu. Ele tinha um pedigree muito diferente do meu. Não havia estudado em Harvard ou no MIT, formando-se economista pela Universidade de Wisconsin-Stevens Point, e fez seu doutorado na Universidade de Wyoming. Seu primeiro trabalho como professor foi na Universidade da Flórida Central, uma instituição que não é uma das mais prestigiadas.

Seu nome era John List. Diferente de mim e de outros economistas conhecidos, ele realizava um trabalho pioneiro em algo que, em retrospectiva, era completamente sensível e óbvio: experimentos econômicos aleatórios no mundo real. Mas, por alguma razão, quase ninguém continuava fazendo isso. De alguma maneira, devido às tradições da profissão e ao que os economistas anteriores a nós haviam feito, simplesmente nunca nos ocorrera que *poderíamos* realizar experimentos aleatórios em pessoas reais em condições econômicas reais sem que essas pessoas sequer percebessem que faziam parte de um experimento. Foi o filho de um motorista de caminhão que nos mostrou o caminho.

Pense sobre o preconceito, por exemplo. Se uma pessoa atua de maneira preconceituosa em relação a outra, todos sempre presumiram que essa pessoa é racista, sexista, homofóbica ou algo do tipo. Ninguém, no entanto, jamais desemaranhou os motivos subjacentes em comportamentos que parecem, na superfície, baseados em antipatia, aversão ou ódio não disfarçado da maneira como John List e Uri Gneezy fizeram. Seus experimentos — descritos nos capítulos 6 e 7 — mostraram que o motivo oculto nem sempre foi o ódio, mas às vezes simplesmente ganhar mais dinheiro.

Para mim, o sinal do verdadeiro gênio é a capacidade de ver coisas que são completamente óbvias, mas para as quais todos os outros se mostram cegos. Por essa medida, John List e Uri Gneezy são definitivamente gênios. Eles são verdadeiros desbravadores em uma das maiores inovações na economia dos últimos cinquenta anos. Este livro conta a história de como a abordagem experimental, nas mãos de pesquisadores muito sérios e criativos, pode lançar luz sobre praticamente qualquer problema que se apresente. O único limite é a imaginação da pessoa que projeta o experimento.

Não apenas os experimentos de campo aleatórios (como a abordagem de John e Uri ficou conhecida) são uma ferramenta poderosa, como podem ser bastante divertidos, conforme você logo descobrirá. Espero que quem ler este livro o aprecie tanto quanto eu.

— *Steven D. Levitt*, coautor de *Freakonomics* e *SuperFreakonomics*

Introdução

Além das pressuposições

O que impele as pessoas a fazer o que fazem?

A placa na estrada que levava à cidade de Shilong nos montes Khasi da região Nordeste da Índia trazia uma mensagem enigmática: "Distribuição justa dos direitos à propriedade adquirida por você mesmo." Nós perguntamos a Minott, nosso motorista, o que isso queria dizer.

Minott havia nos encontrado no aeroporto Guwahati após nosso longo voo vindo dos Estados Unidos. Ele era um guia simpático que nos dava muitas informações enquanto viajávamos por estradas impossíveis, em meio a vilarejos tranquilos e belos situados em montes verdes recendendo a gengibre, cercados por plantações de arroz e abacaxis exuberantes. Um rapaz baixo, magro e sorridente de 28 anos, muito empolgado em agradar, Minott falava sete dialetos e também inglês razoavelmente bem. Ele nos conquistou de imediato.

"Não trabalho nas plantações de arroz como a maioria dos homens da minha tribo", contou ele, com orgulho. "Eu trabalho como tradutor. E como motorista. E opero um posto de gasolina na casa da minha irmã. E negocio produtos no mercado. Está vendo? Eu trabalho muito!"

Nós assentimos em concordância. Ele certamente parecia um empreendedor nato. Nos Estados Unidos, Minott sem dúvida teria operado uma franquia bem-sucedida, ou, se tivesse sido abençoado com uma boa educação, uma empresa inovadora de software no Vale do Silício.

Mas a vida de Minott era limitada.

"Não posso me casar." Ele suspirou.

Quando perguntamos o motivo, ele explicou que, como um homem Khasi, teria de viver com a irmã ou com a família da esposa, e não queria fazer isso. Queria ter sua própria casa, mas isso era impossível nessa sociedade. Não lhe era permitido ter uma propriedade. Muitas das coisas que ele queria fazer exigiam a permissão de sua irmã, porque, na sociedade matriarcal Khasi, as mulheres tinham o poder econômico. Mesmo os homens mais capazes e empreendedores, como Minott, são relegados a uma condição de cidadão de segunda classe. A placa na estrada, explicou Minott, fazia parte de um movimento masculino que estava surgindo à medida que os homens na sociedade Khasi começavam a articular o ressentimento por serem tratados como "reprodutores e babás".[1]

Aqui havia um universo paralelo — um que acreditávamos que poderia nos ajudar a solucionar uma das questões econômicas mais exasperantes na sociedade ocidental: *Por que as mulheres não são tão bem-sucedidas economicamente quanto os homens?*

Se você é como a maioria das pessoas, tem uma *opinião* sobre as razões para a existência da desigualdade de gênero e outros problemas, como a discriminação, a desigualdade educacional entre estudantes ricos e pobres e a pobreza. Mas você realmente *sabe* o porquê? Casos? Instinto? Introspecção?

Como verá, este livro busca ir além dos casos e lendas urbanas. Você será nosso parceiro na exploração, descobrindo por que as pessoas comuns se comportam de determinado modo. Para atingir o ponto nevrálgico real da motivação humana, realizamos experimentos de campo, e com eles pudemos observar as pessoas levando suas vidas nos ambientes naturais, quando não estão cientes de que estão sendo observadas. Então, analisamos os resultados e chegamos a conclusões que mudarão a maneira como você vê a humanidade e a si mesmo. Nossa abordagem única seleciona novas lições a partir das observações da vida cotidiana, produzindo uma compreensão dos incentivos que motivam as pessoas; não importa se eles assumem a forma de dinheiro, reconhecimento social ou algo mais.

* * *

Então, como descobrimos a respeito dos motivos subjacentes e dos incentivos certos? Como chegamos ao verdadeiro cerne da motivação humana? Durante os últimos vinte anos, deixamos nossos escritórios para tentar descobrir o que motiva as pessoas a fazer o que fazem em seus ambientes naturais. A razão para fazermos isso é simples: se você colocar um sujeito intolerante em um laboratório onde sabe que está sendo observado, ele não vai agir como uma pessoa intolerante; provavelmente vai dizer o que acha que o cientista quer ouvir ou vai agir da maneira que sabe que a sociedade espera que ele aja, pois está motivado a agir como deseja o pesquisador. Mas, se você observar seu comportamento no bar do próprio bairro quando alguém "diferente" entra (ou lhe dá oportunidade de conversar com alguém que parece e fala como um Borat* grosseiro), você testemunhará uma situação de discriminação autêntica.

Por essa razão, nossa pesquisa nos levou em uma jornada dos contrafortes do Kilimanjaro aos vinhedos da Califórnia, da região mormacenta do Norte da Índia às ruas geladas de Chicago, dos pátios das escolas em Israel às salas dos conselhos das maiores corporações do mundo. Aventurar-se no mundo real nos proporcionou uma compreensão única do que acontece de verdade com as pessoas.

Ao observar a maneira como elas se comportam em mercados corriqueiros, podemos compreender melhor suas motivações. Uma de nossas descobertas fundamentais é que o interesse pessoal se encontra no cerne da motivação humana — não necessariamente o egoísmo, mas o interesse pessoal. Os dois podem parecer a mesma coisa, mas na realidade são muito diferentes. Trata-se de um insight fundamental, pois, uma vez estabelecido o que as pessoas realmente valorizam — dinheiro, altruísmo, relações, elogios, e assim por diante —, podemos descobrir mais precisamente os gatilhos ou mecanismos necessários para induzi-las a ter notas melhores na escola, ficar longe de problemas com as autoridades, ter um desempenho melhor no trabalho, doar mais para a caridade, discriminar menos os outros etc.

---

*Personagem do humorista britânico Sacha Baron Cohen. (*N. do T.*)

Como desenvolvemos essa abordagem? Como um negociante de figurinhas esportivas nos anos 1980, John experimentaria muitas vezes diferentes táticas de negociação e políticas de preços para descobrir o que funcionava melhor. E, mais tarde, como um negociante de figurinhas esportivas estudando economia na Universidade de Wisconsin-Stevens Point, ele muitas vezes se perguntava se poderia aprender algo importante a respeito da economia usando experimentos de campo. Será que as leis da economia podiam ser testadas no mundo real? A milhares de quilômetros de distância, Uri perguntava-se como incentivar empregados que angariavam doações para a caridade. No processo, descobriu que, ao motivar voluntários, o tradicional modelo de pagamento por desempenho pode ser pior do que não pagá-los.

No passado, economistas foram céticos a respeito da realização de *experimentos de campo controlados*. Para um experimento ser válido, tudo mais além do item a ser investigado tem que ser mantido constante. É assim que os pesquisadores testam suas teorias: se eles querem determinar se a Coca-Cola Diet causa câncer nos ratos, eles manterão os "outros fatores iguais" e vão variar apenas a quantidade de Coca-Cola Diet consumida. Mesmo ar, mesma luz, mesmo tipo de rato. Por anos, os economistas acreditaram que não havia uma maneira possível de realizar esses testes no "mundo real", uma vez que não podiam controlar facilmente outros fatores importantes.

Mas, na realidade, o mundo econômico não é um tubo de ensaio — há bilhões de pessoas e milhares de empresas. Contrariamente à sabedoria econômica recebida, mostraremos que, se você estiver lidando com "impurezas", isto é, se estiver observando a maneira como as coisas funcionam em um mundo real sem controle e peculiar, experimentos de campo aleatórios produzem respostas reais. De fato, experimentos de campo se tornaram uma das inovações empíricas mais importantes em décadas. Nossa metodologia nos permite não apenas mensurar algo que está acontecendo, mas também verificar *por que* acontece. Oferecemos exemplos da maneira como nossa sistematização pode solucionar muitos dos problemas econômicos mais exasperantes do mundo, incluindo os seguintes:

- Por que, na maioria das economias modernas, as mulheres ainda ganham menos do que os homens pelo mesmo trabalho e ocupam menos posições na alta administração das empresas?
- Por que algumas pessoas são mais cobradas do que outras por produtos e serviços?
- Por que as pessoas discriminam umas às outras, e como podemos fazê-las parar com essa atitude, além de evitarmos fazer o mesmo?
- Apesar de os Estados Unidos gastarem muito mais na educação pública que a maioria dos outros países desenvolvidos, a taxa de evasão no ensino médio em alguns lugares ultrapassa 50%. Programas educacionais caros e temporários fazem realmente alguma diferença? Como podemos reduzir a desigualdade educacional entre estudantes ricos e pobres de maneira eficiente em termos de custos?
- Como os negócios podem inovar de modo mais criativo, melhorar a produtividade e criar mais valor, oportunidades e empregos em um mundo cada vez mais global e competitivo?

- Como organizações sem fins lucrativos encorajam mais pessoas a retribuir para a sociedade, e como você pode tornar sua escolha de atos de caridade mais efetiva?

Talvez você ache que essas questões tenham pouco ou nada em comum. Mas, de onde estamos, todas essas equações podem ser consideradas a partir de uma perspectiva econômica — e todas são tratáveis com simples soluções econômicas. Experimentos de campo podem destravar essas soluções. É uma questão de compreender os incentivos certos e descobrir o que realmente impele as pessoas a fazerem o que fazem.

CORRELAÇÃO *VERSUS* CAUSALIDADE

As pessoas adoram dizer: "Isso causa aquilo", mesmo sem saber se estamos lidando com um fato ou não. Mas, na ausência de dados experimentais reunidos no mundo real, estamos realmente "chutando" opiniões quando inferimos causalidade dessa maneira.

Não faz muito tempo, junto com dois colegas economistas da Universidade de Chicago, Steve Levitt e Chad Syverson, conversamos com executivos de uma grande varejista, bastante conhecida, sobre como poderiam incrementar as vendas. Um alto executivo de marketing nos apresentou o quadro a seguir em um esforço para demonstrar que a publicidade de varejo de sua empresa era eficiente na geração de vendas (por razões de confidencialidade os números foram modificados, mas a relação é similar):

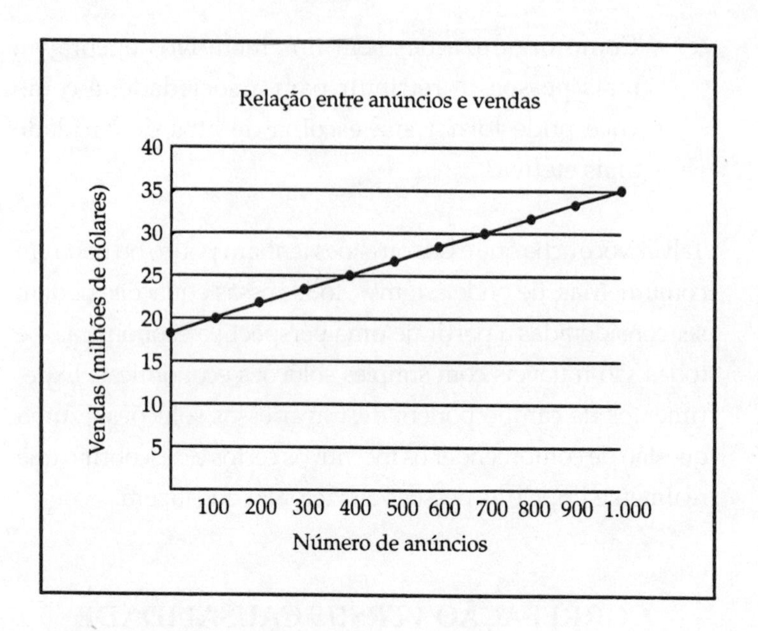

"Essa é a prova irrefutável", disse ele com orgulho. "Ela mostra uma clara relação positiva entre os anúncios e as vendas. Quando colocamos mil anúncios, as vendas foram de aproximadamente US$ 35 milhões. Mas veja como as vendas caíram para aproximadamente US$ 20 milhões quando colocamos apenas cem anúncios."

Para ver por que a relação entre as colocações de anúncios e as vendas talvez não seja tão clara quando o executivo acreditava, dê uma olhada na figura similar que produzimos:

Esse segundo gráfico mostra dois fenômenos muito diferentes: o número de incidentes de afogamentos de 1999 a 2005 e o número de vendas de casquinhas de sorvete no varejo (em milhões) de uma das maiores companhias de sorvete nos Estados Unidos durante o mesmo período de tempo. É claro, é chocante ver uma relação entre essas duas variáveis.

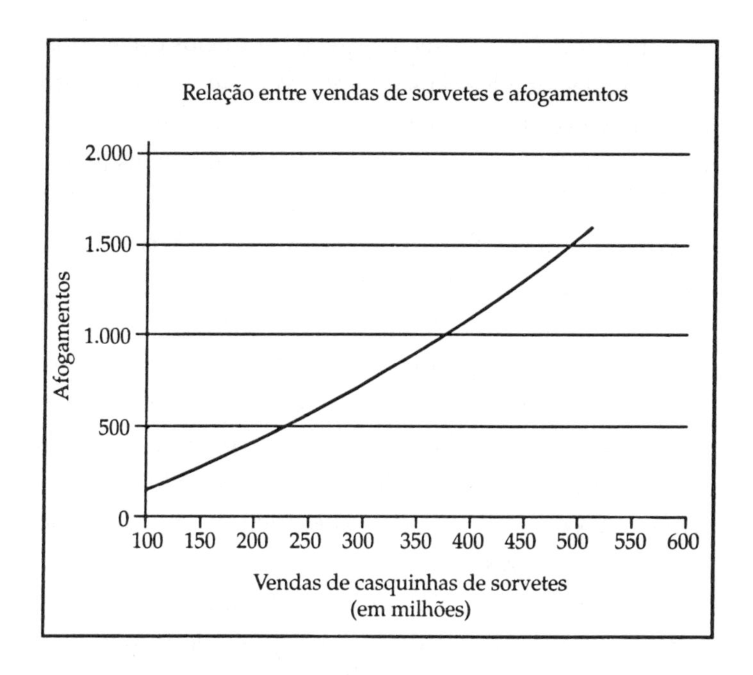

Os pais persuadidos por gráficos como esse poderiam acreditar que a correlação é causal e nunca mais deixar seus filhos comerem sorvete próximos do mar aberto. Mas, é claro, há uma terceira variável oculta por trás desses números. Durante o verão, as pessoas comem mais sorvete *e* nadam mais. Nadar mais leva a mais afogamentos. Embora as pessoas comam mais casquinhas de sorvete no verão, comer sorvete não *causa* afogamentos. Nadar, sim.

Então, qual era a variável oculta por trás dos números do gráfico que o executivo de marketing nos mostrou? Ficamos sabendo mais tarde que o varejista havia colocado um grande número de anúncios durante a temporada de compras dos feriados de novembro e dezembro quando, de maneira pouco surpreendente, a empresa vendeu muitos produtos. Isso deu a ilusão de que os anúncios e as vendas estavam relacionados causalmente. Mas, quando nos aprofundamos nos dados e levamos em consideração quando os anúncios foram colocados, não encontramos causalidade nenhuma nos dados — apenas correlação. Os consumidores compraram mais produtos por causa dos feriados, não necessariamente devido aos anúncios feitos.

Nosso mundo está repleto de erros como esse. Em casos nos quais achamos que uma relação causal poderia existir, é fácil confundir simples correlações com causalidade. Ao fazer isso, podemos desperdiçar esforço e recursos significativos sem motivo. O problema é que o mundo está cheio de relações complicadas, por isso é difícil encontrar relações causais verdadeiras.

Então há a tendência atual dos "grandes volumes de dados". Ao reunir grandes quantidades de informações e observar os padrões, as pessoas que usam grandes volumes de dados podem tirar conclusões interessantes. Esses volumes são importantes, mas também apresentam grandes problemas. A abordagem subjacente se baseia fortemente em correlações, não causalidade. Como observou David Brooks: "Um zilhão de coisas podem se correlacionar umas às outras, dependendo de como você estrutura os dados e o que você compara. Para discernir correlações significativas de correlações sem sentido, você muitas vezes tem que se basear em alguma hipótese causal sobre o que está ocasionando o quê. Você termina voltando ao reino da teorização humana."[2]

Outro problema com grandes volumes de dados é que são tão grandes que é difícil abrir caminho em meio a eles. As empresas têm tantos dados que não sabem o que procurar. Elas coletam tudo, e então ficam sobrecarregadas, pois têm tantas permutações possíveis de variáveis de interesse que acabam por não saber nem por onde começar. Como nosso trabalho está concentrado no uso de experimentos de campo para inferir relações causais e devido ao fato de refletirmos profundamente a respeito dessas relações causais de interesse *antes* de gerar dados, vamos muito além do que os "grandes volumes de dados" poderiam um dia proporcionar.

Felizmente, experimentos de campo podem proporcionar o tipo de dados concretos que os cidadãos, educadores, filantropos, legisladores e CEOs precisam, a fim de não apenas evitar cometer grandes erros, mas também de desenvolver uma melhor compreensão a respeito das pessoas que eles devem servir: *O que realmente motiva as pessoas e por quê?*

Quais os tipos de incentivos que levam as pessoas a fazer as coisas "certas"? Quando os incentivos na forma de punições e sanções direcionam as pessoas para longe de comportamentos indesejáveis? E quando os incentivos simplesmente não funcionam?

Como economistas, nós claramente acreditamos que há mais coisas a respeito da motivação do que as que se veem e que, quando você encontra uma relação *causal* entre as variáveis, a implicação pode ser profunda. Na realidade, os incentivos não são simples instrumentos cegos. Motivos ocultos são muito complexos, e eles nem sempre operam da maneira que pensamos que deveriam. Até você compreender completamente quais incentivos motivam as pessoas, é impossível prever como novas políticas ou mudanças de fato funcionarão.

Neste livro, mostramos as muitas maneiras como os incentivos *podem* funcionar para mudar nós mesmos, nossos negócios, nossas escolas e o mundo para melhor; mas, antes que possamos aplicá-los, precisamos compreender *como* esses incentivos mudam nossos motivos ocultos.

* * *

Nós[3] também somos estimulados por interesses pessoais e paixões. Por exemplo, considere como foi despertado o interesse na questão: por que as pessoas discriminam umas às outras? Não era apenas porque a discriminação prejudica a sociedade em geral ou porque é uma questão obscura que atormentou os pesquisadores por anos. Nós escolhemos estudá-la porque fomos vítimas, assim como pessoas próximas em nossas famílias, da discriminação.

Uri jamais esquecerá as histórias apavorantes que seu pai, Jacob, sobrevivente do Holocausto de Budapeste, lhe contou sobre o que aconteceu com seu bairro, lugar em que as pessoas eram muito unidas. Quando os nazistas invadiram a Hungria e o Holocausto varreu Budapeste, em 1944, não deixaram mais que Jacob trabalhasse. Sua mãe, Magda, conseguiu mudar a família para uma das três casas seguras fora do gueto judeu sob os cuidados do diplomata sueco Raoul Wallenberg. Mas, no fim das contas, as casas não eram nem um pouco seguras.

Uma noite, membros do partido pró-nazista da Cruz Flechada arrancaram os vizinhos judeus de suas casas, levaram-nos à força até o rio Danúbio e atiraram em todos os homens, mulheres e crianças. Na outra noite, o mesmo aconteceu com as pessoas no segundo prédio. Na noite seguinte, o pai de Uri e sua família estavam esperando por um destino similar. Mas, em vez disso, os simpatizantes nazistas forçaram-nos, sob a mira das armas, a voltar para o gueto, onde Magda combateu a fome da família lutando por carne de cavalos mortos, completamente em desacordo com a dieta Kosher. Eles escaparam da morte por pura sorte. Muitos anos mais tarde, não muito distante dos locais desses cativeiros, Uri lecionava na Universidade de Budapeste — a mesma instituição da qual seu avô fora sumariamente expulso devido à religião. Uri não conseguia evitar um arrepio ao parar junto ao leitoril.

Quando pensamos em discriminação, esses são os tipos de preconceito nefasto e violento de que nos lembramos. Mas John enfrentou um tipo de discriminação muito diferente quando entrou no mercado de trabalho em 1995, como doutor recém-formado. Embora ele tivesse se candidatado a mais de 150 empregos acadêmicos e completado diversos experimentos de campo, recebeu a oportunidade de apenas uma entrevista. Ficou sabendo mais tarde que outros candidatos praticamente idênticos conseguiram trinta entrevistas a partir de apenas cerca de quarenta solicitações. A principal diferença entre John e os outros candidatos era que John concluíra o doutorado na Universidade de Wyoming, enquanto os concorrentes receberam o título de instituições de "renome", como Harvard e Princeton. Empregadores usavam essa informação para filtrar os candidatos — efetivamente discriminando entre aqueles que "tinham" e os que "não tinham" a tal certificação.

Você também provavelmente experimentou esse tipo de discriminação, talvez sem nem saber. E, assim como a maioria das pessoas, talvez ache que os seres humanos tratam uns aos outros injustamente porque simplesmente somos programados desse jeito. É fácil compreender por que a maioria de nós presume o pior a respeito do outro. Por toda a nossa volta, são disparadas acusações de racismo.

Os apoiadores do presidente Obama acusam seus detratores de racismo, e vice-versa; blogueiros, empresas de notícias, políticos e outros dirigentes públicos rotineiramente chegam a conclusões precipitadas a respeito das motivações de outras pessoas antes que os fatos sejam conhecidos.

O que tudo isso tem a ver com economia? A resposta é: em vez de aceitar que os seres humanos são programados para serem racistas ou intolerantes, queríamos aprender mais sobre as motivações subjacentes do porquê de as pessoas realmente discriminarem. É claro que a discriminação tem sérios efeitos a longo prazo sobre as vidas das pessoas, e queríamos compreender como ela atua no mercado, um meio em que as pessoas vivem no dia a dia. O que causa isso? Será um fenômeno impelido somente por um preconceito arraigado, ou há outra explicação?

Usando vários experimentos de campo em mercados reais, descobrimos que o tipo de discriminação que John encarou na atualidade é muito mais comum do que o tipo que a família de Uri enfrentou. O ódio descarado e a hostilidade pura não são tão difundidos quanto a maioria de nós acredita. Como consequência, se você realmente quer dar fim à discriminação, não foque apenas no lado feio e racista das coisas. Esse é o culpado errado. Em vez disso, considere o incentivo *econômico* para a discriminação, e então olhe pelo microscópio. No fim das contas, a maioria dos casos de discriminação hoje em dia é causada por pessoas ou companhias tentando aumentar os lucros.

Mas isso não quer dizer que o ódio cabal esteja morto. O que vemos, na realidade, é que as pessoas muitas vezes discriminam de maneira fanática quando percebem que os outros *têm uma escolha a respeito da questão.* Como Archie Bunker, o protagonista racista da antiga série *All in the family,* perguntou a Sammy Davis Jr. em um episódio famoso: "Quanto a você ser negro, bem, isso eu sei que você não teve escolha. Mas por que você virou judeu?"[4]

Esses insights vêm a ser importantes não somente para a sociedade, mas também para você. Além disso, os legisladores não podem começar a lutar contra algo que eles não compreendem. Se você é alguém que elabora leis, compreender como *não* ser discriminado é algo muito importante.

* * *

Outra questão que realmente nos incomodava era a desigualdade de gênero nos mercados de trabalho. As mulheres ainda ganham menos do que homens igualmente habilitados, assim como são raridade nos conselhos e na alta administração das empresas.

Temos quatro filhas espertas (e quatro belos garotos). Como você, queremos que nossos filhos tenham uma chance justa à medida que forem crescendo, que possam ir para a universidade e competir por cargos. Mas, desde os seus primeiros anos, observamos que as chances justas nem sempre aconteciam para nossas filhas. Por que um dos professores de uma das nossas garotas parecia estar dizendo que ela não era tão boa quanto os garotos em matemática, apesar de o talento dela ser evidente na matéria? Por que os técnicos de esportes na sua escola repreendiam os garotos na aula para "parar de chutar a bola como uma garota?". E por que as duas filhas de Uri — uma competitiva, a outra, nem tanto — eram tão diferentes?

Nós nos perguntamos se nossas filhas seriam capazes de competir por ótimas universidades e ótimos trabalhos ou se seriam desencorajadas e colocadas de lado ao longo do caminho. Após juntar nossas observações dos primeiros dias delas na escola com os fatos a respeito das grandes diferenças entre a capacidade dos homens e das mulheres de conseguir altos salários, subir na hierarquia corporativa e manter posições públicas proeminentes, nos perguntamos se as diferenças na competitividade poderiam ajudar a explicar a desigualdade de gênero. Então fizemos uma simples pergunta: *as mulheres são diferentes dos homens em termos de competitividade?* Após descobrir diferenças importantes, questionamos: *essa diferença em competitividade ocorre devido à natureza ou à criação?*

Para encontrar respostas, entramos em aviões, helicópteros, trens e automóveis e fomos para cantos distantes do planeta a fim de investigar a competitividade de gênero entre as sociedades mais e menos patriarcais no planeta (foi assim que conhecemos Minott). Os resultados da nossa pesquisa pendem fortemente para o lado da criação. No ambiente certo — um no qual as mulheres não são dissuadidas de enfrentar situações competitivas e são aceitas por sua sociedade como indivíduos poderosos —, elas se tornam tão competitivas quanto os homens, e às vezes até mais do que eles. Isso tem implicações importantes para nossas filhas e as suas, e para os legisladores que querem reduzir a desigualdade de gênero nos mercados de trabalho. Se você estabelece os incentivos corretamente, a desigualdade de gênero pode ser reduzida drasticamente.

* * *

Outra questão que exploramos é a seguinte: *Como podemos fazer com que as pessoas doem mais dinheiro para a caridade?* Além do nosso desejo de sermos bons cidadãos, cada um de nós tinha razões egoístas para nossa curiosidade.

John tem se interessado pela economia da caridade desde seus tempos de professor iniciante na Universidade da Flórida Central, onde descobriu que uma parcela essencial da nossa economia — o setor caritativo — era em grande parte orientada por casos e regras práticas desatualizadas e destituídas de validação científica. Ao longo do caminho, ele conheceu Brian Mullaney, o fundador e CEO da Smile Train e da WonderWork.org, cujos anúncios e envelopes de mala direta ubíquos pedem por doações que podem corrigir lábios leporinos e fendas palatinas (e, por meio da WonderWork.org, outros problemas) com uma cirurgia simples.

Um experimento de campo em larga escala abrangendo aproximadamente 800 mil recipientes da mala direta revelou algo a respeito da doação que ninguém teria adivinhado: permitir que as pessoas marquem uma caixa dizendo "nunca mais me contate" na realidade levou a níveis *mais altos* de doações, não mais baixos. Muitos especialistas em arrecadação de fundos acharam que a ideia era maluca; por que razão absurda qualquer caridade convidaria as pessoas a *parar* de contribuir? Mas, no fim das contas, as pessoas adoraram. Conseguimos muito mais dinheiro usando a caixa de opção para deixar de receber a correspondência em vez do tratamento padrão, e apenas 39% fizeram essa opção. A Smile Train e a WonderWork.org terminou poupando dinheiro com a postagem, porque só precisavam reenviar a correspondência para aqueles que estavam interessados em doar no futuro. Era uma situação em que não havia a possibilidade de sair perdendo.

Uri ficou intrigado com a ideia de fazer com que as pessoas doem mais para a caridade enquanto experimentam um novo mecanismo de formação de preços em várias empresas — "pague o que você quiser". Sob essa política de estabelecimento de preços, uma empresa diz para os seus clientes que eles podem ter os bens ou serviços que precisam por qualquer preço que estabelecerem (incluindo US$ 0). Fomos capazes de convencer a Disney a testar esse novo e incomum mecanismo de formação de preços em um de seus grandes parques temáticos e descobrimos que, ao combinar uma doação de caridade com um mecanismo de formação de preços do tipo "pague o que você quiser", as pessoas pagam bem mais; muito mais, na realidade, do que com os modelos de formação de preços tradicionais.

E, como descobrimos, os seres humanos têm razões mais complicadas e, sim, mais complexas para doar do que o simples altruísmo. Quando olhamos para todos os tipos de técnicas — campanhas de porta em porta, solicitações de mala direta, subsídios equivalentes, e assim por diante —, conseguimos notar o que funciona melhor no estabelecimento de incentivos certos e no convencimento das pessoas para abrir seus corações e carteiras. Como você verá, um tema recorrente ao longo do livro é este: assim que descobrimos o que as pessoas valorizam, podemos projetar políticas úteis que influenciam seu comportamento e induzem à mudança.

Eis outro dilema que nos mobilizou: *como podemos usar incentivos para manter as crianças na escola e reduzir a violência com armas de fogo entre os jovens?*

Essa questão pode ser qualquer coisa, menos um problema abstrato. As escolas públicas em algumas áreas de Chicago têm índices de evasão terríveis, em alguns casos chegando a 50%, e um em cada mil estudantes de escolas públicas leva um tiro. Quando o prefeito de Chicago Heights pediu ajuda para John, ele respondeu como qualquer bom cidadão faria — e trouxe a caixa de ferramentas de um economista para o trabalho. Os experimentos em larga escala que descrevemos neste livro — os primeiros do seu tipo no país — demonstram que determinados tipos de incentivos, oferecidos do jeito certo, podem ajudar e muito na melhoria do desempenho estudantil. Eles podem salvar vidas também.

Ao investigar o desempenho estudantil, precisamos nos aprofundar de verdade na questão da motivação. O que acontece realmente quando você usa o dinheiro como um incentivo? Quando os incentivos funcionam e quando eles não funcionam? Essas questões começaram a nos incomodar pela primeira vez há anos, quando nossos filhos estavam na creche. A diretora da pré-escola, frustrada com os pais que não buscavam seus filhos na hora combinada, decidiu impor uma pequena multa para quando ocorressem atrasos. A multa, na realidade, funcionou como um incentivo contrário, pois colocou um preço — e um preço razoavelmente baixo quanto a isso — no incômodo gerado para professores e funcionários. Os pais talvez se sentissem culpados por estarem atrasados antes, mas, uma vez que a multa foi instituída, eles decidiram que era realmente uma bobagem aparecer na hora. Por que dirigir como um maluco para poupar alguns dólares? Pesquisamos mais e concluímos que, se você quiser que alguém faça alguma coisa, precisa ser muito cuidadoso a respeito dos detalhes — quem, o quê, quando, onde, por que e quanto você motiva. O dinheiro funciona, mas apenas nos níveis certos.

* * *

Como você já deve ter percebido a esta altura, não somos com a maioria dos economistas. Embora usemos insights importantes de teorias econômicas, não desenvolvemos nosso pensamento em estufas intelectuais.

John, por exemplo, como já mencionamos, deu seus primeiros passos no mundo dos negócios como um estudante universitário entusiasmado, quando aprendeu a comprar, vender e negociar artigos esportivos para colecionadores. Ele recebeu uma lição inesquecível sobre a competição e o capitalismo selvagem quando trocou uma coleção valiosa de suas próprias figurinhas esportivas por um conjunto de falsificações sem valor algum. Mas, por meio do processo, ele aprendeu a como barganhar mais efetivamente, e mesmo como estabelecer o preço dos seus produtos de modo correto. Para sua surpresa, mais tarde observou que a maioria das empresas — mesmo corporações internacionais — não faz a menor ideia de como estabelecer preços para seus produtos e serviços.

Uri adora um bom vinho da Califórnia. Diversas vezes, quando visitamos vinícolas, ele se perguntava como os proprietários estabeleciam os preços dos seus produtos — uma tarefa particularmente complicada, tendo em vista que a qualidade é difícil de julgar de maneira objetiva. Quando um taverneiro pediu que ele o ajudasse exatamente com isso, Uri lhe respondeu que não fazia ideia de quanto o vinho deveria custar, mas que tinha uma ferramenta que poderia determinar o valor de maneira simples e barata. Conduzimos um pequeno experimento de campo na vinícola e, algumas semanas mais tarde, pudemos encontrar o melhor preço, que aumentou os lucros da vinícola de modo considerável. Nossos experimentos de campo em empresas demonstraram como aumentar tanto a produtividade quanto os lucros de maneira que aumente a fatia do bolo de todo mundo.

Muitas vezes, empresários acham que realizar um experimento é um empreendimento caro, mas acreditamos que é proibitivamente caro *não* realizar um experimento. Quantos fracassos de produtos e de formação de preços não podem ser atribuídos a investigações e testes insuficientes? Apenas pergunte ao pessoal do Netflix, que errou feio em 2011 quando introduziu uma nova política de preços que causou danos tanto à marca quanto ao valor das ações.

Toda transação é uma oportunidade para aprender algo a respeito dos clientes. As empresas que aprendem a realizar experimentos de campo, e os fazem bem, serão líderes em seus mercados. No passado, administradores habilidosos podiam contar com a intuição e a sabedoria recebidas de seus predecessores. Mas o administrador bem-sucedido do futuro gerará seus próprios dados utilizando-se de experimentos de campo e usará esses insights para efetuar os resultados.

* * *

Então aí está. Quando tiver terminado este livro, esperamos que você tenha uma ideia muito melhor do que funciona — e do que não funciona. Também gostaríamos que passasse a ver a economia como uma ciência *apaixonada*, não uma "ciência sinistra", nome conferido a ela pelo historiador vitoriano Thomas Carlyle.[5]

Para nós, a economia é uma disciplina totalmente engajada com o espectro inteiro das emoções humanas, com um laboratório tão grande quanto o mundo inteiro e com a capacidade de produzir resultados que podem mudar a sociedade para melhor. Acreditamos que você descobrirá que nossos experimentos de campo não são apenas esclarecedores, mas divertidos e cheios de surpresas. Além disso, esperamos que também descubra que a economia não é de forma alguma chata ou sinistra. Acreditamos que você sairá com uma nova compreensão dos motivos ocultos que impelem as pessoas a se comportarem da maneira como se comportam e de como todos nós podemos alcançar resultados melhores para nós mesmos, nossas empresas, nossos clientes e a sociedade em geral.

Por fim, esperamos que você chegue a uma nova compreensão de como os incentivos podem ser usados como uma maneira de formular as questões e reunir insights que não sejam apenas interessantes, mas importantes e úteis.

Esperamos que aprecie a aventura.

1. Como conseguir que as pessoas façam o que você quer?

Quando os incentivos (não) funcionam e por quê[1]

Se deseja que as pessoas façam o que você quer, incentivos podem ser incrivelmente práticos. Quando você era pequeno e sua mãe lhe prometia um brinquedo por arrumar o quarto, você provavelmente arrumava seu quarto. E se não fizesse o mesmo na semana seguinte, ela tirava seu brinquedo até que você o fizesse. Muito do que aprendemos a partir do momento que conseguimos dizer nossas primeiras palavras é em grande parte baseado em uma aplicação de presentes para premiar e castigos para punir. Incentivos negativos na forma de punições e multas podem afastar as pessoas de comportamentos indesejáveis. Incentivos positivos — muitas vezes na forma de atrativos monetários — podem fazer com que as pessoas movam montanhas, melhorem seus hábitos e façam as coisas "certas".

Mas incentivos são mais complicados do que parecem. Eles são ferramentas sofisticadas e nem sempre operam da maneira como pensamos. Antes de colocar um esquema de incentivo em funcionamento, primeiro é preciso compreender *como* ele funciona e então usá-lo para entender *por que* as pessoas se comportam de determinada forma. Assim que compreendemos o que as pessoas valorizam e por qual motivo, podemos desenvolver incentivos efetivos e usá-los para mudar o comportamento de nossos filhos, motivar funcionários, atrair clientes e mesmo convencer a nós mesmos a fazer coisas. Experimentos de campo são uma ferramenta poderosa para entender como e por que incentivos funcionam.

Em alguns casos, incentivos podem gerar o resultado oposto do desejado, fazendo com que as pessoas se comportem da maneira oposta às expectativas.

Essa lição foi aprendida há alguns anos quando Uri e sua esposa, Ayelet, se atrasaram para buscar as filhas na creche. Os dois tinham aproveitado um belo dia na praia em Tel Aviv, um bom almoço e uma ótima conversa que fez com que se esquecessem da hora. Eram quase 4 horas e tinham menos de 15 minutos para pegar as filhas na creche a uma boa meia hora dali. Quando finalmente chegaram lá, as garotas os receberam como filhotinhas animadas. Então ele viu Rebecca.

A querida Rebecca, uma mulher generosa e carinhosa, proprietária, diretora e matriarca da creche. Por anos, ela havia trabalhado duro e poupado seu dinheiro até ter o suficiente para abrir a própria creche, situada em uma bela casa antiga no subúrbio, a aproximadamente vinte minutos de Tel Aviv. Cada sala era colorida e bem iluminada, e as crianças gritavam de alegria brincando no jardim. Rebecca havia contratado uma equipe dos sonhos para cuidar dos pequeninos, e a creche rapidamente ganhou a reputação de ser uma das melhores da cidade. Ela tinha orgulho de sua instituição, e por uma boa razão.

Mas quando ela viu Uri e Ayelet, contorceu os lábios.

"Sinto muito por termos chegado tarde", ousou dizer Uri. "O trânsito..."

Rebecca anuiu com a cabeça. Não disse nada enquanto Uri e Ayelet pegavam suas filhas. O que ela estava pensando? Eles sabiam que ela estava incomodada, mas *quão* incomodada estava? Era difícil descobrir, uma vez que Rebecca era sempre muito agradável. Uri e Ayelet se sentiram muito mal por aparecerem atrasados, perguntando-se se ela chegaria ao ponto de dar um tratamento pior a suas filhas devido ao atraso.

Rebecca deu a Uri e Ayelet uma ligeira ideia de como ela se sentia sobre o desrespeito ao horário quando, algumas semanas depois, anunciou que sua creche começaria a cobrar uma multa de 10 shekel* (aproximadamente US$ 3) dos pais que buscassem uma criança com mais de dez minutos de atraso. Ao informar isso, deixou claro e com exatidão quão ruim era um atraso: US$ 3.

Então, como funcionou o incentivo de Rebecca? Não muito bem. Tendo em vista que ela cobrava apenas US$ 3 por chegar tarde, Uri e Ayelet chegaram à conclusão de que se tratava de uma troca bastante interessante por um pouco mais de tempo na creche. Na vez seguinte em que estavam no trabalho ou aproveitando um dia na praia e souberam que se atrasariam, não dirigiram como malucos para chegar à creche o mais rápido possível. Afinal de contas, eles não

*Shekel é a moeda de Israel. (*N. do E.*)

tinham de enfrentar a ira de Rebecca. Agora que ela havia imposto uma taxa de US$ 3 por atraso, eles a pagariam sem problema algum e continuariam com o que estavam fazendo sem se preocupar ou se sentir culpados.

A experiência com Rebecca e sua multa pelo atraso nos inspirou a trabalhar, junto com Aldo Rustichini, com dez creches em Israel para mensurar o efeito de uma multa pequena sobre pais atrasados durante um período de vinte semanas. Primeiro mensuramos o que aconteceu quando não havia multa. Então, em seis das creches, introduzimos uma multa fixa de US$ 3 para os pais que chegavam mais de dez minutos atrasados. Como era de se imaginar, a essa altura o número de pais atrasados *aumentou* drasticamente. Mesmo após as creches terem retirado a multa, a quantidade de pais chegando depois do horário permaneceu mais alta nas creches que a haviam introduzido inicialmente.[2]

Então, o que estava acontecendo? Quando Rebecca impôs a multa, ela mudou o significado de um atraso na hora de buscar os filhos. Antes da multa, os pais operavam sob um simples trato não verbal, de acordo com o qual chegar na hora era "a coisa certa a ser feita" pelo bem das crianças, de Rebecca e de sua equipe.

No entanto, aquele contrato com Rebecca estava incompleto. Ele dizia que os pais deveriam pegar os seus filhos às 4 horas da tarde, mas não especificava o que aconteceria se deixassem de fazê-lo. Será que Rebecca e seus professores estariam de acordo em permanecer com as crianças até que todos os pais chegassem? Ou ficariam incomodados e tratariam as crianças mal em decorrência disso? Simplesmente não sabíamos.

Mas, assim que Rebecca introduziu a multa, o significado do trato entre pais e professores mudou. Os pais se deram conta de que não precisavam dirigir com imprudência para chegar na hora. Além disso, Rebecca estabeleceu um preço claro — um preço baixo, mas ainda assim um preço — para o atraso. Dessa maneira, chegar atrasado não envolvia mais desrespeitar nenhum acordo tácito. O tempo extra dos professores se tornou simplesmente uma mercadoria, como uma vaga de estacionamento ou uma barra de chocolate. O incentivo baseado no mercado completou o contrato: agora todos sabiam exatamente o tamanho do dano causado pelo atraso. Se você fosse Rebecca, perceberia rapidamente que impor uma multa foi muito menos eficiente que um simples sentimento de culpa.

Mudar o sentido dessa maneira tem um impacto significativo. Digamos que você seja pai de uma adolescente. Você fala com sua filha sobre drogas na esperança de convencê-la de que usá-las é algo ruim. Se tiver sorte, ela vai lhe dar ouvidos. Mas, se você tiver suspeitas, talvez exija que ela faça algum exame para provar que não as usa. Como esse tipo de demanda muda a relação com sua filha adolescente? Você não é mais apenas um pai; é também um policial. E sua filha talvez se concentre agora em encontrar maneiras de trapacear no exame, em vez de questionar o uso de drogas em geral.

Incentivos negativos na forma de multas de creches e exames para detectar o uso de drogas mudam de significado, mas é claro que as recompensas também. Todos nós presumimos que oferecer dinheiro às pessoas as levará a fazer o que queremos. Mas digamos que você vá a um bar depois do trabalho. Você acha uma pessoa atraente e sente que é algo mútuo. Vocês tomam alguns drinques e têm uma conversa interessante. Após um tempo, você diz: "Ei, eu realmente gosto de você! Quer ir comigo até minha casa?"

Quem saber? Talvez você dê sorte. Mas o que acontecerá se acrescentar: "Estou disposto a pagar US$ 100 para você"? Você mudou completamente o significado da interação e insultou a outra pessoa ao efetivamente transformá-la em uma prostituta. Ao acrescentar um valor monetário à sua interação, você basicamente destruiu algo que poderia se transformar em uma relação.

O PROBLEMA ESTÁ NOS DETALHES

O problema da situação com Rebecca é que, se você vai usar incentivos, é melhor ter certeza de que eles realmente funcionem. Na realidade, se usar incentivos que envolvem dinheiro, é melhor tomar bastante cuidado com os detalhes, porque eles podem mudar facilmente a nossa percepção da relação.

Considere os dois cenários a seguir envolvendo uma política voltada para encorajar as pessoas a reciclarem latas de refrigerante.

Cenário 1: Digamos que você viva em um lugar onde as pessoas não são pagas para reciclar latas. Em uma manhã congelante, você vê uma vizinha carregando uma sacola grande, cheia de latas, a caminho do centro de reciclagem.

Cenário 2: Sua cidade mudou de política. Agora as pessoas podem receber uma recompensa de cinco centavos por cada lata de refrigerante reciclada. Você vê sua vizinha carregando uma sacola grande de latas para um centro de reciclagem.

O que você pensa da sua vizinha no Cenário 1? E no Cenário 2?

No primeiro cenário, você provavelmente acha que sua vizinha é uma ativista ambiental, uma cidadã de caráter elevado, fazendo sua parte em prol do meio ambiente.

Mas, assim que a recompensa de US$ 0,05 por lata é instituída, é possível que você pense que ela é uma pessoa avarenta ou que está passando por dificuldades financeiras. "Por que", talvez você se pergunte, "ela está tendo tanto trabalho por uma compensação tão pequena? Será que é miserável?"

Na realidade, o incentivo de US$ 0,05 talvez tenha mudado o significado do que sua vizinha pensa que está fazendo. Antes de a política ter mudado, a coleta de latas só tinha a ver com a proteção ao meio ambiente. Depois da mudança, ela talvez passe a acreditar que parece avarenta ou miserável ao coletar as latas. "O que vem depois disso", talvez ela diga a si mesma. "Revirar o lixo? Nesse caso, a minha coleta de latas não vale a pena." Dada essa mudança na sua percepção de si mesma, consequentemente ela talvez pare com a reciclagem.

Outro exemplo de como usar o dinheiro como incentivo pode ter o efeito oposto do desejado ocorreu durante os amplamente divulgados "dias de doação"[3] em Israel. Todos os anos, estudantes do ensino médio vão de porta em porta coletar doações para uma organização de caridade apoiando, digamos, uma pesquisa sobre câncer ou que ajude crianças deficientes. Em média, quanto mais casas os estudantes visitam, mais dinheiro coletam.

Nosso objetivo experimental era determinar se um incentivo monetário aumentaria o montante coletado e, se assim fosse, quanto dinheiro seria necessário para maximizar o desempenho dos estudantes. Então dividimos 180 estudantes em três grupos diferentes (nenhum dos participantes sabia que estava fazendo parte de um experimento). O primeiro grupo ouviu o líder falar sobre a importância das doações para a caridade, explicando que essa prática tinha como intenção motivá-los a coletar a maior quantidade de dinheiro possível. Para o segundo grupo, o líder acrescentou que cada estudante receberia uma bonificação de 1% da quantidade que arrecadasse (deixamos claro que o bônus não viria das doações). Esse 1% acrescentou uma motivação monetária externa à motivação intrínseca de fazer o bem. Ao terceiro grupo dissemos que eles receberiam 10% da quantidade doada.

O grupo que acumulou mais doações foi o grupo que não recebeu pagamento algum. Basicamente, esse grupo queria fazer o bem. Mas, aparentemente, quando a compensação monetária foi introduzida, os estudantes nos outros dois grupos pararam de pensar a respeito do bem a ser feito e se concentraram, em vez disso, em um simples cálculo de custo-benefício com relação aos seus pagamentos. O grupo ao qual foi oferecido um pagamento de 10% ficou em segundo. Aqueles que receberam a proposta de 1% acumularam menos doações. Por quê? Porque, nesse caso, o dinheiro não apoiava o incentivo intrínseco de fazer o bem — assim como a multa da creche de Rebecca, ele suplantou a motivação maior. Isto é, o dinheiro se tornou mais relevante do que o desejo de fazer o bem.

Quando você decide se deve motivar alguém, é preciso pensar primeiro se esse incentivo talvez não venha a suplantar a vontade de desempenhar o bem sem um incentivo (para ajudar o meio ambiente reciclando latas, para ajudar a pesquisa do câncer etc.). Isso pode ocorrer devido a uma mudança na percepção do que está fazendo, ou porque insultou a pessoa que está tentando encorajar ou desencorajar. Quando você decide tomar a rota do incentivo, deve verificar que ele seja grande o suficiente para gerar ganhos. Pense no incentivo como um preço. Se cobrar um valor significativo (por exemplo, se Rebecca tivesse cobrado dos pais atrasados, digamos, US$ 5 por minuto, como ocorre em alguns lugares nos Estados Unidos), é mais provável que as pessoas se comportem da maneira que você deseja. Então, a moral da história é pagar o suficiente ou não pagar nada.

O dinheiro, no fim das contas, realmente não manda em tudo; algumas coisas não podem ser compradas. Recompensar as pessoas com base no que elas *realmente* valorizam — seu tempo, sua autoimagem como bons cidadãos, ou mesmo doces — é muitas vezes bem mais motivador do que apenas oferecer ou tomar algumas notas de dinheiro. Resumindo, nem todos os incentivos são criados do mesmo modo.[4]

VOU QUERER O QUE ELA PEDIU

Incentivos podem influenciar o comportamento de outras maneiras estranhas também. Considere, por exemplo, o que acontece em um episódio da série *Friends*, quando todos os amigos saem para jantar em um bom restaurante. Monica, Ross e Chandler, que ganham bons salários, pedem jantares completos com tudo o que têm direito, mas Rachel, que não ganha muito bem, pede apenas uma salada de acompanhamento. Phoebe, também mal financeiramente, pede uma tigela de sopa, e Joey, que não é nenhum filhinho de papai, escolhe uma pizza pequena. Quando a conta chega ao fim da refeição, Ross anuncia que eles vão dividi-la e a conta final dá US$ 33,50 por pessoa. O clima fica ruim à mesa. "De jeito nenhum", responde Phoebe, ressentida. E foi para o espaço a noite agradável com os amigos.

Dividir a conta faz bastante sentido aparentemente: afinal, tentar descobrir exatamente quem comeu o quê, além de quanto em impostos cada um deve, é uma maneira desagradável de terminar uma experiência que deveria ser boa. Realmente, em algumas culturas isso é considerado bastante grosseiro. Na Alemanha, os comensais calculam o preço de suas contas individualmente, até o último centavo, e ninguém se sente incomodado. Mas em Israel, e em muitos lugares dos Estados Unidos, esse comportamento é considerado rude. Quando um grupo de pessoas aproveita uma refeição em conjunto em um restaurante, muitas vezes há um trato não falado de se dividir a conta por igual. Então, como dividir a conta realmente afeta o comportamento?

Conduzimos um estudo para ver o que aconteceria quando diferentes grupos de pessoas — estudantes que não se conheciam — se veem diante de diferentes maneiras de pagar a conta.[5] Dividimos nossos participantes em três tipos de grupos e mudamos a maneira como eles pagariam a conta. Em um caso, seis pessoas (três homens e três mulheres) pagaram individualmente; no segundo, eles dividiram a conta igualmente. No último caso, pagamos pela refeição inteira. Como o esquema de pagamento afetou o que cada pessoa pediu?

Agora, imagine que você é um dos seis estudantes indo almoçar em nosso experimento e lhe dizem que você dividirá a conta com os outros cinco. Você está com bastante fome, então pede um sanduíche de lagosta (US$ 20), uma porção de batatas fritas (US$ 3,50) e uma cerveja (US$ 5). A pessoa sentada ao seu lado não está com muita fome, então ela pede apenas uma salada (US$ 8) e um chá gelado (US$ 2,50). Após todos vocês terem almoçado, você e mais alguns na mesa decidem terminar com uma fatia de torta (US$ 4) e um cappuccino (US$ 5,50), enquanto os outros não querem mais nada.

Então o garçom vem e entrega a conta: o total é de US$ 125, incluindo impostos e a gorjeta, o que significa que cada um de vocês deve pagar US$ 25. Isso não é um problema para você, porque se tivesse pagado individualmente sua parte daria um valor próximo de US$ 40. Mas é um problema para a mulher, que gastaria apenas US$ 10,50.

Fica claro que a maneira como você divide a conta realmente afeta o que você pede. Descobrimos que as pessoas comiam mais quando arcávamos com a conta para toda a refeição. Nenhuma surpresa. Mas, quando analisamos o grupo que dividiu a conta, percebemos que as pessoas tenderam a pedir itens mais caros do que quando cada pessoa pagou pela sua própria refeição. É interessante analisar as pessoas que "pediram a mais". Elas não são pessoas "ruins" que tiraram vantagem dos outros; elas apenas reagiram aos incentivos que tinham diante de si. Afinal de contas, para cada dólar extra que elas pediram, tiveram de pagar apenas um sexto do custo. Então, por que não pedir o sanduíche de lagosta de US$ 20, se tudo que você tem de pagar é menos de US$ 4 a mais? É claro, não existem almoços de graça (à parte daqueles em nossos experimentos). Alguém teve de pagar pelos outros US$ 16 para o sanduíche de lagosta.

Esse é um exemplo de "externalidade negativa" — isto é, o comportamento de outra pessoa que afeta seu bem-estar. Digamos que você não seja fumante e um fumante sentado perto de você decida acender um cigarro. Ele desfruta do cigarro, mas você também está "consumindo" a fumaça. O sujeito fumando impôs uma externalidade negativa sobre você. Colocando a questão de maneira simples, a parte que está consumindo o produto não está pagando o custo inteiro. Em uma situação em que a conta é dividida, a pessoa que aproveita o almoço farto e caro enquanto os outros consomem menos está fazendo a mesma coisa. As pessoas simplesmente reagem aos incentivos que têm diante de si.

O QUE FUNCIONA?

Neste livro, olhamos para questões significativas, como discriminação, gênero e desigualdades educacionais, arrecadação de recursos para caridade e lucratividade de negócios. A lição que reaparece é esta: incentivos dão forma aos resultados. Mas é crucial estabelecê-los direito e alinhavá-los com precisão para combinar com as motivações subjacentes das pessoas.

Considere, por exemplo, o que seria necessário fazer para que as pessoas perdessem peso. Na última década, houve um aumento dramático no índice de obesidade nos Estados Unidos. E esse é um importante fator de risco para doenças cardíacas, diabetes e outros problemas de saúde. Será que incentivos podem ajudar as pessoas a controlar o peso?

Após mais um fim de ano de excessos à mesa — todos aqueles biscoitos de Natal, *latkes* com creme azedo para celebrar o Hanukkah, aquele exagero de champanhe e caviar do Ano-Novo —, você se olha no espelho, sobe na balança e vê que chegou ao que poderia ser chamado generosamente de uma "massa crítica". Você tem de afrouxar um pouco o cinto. Sente-se bastante culpado por isso e promete que vai emagrecer.

A academia local está oferecendo um desconto para a inscrição anual, de maneira que você abre mão da opção de pagar US$ 10 por cada vez que for e assina um contrato de um ano. Se você é como muitas pessoas, vai à academia algumas vezes em janeiro, com menos frequência em fevereiro e não muito mais depois disso.[6] Você tem várias razões (desculpas?) para não ir: não tem tempo; está envergonhado demais para aparecer de roupa de ginástica com aquela barriga toda; está fora de forma, então não é capaz de se exercitar vigorosamente; talvez apenas não goste de suar. Como não vai à academia mais do que algumas vezes, sua decisão de pagar a taxa de associação anual custa muito mais do que a opção de simplesmente pagar conforme o uso.

O fracasso em manter uma rotina de exercícios assim que a opção de associação anual foi escolhida pode ter ocorrido porque você é otimista demais — por acreditar verdadeiramente que ia se exercitar muito mais do que realmente se exercitou no fim das contas. Outra explicação mais sofisticada é a de que você "fez uma aposta com seu eu futuro". Isto é, você tem um palpite de que estará menos disposto a se exercitar no futuro. Você sabe que, com a opção atual de pagar conforme a frequência, tem uma escolha. Você imagina, por exemplo, que poderia usar os US$ 10 para uma única ida, ou poderia ir ao cinema em vez disso. Tem um sentimento de que escolheria o cinema. Então paga a taxa de associação anual agora a fim de reduzir o custo percebido no futuro. Imagina que, se pagar agora, depois não dará ao seu eu futuro preguiçoso outra razão (poupar os US$ 10) para não se exercitar.

Outras pessoas e organizações talvez também se importem com a sua saúde — muitas vezes porque isso pode lhes poupar dinheiro. Considere os incentivos que alguns empregadores e seguradoras usam para tentar encorajar empregados a se exercitarem. Digamos que você seja chamado para ser pesado e medido. Também lhe perguntam se você fuma. Se você está no peso ideal, não fuma e a pressão sanguínea e o colesterol estão normais. Sua empresa reduz ou retorna para você os valores pagos e deduzidos pelo plano de saúde, fazendo você economizar US$ 750 ao ano. Interessante, não é?

Isso é exatamente o que os supermercados Safeway tentaram fazer com o programa Medidas Saudáveis que lançaram com grande repercussão para sua força de trabalho não sindicalizada (formada em sua maior parte por pessoas que trabalham em escritórios). "Pelo nosso cálculo, se a nação tivesse adotado a nossa abordagem em 2005, a conta de saúde pública direta do país teria sido US$ 550 bilhões menor do que ela é hoje em dia", exibiu-se o CEO da empresa, Steven Burd, em um editorial de 2009 no *Wall Street Journal*.[7] Burd afirmou que os custos de saúde da sua empresa não acompanharam o aumento da obesidade no país, permanecendo inalterados.

Seguindo a publicação do seu artigo, Burd se tornou uma celebridade. Companhias e seguradoras começaram a explorar programas similares. Em Washington, a rede Safeway tornou-se um exemplo a ser seguido para a reforma da saúde. O presidente Obama falou a respeito da Safeway cortando seus gastos com a saúde em 13%. A Câmara e o Senado trabalharam na chamada Emenda Safeway, que poderia poupar milhares de dólares ao ano para famílias com planos de saúde médios.

É preciso ter cuidado ao extrapolar as alegações da Safeway de possíveis economias para a nação. Primeiro, as estatísticas que o Sr. Burd divulgou foram problemáticas.[8] É sempre difícil chegar a uma conclusão sobre o que funciona e o que não funciona quando as pessoas que fornecem os dados têm interesse na conclusão. Além disso, a iniciativa da Safeway não foi um experimento controlado. Por exemplo, não sabemos qual fração da mudança foi devido a pessoas saudáveis decidindo ficar na folha de pagamento ou juntar-se à Safeway como consequência dessa política. As pessoas em pior forma física talvez tenham simplesmente escolhido trabalhar para uma empresa diferente. De qualquer maneira, a Safeway poupa dinheiro — o que é ótimo —, mas, a partir de uma perspectiva global, o problema acaba sendo empurrado para outra parte.

Nada disso significa que o esquema de incentivo da Safeway seja ruim. Mas, a partir de uma perspectiva prática, projetar incentivos que verdadeiramente mudam o comportamento é desafiador. Há alguns anos, estivemos envolvidos em um grande projeto com uma importante companhia de seguros de saúde que tenta usar incentivos para ajudar seus membros. Não há como a companhia sair perdendo dessa situação: os membros ficam em melhor forma e a companhia poupa dinheiro. O problema é que os incentivos vêm no topo de fortes motivações já existentes. Pense a respeito da soma de dinheiro e esforço que as pessoas despendem em tentativas frustradas de perder peso. Elas já estão motivadas a perder quilos. Será que pagá-las as ajudaria a mudar sua rotina de exercício?

O truque em usar dinheiro, é claro, é instigar as pessoas a mudar os seus hábitos. A seguir, um exemplo de esquema de incentivo que projetamos e testamos.[9] Queríamos usar o incentivo mais simples possível, assim convidamos estudantes para o nosso laboratório e então os dividimos aleatoriamente em dois grupos. Um deles foi usado simplesmente como controle; "subornamos" o outro oferecendo a cada participante US$ 100 para ir à academia oito vezes durante o mês. Seguindo o princípio de "pagar o suficiente", há muito poucas coisas que você não consegue que os estudantes façam pela quantidade certa de dinheiro. De maneira pouco surpreendente, os participantes vinham ao laboratório e iam à academia como exigido.

Mas não estávamos atrás de uma obediência temporária. A questão importante era ver se o incentivo levava à formação de um hábito: o que aconteceria uma vez que o mês tivesse terminado e parássemos de pagar o suborno? O incentivo teria o resultado contrário, como aconteceu no estudo da creche? Ele faria alguma diferença? Ou será que os estudantes criariam uma espécie de hábito de ir à academia — a ponto de continuarem a frequentá-la depois que parássemos de pagá-los?

Os resultados foram encorajadores. Descobrimos que a frequência, mesmo após pararmos de pagar, dobrou para o grupo a quem tínhamos pagado para frequentar a academia oito vezes. O incentivo pareceu ajudar essas pessoas a superar a "dificuldade" inicial de se exercitar com regularidade. Aqueles que disseram que não se exercitavam porque não tinham tempo "encontraram" tempo depois que os "forçamos" (com incentivos) a fazê-lo e continuaram a encontrar tempo depois disso. Outros talvez tenham notado que simplesmente sentiam-se muito melhor. E há quem talvez tenha ficado com vontade de rever os novos amigos. Quaisquer que tenham sido as razões, a questão importante foi que eles conseguiram mudar seus hábitos e foram recompensados com uma saúde melhor.

O que pudemos aprender com esse estudo? Muitos de nós queremos nos exercitar mais do que fazemos. O experimento nos demonstrou que a parte mais difícil disso não é o suor, o ofegar e a troca de roupas, é adaptar-se à rotina. Realmente, a adaptação é tudo. Pense nisso por um momento. Há certas rotinas sem as quais você provavelmente não consegue conceber sua vida: sua xícara de café de manhã, escovar os dentes à noite e por aí afora. Então, se der a si mesmo tempo suficiente para superar a dificuldade inicial e se adaptar à nova rotina de exercícios, ela vai se tornar um hábito.

Comece comprometendo-se a ir à academia algumas vezes por semana por um mês. Mesmo que sinta que inicialmente o custo de exercitar-se será mais alto que o benefício, você descobrirá que depois de apenas quatro semanas terá se acostumado aos efeitos do exercício. Você sentirá seu coração batendo forte, o bem-estar psicológico, a sensação de realização. Após esse mês de exercício, descobrirá que o esforço de ir até a academia é muito menos difícil do que era durante a primeira ou segunda semanas do seu experimento pessoal. Na realidade, você terá se acostumado de tal maneira à sensação após se exercitar que começará a sentir falta ao deixar de ir. A essa altura, você decidirá que o custo de ir à academia é mais baixo, ou o benefício é mais alto, ou ambos, de tal maneira que o exercício se tornará um ganho.

Agora, é algo simplista demais achar que pode jogar dinheiro ou outros incentivos positivos nas pessoas com tempo e ter a expectativa de que elas façam o que você espera delas. Mudar hábitos profundamente arraigados é difícil para a maioria das pessoas. Afinal de contas, algumas continuam a fumar ou a comer os alimentos errados mesmo quando estão diante da perspectiva de morrer.

* * *

Como você pode ver, fazer pressuposições a respeito de como as pessoas reagem aos incentivos é muito arriscado. Presumimos que as pessoas respondem de maneiras previsíveis, sem pensar, a incentivos como o dinheiro, mas não é assim que ocorre. Às vezes, os incentivos funcionam a curto prazo, mas não a longo prazo. E às vezes eles fazem as pessoas se comportarem da maneira oposta que você esperaria que elas se comportassem. Incentivos mais altos não levam necessariamente a um desempenho melhor.

Eis a verdade: se você quiser que as pessoas façam algo, realmente tem que compreender o que as motiva. Esta é a chave: assim que compreender o que as pessoas valorizam, pode usar incentivos para que ajam de maneiras previsíveis, assim como fazer com que elas (incluindo você mesmo) se comportem do jeito que você quer.

Como economistas, é nosso trabalho "olhar debaixo do capô". Precisamos aprender o que pode acontecer em diferentes cenários. E devemos tentar compreender, da melhor maneira possível, quais incentivos funcionam, quais não funcionam, e por quê, de maneira que indivíduos, negócios e governos possam alcançar suas metas.

Nos próximos dois capítulos, examinaremos como visões de mundo culturais profundamente arraigadas podem influenciar a antiga questão de por que as mulheres continuam a ganhar menos que os homens.

2. O que a Craigslist*, labirintos, uma bola e um balde podem nos ensinar sobre por que as mulheres ganham menos do que os homens?

Nas planícies abaixo do Kilimanjaro

Em janeiro de 2005, Larry Summers, então presidente da Universidade de Harvard, fez um discurso na hora do almoço para os participantes da conferência sobre a diversificação da força de trabalho nos segmentos da ciência e da engenharia. Introduzindo sua fala como uma "tentativa de provocação", ele seguiu em frente e lançou uma granada pesada sobre a antiga guerra dos sexos. Especificamente, perguntou-se em voz alta se uma diferença inata, relacionada com o gênero, na aptidão entre homens e mulheres, era a culpada pela enorme disparidade de gênero observada entre cientistas de verdade.

Citando uma pesquisa que demonstrava que as mulheres formam apenas 20% dos professores norte-americanos em cursos de ciências e

*Rede de comunidades on-line que disponibiliza anúncios diversos. (*N. do E.*)

engenharia, Summers questionou se, "no caso especial da ciência e da engenharia, há questões de aptidão intrínseca, e particularmente de variabilidade de aptidão, e que essas considerações são reforçadas pelo que são na realidade fatores menores envolvendo socialização e continuada discriminação". Em outras palavras, ele se perguntou se as mulheres poderiam ter uma desvantagem intelectual inerente em seu acesso ao topo das ciências naturais.[1]

A reação contra o comentário de Summers foi rápida, enorme e dura. Uma importante bióloga do MIT, Nancy Hopkins, deixou a sala em um acesso de ira. "Ele dizer que a 'aptidão' é a segunda razão mais importante para que as mulheres não cheguem ao topo quando ele lidera uma instituição que é formada por 50% de estudantes mulheres é profundamente perturbador para mim", disse Hopkins para os repórteres. "Ele não deveria admitir mulheres em Harvard, se vai anunciar, quando elas chegarem aqui: 'ei, não achamos que vocês possam chegar ao topo.'"[2] A mídia local e nacional ficou maluca, e uma campanha foi rapidamente iniciada para demitir Summers. No ano seguinte, ele pediu demissão de seu posto em Harvard, em parte devido às reações a seus comentários na conferência.

Os comentários de Summers — vistos como sexistas na pior das hipóteses, de mau gosto na melhor e politicamente incorretos (e ele se desculpou por eles várias vezes) — pelo menos estavam de acordo com uma longa tradição. Por milênios, a cultura e a ciência conspiraram para explicar por que as mulheres não são tão competitivas e ambiciosas quanto os homens. No livro do Gênesis, o papel de Adão era ser o senhor de Eva. Na Roma antiga, as mulheres eram cidadãs, mas não podiam votar ou ter um cargo público. Muitas religiões, leis e culturas mundo afora persistem em subjugar as mulheres e proibi-las de competir em um "mundo dos homens".

Os comentários de Summers também traziam a marca de Charles Darwin, que mais de 150 anos atrás propôs que os machos bem-sucedidos evoluíram para vencer a corrida do acasalamento. Desde então, a teoria da seleção natural de Darwin ajudou a explicar por que os indivíduos do sexo masculino são geralmente mais agressivos e violentos do que os do sexo feminino. Afinal de contas, os homens tinham de sair e competir com homens de outras tribos para matar animais, enquanto as mulheres criavam e cuidavam das crianças. A ideia principal é a de que o custo para as fêmeas de produzir e criar a prole (como gravidez, nascimento e amamentação) é bem mais alto do que para os machos. Daí que os machos devem competir para ter a maior descendência possível, enquanto as fêmeas precisam ser cuidadosas na sua seleção do macho certo.

Se, como Darwin sugeriu, a evolução é responsável por uma falta de competitividade relativa nas fêmeas (Darwin não escreveu somente sobre seres humanos), algumas centenas de anos de mudanças culturais não fariam diferença. A evolução poderia explicar por que o número de mulheres em empregos de maior destaque ainda é mínimo em comparação com seus opostos homens, ou por que as mulheres norte-americanas ainda ganham, na média, 80 centavos para cada dólar ganho por um homem.

Após citar a pesquisa e mencionar sua hipótese de "diferenças inatas", Summers disse explicitamente para o público: "Eu gostaria de ser provado desta vez."

Neste capítulo e no capítulo seguinte, vamos encarar esse desafio. Em particular, vamos examinar qual parte da desigualdade de gênero nos mercados de trabalho é devida à cultura. Não poderíamos simplesmente dar como certo, na ausência de dados, que as mulheres são menos competitivas que os homens de maneira inata. Decidimos começar a coletar evidências observando homens e mulheres comuns nos seus habitats naturais e fazendo coisas rotineiras — digamos, participar de uma aula na academia ou responder a anúncios de emprego na Craigslist — e usamos toda a gama de ferramentas experimentais à nossa disposição para responder a estas questões: *Até que ponto as diferenças entre os homens e as mulheres (como níveis de agressividade, impulso competitivo e poder de ganhar mais) são verdadeiramente inatas? Até que ponto elas são culturalmente aprendidas?* No fim, chegamos a uma explicação única para as diferenças persistentes que observamos entre os homens e as mulheres, particularmente quando falamos em competição.

Mas, primeiro, vamos examinar mais detalhadamente por que as mulheres, apesar de enormes avanços, ainda parecem ficar para trás.

QUANTO AS MULHERES COMPETEM?

Nosso interesse nos papéis dos gêneros e competitividade começou com o nascimento dos nossos próprios filhos. Logo depois de eles terem nascido, começamos a notar as diferenças das garotas entre si e entre as garotas e seus irmãos. Enquanto uma das garotas de Uri era muito mais competitiva do que a sua irmã, todas as nossas garotas sempre preferiram as bonecas aos caminhões de brinquedo e bolas de beisebol dos seus irmãos. Começamos a fazer as mesmas perguntas que a maioria dos pais de filhas fazem: *Em um mundo de homens, quais as chances que elas teriam? Será que elas seriam capazes de atuar e ter sucesso em uma cultura na qual as oportunidades ainda são desiguais, apesar de todos os avanços que as mulheres fizeram?*[3]

O fato triste é que, enquanto as mulheres estão se saindo melhor do que os homens em algumas áreas, como a educação universitária, ainda não há razão para celebrar a reconfiguração de uma ordem que é dominada pelos homens há milênios. Nos Estados Unidos e mundo afora, os homens ainda ocupam os postos mais altos da sociedade. A proporção de mulheres na força de trabalho do mercado aumentou de 48% em 1970 para 64% em 2011,[4] mas apenas uma em cada cinco posições de gerenciamento sênior são ocupadas por mulheres, e menos de 4% das posições de CEO na lista das 500 maiores empresas da revista *Fortune*. Alguns consideram esses fatos como uma conquista, tendo em vista que eles são os mais altos na história norte-americana. No entanto, as mulheres ainda recebem menos do que os homens por trabalhos equivalentes. Mesmo em posições públicas, elas ainda não alcançaram a paridade. No Congresso, por exemplo, ainda ocupam menos de 17% dos assentos.

Estudiosos formularam teorias por décadas a respeito das razões por que as mulheres não conseguem realizar um progresso mais rápido em romper essa barreira. Acreditamos que grande parte dessa situação se resume a isto: homens e mulheres têm preferências diferentes em relação à competitividade e respondem de maneira diferente a incentivos. Nossa pesquisa mostra que muitas mulheres tendem a evitar cenários competitivos e empregos nos quais o salário é determinado por posições hierárquicas relativas.

Para ilustrar a questão, considere o experimento de campo em larga escala que conduzimos na Craigslist a seguir.[5] Nesse experimento, queríamos descobrir *diretamente* os fatores que impelem as pessoas a se candidatarem a empregos para iniciantes. Como os homens e as mulheres responderiam a cenários de compensação diferentes? As mulheres iriam atrás de empregos que exigiriam alguma competitividade e risco se o salário oferecido fosse mais alto?

Para conseguir algumas respostas, colocamos dois anúncios em quadros de empregos na internet em 16 cidades para um cargo de assistente administrativo, um dos empregos mais comuns nos Estados Unidos. Um exemplo de um dos nossos anúncios de emprego em Seattle era lido como a seguir:

CATEGORIA DE POSTAGEM: empregos administrativos/de escritório

TÍTULO: Procurando assistente de notícias esportivas

O Becker Center está procurando um assistente administrativo na região de Seattle para ajudar a reunir informações sobre histórias no segmento esportivo na cidade. Embora o Becker Center esteja baseado em Chicago, temos um projeto satélite em Seattle. O assistente nos proverá informações atualizadas sobre as notícias locais e perspectivas sobre basquete, futebol americano, beisebol, futebol, golfe, tênis, hóquei e outros esportes. Responsabilidades para a posição incluem ler a cobertura de notícias relacionadas com o esporte local (profissional, semiprofissional e universitário) e preparar reportagens curtas. O candidato também precisará saber lidar com tarefas administrativas típicas — correspondência comum, revisão de textos, arquivos, e-mails, comunicação por telefone etc.

COMPENSAÇÃO: Por hora de trabalho.

Nossa segunda descrição de um emprego parecia quase idêntica a essa, mas não mencionava esportes. Em vez disso, a descrição observava: “O assistente nos proverá com informações atualizadas sobre eventos, artes, cultura, negócios, entretenimento, questões políticas, crimes e outras histórias da comunidade. As responsabilidades para a posição incluem pesquisar, ler e resumir reportagens dos noticiários locais e preparar relatórios curtos."

Por um período de quatro meses, quase 7 mil pessoas interessadas candidataram-se a esses empregos listados em várias cidades.[6] Ao responder ao nosso anúncio, alguns foram informados de que receberiam por hora trabalhada, enquanto outros foram informados de que o pagamento dependeria do desempenho em relação a um colega de trabalho.

Nossa meta era ver se o aspecto competitivo influenciava um sexo mais do que o outro.[7] O que você acha que encontramos após colocar anúncios na Craigslist por vários meses? Qual sexo continuou a demonstrar interesse em nosso emprego após ficar sabendo como o salário seria estruturado?

De maneira pouco surpreendente, os homens estavam mais interessados no anúncio voltado aos esportes e as mulheres responderam ao anúncio sem relação alguma com os esportes: enquanto 53,8% dos candidatos ao emprego voltado aos esportes eram mulheres, 80,5% dos interessados ao emprego alternativo eram mulheres.

Mas as diferenças reais apareceram quando descrevemos os esquemas de compensação. De acordo com um esquema, o emprego pagaria exatos US$ 15 por hora. Não chega a ser um valor muito ruim oferecido a um trabalho administrativo para iniciantes. O esquema de pagamento competitivo, por outro lado, recompensava os trabalhadores baseado no desempenho em relação a um colega. Os candidatos eram informados de que receberiam US$ 12 por hora, mas seriam comparados com outro trabalhador, e, entre os dois, quem tivesse um desempenho melhor receberia um bônus de US$ 6 por hora além do pagamento básico de US$ 12. Dessa maneira, cada um dos dois esquemas de compensação pagava uma média de US$ 15 por trabalhador, mas um estava altamente motivado, enquanto o outro, não.

Você poderia ficar surpreso (e entristecido) pela decomposição de gênero real de quem se candidatou a qual tipo de emprego. Em geral, as mulheres não gostavam da opção competitiva; na realidade, elas tinham uma probabilidade 70% menor do que os homens de procurar o emprego competitivo. Além disso, as mulheres que se *candidatavam* ao cargo altamente incentivado tendiam a ter currículos mais impressionantes do que os homens que se candidatavam para as mesmas vagas. Esses fatos pareciam sublinhar o ponto de que, quando falamos em competição, os homens não são nem de perto tão tímidos quanto as mulheres.[8]

Uma carreira bem-sucedida como CEO demanda um alto nível de engajamento e reação a situações competitivas. Não causa espanto, então, que tão poucas mulheres estejam no topo. Apenas coloque no Google a frase "todo homem tem seu preço" e você verá montes de citações sobre como todo homem pode ser comprado para fazer quase qualquer coisa. Mas se você colocar no Google "toda mulher tem seu preço" — bem, isso tem um significado muito diferente.

GAROTAS CONTRA GAROTOS

Larry Summers não estava falando sobre empregos para iniciantes. Falava sobre cientistas. Então, o que acontece quando mulheres que são matemáticas e cientistas inteligentes competem com homens? Para descobrir isso, pedimos a grupos de três homens e três mulheres para solucionar uma série de labirintos em um computador em troca de dinheiro.[9] O cenário era a Technion, a chamada MIT de Israel. É uma escola de difícil ingresso, e os homens constituem 60% do corpo estudantil. As mulheres na Technion têm de provar desde os primeiros anos que são tão boas em matemática e ciências quanto os rapazes; a aceitação implícita de que as mulheres têm de trabalhar mais duro para mostrar que também podem ser Einsteins.

Uma das mulheres no grupo experimental era Ira (um nome de garota comum para imigrantes russos em Israel). Ela era uma estudante brilhante que mergulhou no universo de jogos de computador por toda a vida e gostava de tecnologia e conceitos técnicos sofisticados. Nasceu em Moscou e imigrou para Israel com os pais e o irmão mais velho quando tinha 10 anos. Mesmo quando era jovem, a matemática era a sua paixão, então a decisão de tentar entrar na Technion não foi surpreendente. Mas estar lá não foi fácil; ela era a melhor da turma em matemática no ensino médio, mas na Technion todo mundo era inteligente. Ela tinha de se esforçar mais ainda e competir com outros estudantes para passar nos cursos. Muitos estudantes menos dedicados fracassaram ao longo do caminho e foram para campos menos competitivos. Mas Ira se saiu bem. Ela trabalhou com afinco, dormindo apenas quatro horas por noite, e abriu mão de suas aulas de balé. Ira sabia que conseguiria.

Diferentemente das suas colegas mulheres, não se sentia desencorajada pela ideia de uma carreira em ciência e tecnologia.[10] Mesmo assim, queríamos saber se sua identificação de gênero como mulher afetaria seu desejo de competir por dinheiro em nosso experimento. Será que ela se lançaria de corpo e alma em um jogo competitivo se incentivos estivessem envolvidos?

Nos experimentos, era pedido aos participantes que solucionassem o maior número possível de labirintos que eles pudessem em 15 minutos, e recebendo US$ 1 por cada labirinto solucionado. Quando mensuramos como os participantes nesses grupos se saíram, descobrimos que as mulheres tiveram um desempenho bastante parecido com o dos homens. Mas outros grupos de participantes receberam um incentivo competitivo: a pessoa que solucionasse o maior número possível de labirintos recebia proporcionalmente mais. No calor da batalha, Ira aumentaria seu esforço?

No fim das contas, os participantes homens responderam ao incentivo competitivo aumentando significativamente o número de labirintos que eles solucionaram durante os 15 minutos, mas Ira e as outras mulheres não tiveram um desempenho tão bom. Na condição competitiva, as mulheres solucionaram, em média, o mesmo número de labirintos que solucionaram fora da competição. A hipótese de que as mulheres são menos competitivas que os homens parecia se manter, mesmo para Ira e as outras mulheres brilhantes da Technion.

Em um experimento posterior, reproduzimos algo que talvez o lembre de sua infância.[11] Pense em correr o mais rápido que pode sozinho, ou ao lado de outra pessoa. Se você é competitivo, apenas ter alguém correndo ao seu lado pode motivá-lo a correr mais rápido e vencer uma "corrida" imaginária. Você simplesmente transformou uma situação inocente em uma competição. E, se você é menos competitivo, talvez não se importe com quem está ao seu lado — você apenas corre rápido.

Como você talvez tenha adivinhado, queríamos testar se homens e mulheres teriam tendências competitivas diferentes. Para fazê-lo, fomos visitar algumas crianças cursando o quinto ano do ensino fundamental em Israel. Em uma aula de educação física, primeiro pedimos às crianças para correrem 40 metros na pista, uma de cada vez. Após a professora ter cronometrado os resultados individuais dos estudantes, aqueles que corriam em velocidades similares haviam competido uns contra os outros. Nós não oferecemos incentivos e não chegamos nem a contar para as crianças que se tratava de uma competição. As crianças simplesmente tinham de correr para valer.

Como descobrimos no experimento dos labirintos da Technion, os garotos terminaram reagindo mais fortemente ao ambiente competitivo, correndo mais rápido do que haviam corrido quando sozinhos. As garotas, novamente, não pareciam reagir à competição maior. Elas correram tão rápido quanto da vez em que haviam corrido sozinhas — mesmo quando estavam competindo somente contra garotas. Mais uma vez, pareceu que as garotas não se saíam tão bem em um contexto competitivo.

Eventualmente, nossa pesquisa nos levou a visitar as sociedades mais patriarcais e matriarcais no mundo. Essa abordagem tinha a intenção de fornecer alguns insights preliminares sobre como as influências culturais moldam as preferências competitivas.

* * *

Numa noite fria alguns anos atrás, durante uma boa dose de camaradagem masculina, jogávamos pôquer com outros caras em College Park, Maryland. Entre pontas de charutos e doses de uísque, nos perguntamos por que a maioria das mulheres parece não gostar dessas atividades "tão divertidas" quanto nós. Mas, de maneira mais importante, também nos perguntamos a respeito dos resultados dos experimentos conduzidos na Technion e na escola. Será que as mulheres simplesmente nasciam não gostando de competir, ou a sociedade influenciava seus gostos e preferências? A falta de competitividade era algo inerente nas mulheres ou um comportamento aprendido? Se fosse a segunda opção, exatamente o que a sua criação — ou o fato de que a cultura poderia estar ligada às suas inclinações competitivas — tinha a ver com seu aprendizado? E se as diferenças vinham a ser socializadas, será que as nossas filhas tinham uma chance justa de ser bem-sucedidas em uma sociedade competitiva?

Havia apenas uma maneira de descobrir isso. Nós tínhamos de nos afastar da sociedade ocidental. Com apoio da National Science Foundation, partimos para testar suposições a respeito da competitividade baseada biologicamente em dois dos lugares mais culturalmente diversos no planeta. Conduzimos experimentos em uma sociedade na qual as mulheres não tinham praticamente poder algum, e em uma na qual elas mandavam em tudo. Nós fomos literalmente aos confins da Terra para apurar a questão que Freud, Darwin e vários outros psicólogos, sociólogos e antropólogos depois deles teorizaram a respeito, mas tiveram dificuldade de testar.

No processo, pudemos desenvolver experimentos científicos que nos permitiram um olhar único sobre o comportamento de mulheres em mercados através de sociedades extremamente diferentes que colocam as mulheres em papéis diametricamente opostos. Ao explorar os mecanismos de sustentação do seu comportamento, adquirimos um insight a respeito da questão: *Mulheres de todas as posições sociais têm menos propensão à competitividade do que os homens?*

Com a ajuda de alguns amigos antropólogos, conseguimos identificar duas tribos completamente opostas — a tribo ultrapatriarcal Massai, da Tanzânia, e os Khasi matriarcais da região Nordeste da Índia (que veremos com mais atenção no capítulo seguinte). O que aconteceria se comparássemos a maneira como os homens e as mulheres nessas tribos competem sob as mesmas condições experimentais?[12]

UMA VIAGEM PARA A TANZÂNIA

Nas planícies abaixo do Kilimanjaro, a montanha mais alta na África, orgulhosos membros da tribo Massai, vestidos em mantas com cores vibrantes e carregando suas lanças, seguem o chamado dos seus ancestrais criadores de gado. Quanto mais gado um homem tem, mais riqueza ele possui. As vacas de um homem Massai são mais importantes para ele do que suas esposas. Um homem Massai rico em gado pode ter até dez esposas.

A cultura Massai é muito dura com suas mulheres. Os homens, que tendem a não se casar até aproximadamente os 30 anos, se casam com mulheres no início da adolescência. Se você perguntar a um homem: "Quantos filhos você tem?", ele vai contar apenas os filhos homens. As mulheres são ensinadas desde o nascimento a serem subservientes. Uma esposa é confinada para trabalhar em sua casa e em seu vilarejo. Se o marido está ausente, a mulher precisa pedir a um homem mais velho permissão para viajar, procurar auxílio médico ou tomar qualquer decisão importante.

Em uma manhã ensolarada de domingo, seguimos para um dos vilarejos Massai a fim de coordenar os experimentos da semana. Passamos por diversas famílias caminhando para o mercado a mais de 15 quilômetros dali. Em todos os grupos, o homem caminhava na frente, carregando apenas sua vara. A uns três metros atrás dele caminhava sua esposa com um enorme e pesado cesto cheio equilibrado em sua cabeça. As mulheres tipicamente tinham um bebê amarrado às costas; com as mãos livres, ela levava os filhos mais velhos junto. Os homens nem olhavam para trás para ver como suas esposas e filhos estavam se saindo.

Basicamente, as mulheres Massai são propriedades. "Os homens nos tratam como jumentos", uma mulher Massai disse para uma pesquisadora.[13]

Quando chegamos ao vilarejo, fomos recebidos por um canto de chamada e resposta das mulheres (os Massai parecem cantar dessa maneira quase constantemente). Koinet Sankale, o chefe Massai cujo primeiro nome, nos disseram, significa "o alto", veio nos cumprimentar. Belo e com uma testa larga, ele era um guerreiro honrado que havia provado sua bravura quando era adolescente ao acertar um leão com sua lança. A fera deixara marcas de dentes em seu rosto, na parte superior do peito e em ambos os braços. Ele se aproximou de nós com uma passada larga e ágil e nos cumprimentou. Então se virou e nos apresentou a trinta dos membros de sua tribo, que nos olharam de esguelha, cheios de suspeita. Os homens usavam trajes que pareciam mantos coloridos soltos, em uma só cor ou xadrez, e que eles jogavam sobre os ombros. Eles usavam brincos pingentes e colares feitos de contas reluzentes, e tinham marcado seus braços e rostos com faixas de ocre vermelho. A maioria não tinha alguns dentes.

Após as apresentações, saboreamos uma refeição de cabra assada juntos no meio de um círculo de suas casas com telhados planos, chamadas *bomas*, enquanto ouvíamos os ruídos do gado mugindo, com o qual os Massai parecem ter uma relação simbiótica.

Após dormir em hotel local menos que maravilhoso, acordamos no dia seguinte e tivemos uma má notícia. Nós tínhamos vindo para a Tanzânia a fim de realizar um teste-piloto usando o mesmo experimento do labirinto que havíamos usado com Ira, porém sem computadores. Os participantes Massai deveriam solucionar os labirintos no papel, usando canetas. Mas quando confrontados com essas ferramentas mais simples, as mulheres do vilarejo coçaram suas cabeças. As mulheres nunca tinham segurado uma caneta e não estavam dispostas a começar agora.

Estávamos claramente com problemas.

Alguém sugeriu construir labirintos de madeira, de maneira que os aldeões pudessem solucioná-los movendo um pequeno pedaço de madeira neles. Nosso colaborador no projeto, Ken Leonard, especialista nos Massai, conhecia um sujeito que tinha uma oficina na cidade. No dia seguinte, com o auxílio de um mecânico de carros local e um carpinteiro, passamos 12 horas suando sob o sol escaldante africano construindo um labirinto de madeira. Os aldeões nos observavam enquanto trabalhávamos, olhando atentamente e rindo dos homens brancos engraçados que aparentemente tentavam construir um brinquedo de criança. Após um longo dia de trabalho duro, havíamos conseguido construir um labirinto. Infelizmente, ele era um indicativo do nosso talento como marceneiros. O labirinto estava impossível de ser solucionado. Agora tínhamos um problema ainda maior. Como poderíamos aparecer no vilarejo no dia seguinte sem nada para a multidão de Massai reunida fazer?

Então ocorreu o momento de elucidação. A caminho do hotel, Uri viu uma loja que vendia bolas de tênis e baldes. A tarefa que decidimos usar (e que usamos em muitos experimentos desde então) era simples; pedimos aos nossos participantes para jogar uma bola de tênis em um balde.

Os aldeões jamais haviam feito algo parecido com jogar basquete, então não havia uma vantagem de prática ou de gênero. Além disso, achamos que essa tarefa nos proporcionaria um indicativo rápido da predisposição inicial de um indivíduo para competição. A única exigência para acertar uma bola em um balde seria boa pontaria.

Na manhã seguinte, nossa equipe voltou para o vilarejo armada com várias latas de bolas de tênis, pequenos baldes de brinquedo e um monte de dinheiro. Nós encontramos as pessoas nos esperando e as dividimos em dois grupos. Então convidamos os participantes — um de cada grupo — para ir até um canto isolado onde um membro da equipe de pesquisa os esperava. Eles foram informados de que a tarefa envolvia jogar uma bola de tênis em um balde de uma distância de dez pés, ou aproximadamente três metros. Cada participante teria dez tentativas para tentar acertar a bola no balde de maneira que ela permanecesse dentro.

Em seguida, pedimos aos aldeões para escolher uma de duas opções de pagamento: na primeira opção, os participantes receberiam o equivalente a US$ 1,50 — o salário de um dia inteiro — cada vez que acertassem uma bola no balde. Na segunda opção, receberiam o equivalente a US$ 4,50 para cada lançamento bem-sucedido, mas apenas se tivessem um resultado melhor do que seu oponente. Se ambos os participantes acertassem o mesmo número de vezes, receberiam US$ 1,50 por cada arremesso bem-sucedido. Mas, se o oponente se provasse mais apto, eles não receberiam pagamento algum pelo experimento. *Isto é, pedimos aos participantes para escolher entre duas opções: uma na qual o seu pagamento dependia somente do seu sucesso e uma na qual eles competiriam com outra pessoa.*

Os jovens — especialmente os homens — pareciam empolgados com essa ideia, enquanto as pessoas mais velhas, independente do gênero, pareciam suspeitar um pouco. (Você provavelmente suspeitaria também. Afinal de contas, imagine alguém aparecer no seu subúrbio arborizado e oferecer a você e aos seus vizinhos o pagamento de uma semana para jogar o que parecia não passar de um jogo bobo.)

O primeiro homem a se apresentar para o jogo era um sujeito grande, corpulento, chamado Murunga, que parecia estar próximo dos 60 anos. Murunga era um verdadeiro patriarca tribal, com seis esposas, trinta filhos e um número incontável de netos. Ele escolheu competir. Recuou o braço e mirou a bola no balde. Jogando-a com um pouco de força a mais, ele errou a primeira tentativa e bradou seu desapontamento. Na segunda tentativa, a bola escapou pela borda do balde. Mas acertou a terceira bola e abriu um amplo sorriso. E assim ele continuou a lançar as sete bolas restantes. Após alguns lançamentos bem-sucedidos e ficar sabendo que ele havia acertado mais lançamentos do que seu competidor, Murunga pegou o dinheiro e foi embora parecendo satisfeito.

Não demorou muito para que se espalhasse a notícia de que alguns norte-americanos ridículos estavam distribuindo maços de dinheiro. No fim das contas, 155 pessoas pré-selecionadas apareceram para jogar o jogo. No fim do dia, os aldeões não queriam nos deixar ir embora. Conseguimos escapar saltando em nosso carro com o restante do dinheiro — de que precisávamos para conduzir experimentos similares em outros vilarejos — e fugimos dali com as pessoas correndo atrás de nós.

Após algumas semanas desses experimentos em vários vilarejos, computamos os dados. Será que esses homens patriarcais se mostrariam mais competitivos do que aqueles nos Estados Unidos, Israel ou em qualquer país desenvolvido? Será que as mulheres se mostrariam menos competitivas?

O diagrama na página seguinte conta a história. Resumindo, descobrimos que os homens e as mulheres na Tanzânia eram muito parecidos com os homens e as mulheres nos países desenvolvidos. Enquanto 50% dos homens Massai escolheram competir, apenas 26% das mulheres o fizeram.

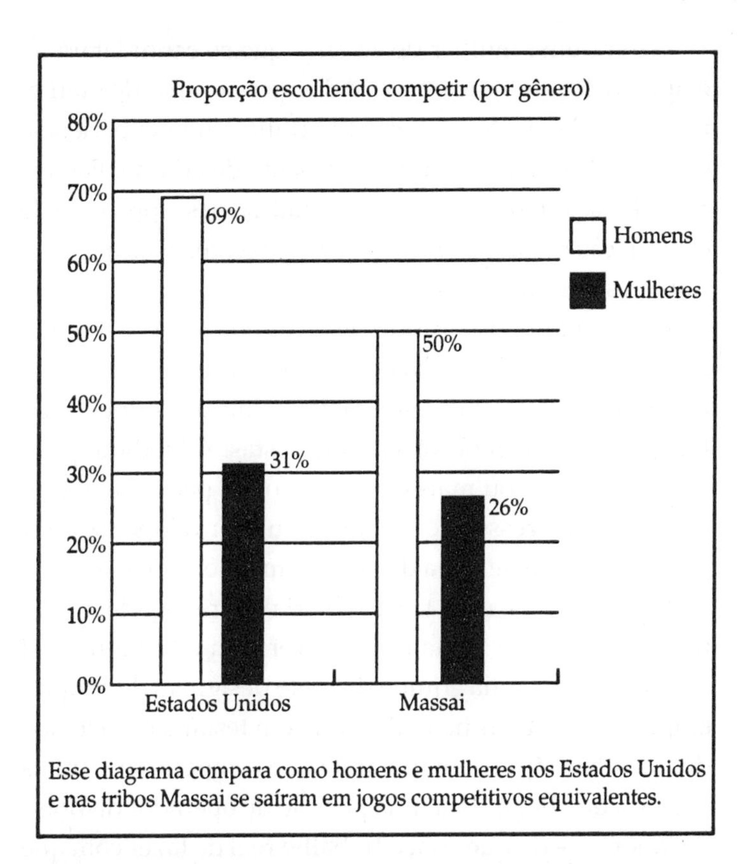

Esse diagrama compara como homens e mulheres nos Estados Unidos e nas tribos Massai se saíram em jogos competitivos equivalentes.

Mais uma vez, aparentemente a maioria das mulheres simplesmente não queria competir — mas, talvez surpreendentemente, elas não eram muito *menos* competitivas do que as mulheres nas culturas ocidentais em outras partes.

A PESSOA CERTA PARA O TRABALHO

Enquanto isso, de volta aos Estados Unidos, Liz estava tentando conseguir um trabalho.

Liz era uma mulher de 42 anos que se candidatara ao emprego de diretora de criação de uma empresa de marketing baseada em Nova York. Ela tinha muita experiência como ex-diretora de um departamento de criação. Parecia ter todas as qualificações e capacidades, mas o processo de contratação era longo e competitivo, e centenas de pessoas tinham se candidatado.

Para separar o joio do trigo, o gerente encarregado da contratação e o departamento de recursos humanos pediram que os candidatos mais qualificados, incluindo Liz, participassem de várias entrevistas. À medida que o processo se tornou mais competitivo, foi pedido aos candidatos que fizessem o design de um envelope exterior para um pacote de mala direta em uma hora. Se realizada de forma correta, essa tarefa levaria, na realidade, muito mais tempo, e ela tinha pouco a ver com o trabalho real de administrar uma equipe de vinte designers da própria empresa. O teste tinha mais a ver com testar a capacidade de trabalhar rápido em um ambiente competitivo — mais apropriado, digamos, a uma posição de operador da Bolsa de Valores — do que com o trabalho real de fazer com que as pessoas abram envelopes.

No fim do dia, a empresa contratou um homem que se saiu melhor no processo competitivo. Sem ter competências específicas em mente, a empresa eliminou a melhor candidata. Para Liz, isso significou "perder" para alguém que era menos qualificado. Para a empresa, isso resultou no fato de que eles deixaram passar o candidato mais talentoso em prol de um mais competitivo.

***

No fim das contas, muitos gerentes encarregados de contratações baseiam suas decisões de seleção na intuição e no que foi feito no passado (tipicamente como foi feito pelo seu antigo chefe). Em muitos desses casos, essas práticas de contratação ultrapassadas eram baseadas em uma noção mal concebida ou que mudou hoje em dia — e normalmente favorecia os homens. Em um estudo depois do outro, ficou demonstrado que, ao escolher um novo membro do conselho ou CEO, membros de um conselho composto somente por homens em geral escolhem uma pessoa parecida com eles.[14] Um ensaio da Escola de Direito da Universidade de Dayton observou que "praticamente todos os estudos ou relatórios recentes descrevem o progresso das mulheres em alcançar uma representação maior nos conselhos de diretores corporativos como 'parado' ou algum adjetivo similar",[15] apesar do fato de os valores das ações de uma empresa subirem quando as mulheres participam dos seus conselhos.[16]

Mas você não consegue impedir o avanço dos talentos de verdade por muito tempo nos mercados. Em breve chegará o momento em que as mulheres terão seu lugar de direito no comando das organizações, e as empresas que agirem prontamente serão beneficiadas.

No capítulo a seguir, chegaremos ao fundo dessa questão.

3. O que uma sociedade matriarcal pode nos ensinar sobre as mulheres e a competição?

Uma visita aos Khasi

Como você viu no capítulo anterior, todos os nossos experimentos — desde aqueles que conduzimos on-line com a Craigslist, passando pela Technion, às corridas com as crianças na escola, à nossa visita aos Massai — confirmaram que as mulheres simplesmente não gostam de competir tanto quanto os homens e reagem aos cenários competitivos de maneira diferente. Isso, por si só, fornece uma explicação intrigante para a desigualdade de gênero.

Mas nós ainda queríamos saber: *por que* isso é assim? Existe uma diferença inata importante entre os sexos que os levaria a agir dessa maneira desconsiderando o modo como as pessoas são criadas? Ou as influências da sociedade exercem um papel vital em nossas inclinações competitivas?

Nossa visita à sociedade matriarcal dos Khasi ajudou a responder a essas questões fundamentais. Vamos explorar a vida exótica dos Khasi. Coloque seu cinto de segurança, porque você está prestes a começar uma viagem incrível. Minott (o motorista que nos pegou no aeroporto após chegarmos à Índia, que você conheceu na introdução do livro) foi nosso guia inicial na sociedade matriarcal do povo Khasi. Com ele, passamos para um mundo de sexismo ao contrário. Pelos nossos padrões, é claro, parecia injusto que Minott não pudesse ser proprietário de uma casa, mesmo que pudesse pagar por uma, e que suas oportunidades fossem obstruídas. Ao mesmo tempo, tivemos acesso a uma janela fabulosa para o que acontece quando as mulheres têm o controle econômico de uma cultura.

Quando Minott nos levou pela primeira vez do aeroporto de Guwahati para a cidade de Shillong, cada metro quadrado da estrada estava cheio de gente — mulheres em sáris coloridos, homens de cabelos escuros em camisas de algodão, moradores de rua seminus, crianças —, todos se empurrando e pulsando uns contra os outros no calor sufocante. No dia seguinte, quando Uri foi ao banco local para buscar o dinheiro necessário para os experimentos, as pessoas atrás dele se amontoaram em seus ombros como se estivessem tentando embarcar em um trem. (Mais uma vez, ele era um ocidental rico, caindo de paraquedas em uma cultura estrangeira.) Quando ele fez o pedido para descontar US$ 60 mil em cheques de viagem, o caixa foi falar com seu gerente e, horas de negociações e discussões depois, Uri recebeu uma sacola enorme cheia de rupias e passou a contá-las na frente de todos.

Temendo que as pessoas atrás de si arrancassem a sacola de suas mãos, Uri se virou e abriu caminho pela multidão, fugindo o mais rápido possível. (Ele compreendia agora a emoção que os famosos ladrões de banco Bonnie e Clyde devem ter sentido depois de cada roubo.)

Minott nos levou por estradas inacreditáveis até nosso destino — um vilarejo tranquilo em meio a montes verdejantes e campos férteis. Embora rico em encantos naturais, o vilarejo era economicamente pobre. Deixamos nosso equipamento, incluindo a sacola com todo aquele dinheiro, em nossa casa alugada e destrancada. Então saímos para encontrar os aldeões. Em vez de sermos recebidos por guerreiros Massai desconfiados de robes vermelhos que nos olhavam de esguelha, fomos recebidos por pessoas queridas que nos sorriam dando as boas-vindas.

Descobrimos que a vida é consideravelmente melhor para as mulheres Khasi do que para suas análogas Massai. Os Khasi são uma das poucas sociedades matriarcais do mundo; a herança passa da mãe para a filha mais jovem. Quando uma mulher se casa, ela não vai para o lar do marido; em vez disso, ele se muda para o lar dela (e sai da casa da sua mãe). Portanto, a casa da mãe é o centro da família, e a avó é a chefe da casa. As mulheres Khasi não contribuem muito com o trabalho agrícola, mas, como detentoras do poder econômico, exercem uma autoridade substancial sobre os homens.

***

Ao longo das semanas seguintes, conduzimos os experimentos de lançamento da bola idênticos aos conduzidos na Tanzânia.

De um lado do prédio da escola do vilarejo, os homens Khasi obedientemente fizeram uma fila, e os pesquisadores anotaram seus dados, assim como tínhamos feito na Tanzânia. Um rapaz chamado Kyrham, que escolheu não competir, estava vestido com uma camisa branca simples e calças jeans. Ele sorriu amigavelmente enquanto segurava a primeira bola de tênis. Pareceu um pouco inseguro no primeiro momento, e em sua primeira tentativa errou o balde por quase 1 metro. Na tentativa seguinte, jogou com um pouco mais de força, e a bola caiu do outro lado do balde. Ele estava claramente desapontado e mordeu o lábio. Na terceira tentativa, conseguiu acertar a bola bem no centro, dentro do balde.

Do outro lado do prédio, uma mulher avançou até a linha. Sua assertividade nos impressionou. Shaihun não hesitou em escolher a opção competitiva. Ela arregaçou as mangas, pegou a bola de tênis e semicerrou os olhos na direção do balde de brinquedo de plástico a 3 metros dela, pronta para a batalha. Estendendo confiantemente seu braço com pulseiras, ela lançou a bola na direção do alvo. Ela o errou, mas isso não a desanimou. Quando a segunda bola caiu dentro do balde, ela gritou de alegria. Na realidade, acertou a bola cinco vezes, e ao fazê-lo ganhou bastante dinheiro por apenas alguns minutos de jogo. Ela foi absoluta e maravilhosamente competente, convicta de suas ações e no controle da situação. Era chegado o momento de os seus competidores participarem.

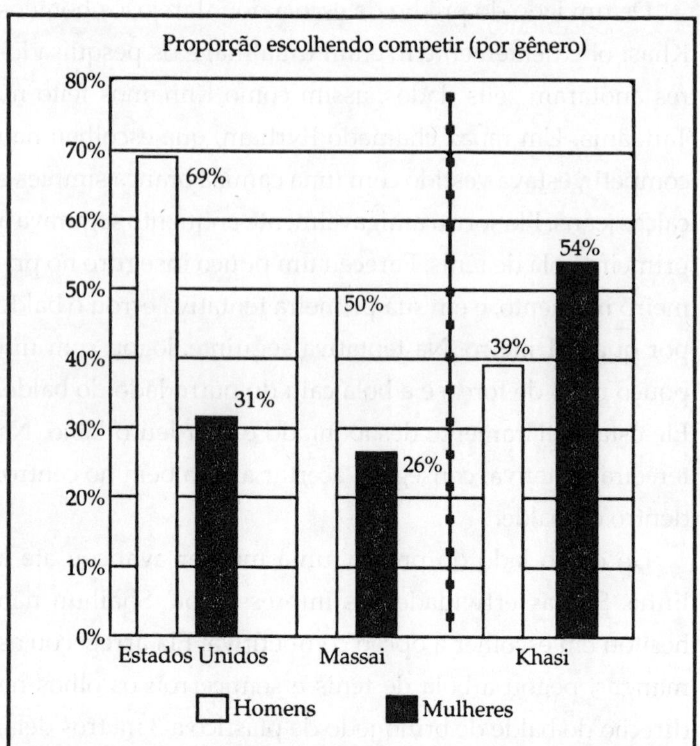

A porcentagem de homens e mulheres que escolhem a competição, por sociedade, conta a história da cultura. Em jogos competitivos, as mulheres Khasi escolhem competir não apenas mais frequentemente que as mulheres norte-americanas e Massai, como até mais frequentemente que os guerreiros Massai.

Tínhamos chegado a um mundo virado de cabeça para baixo em termos de gênero. Nossos resultados, resumidos anteriormente, mostraram que 54% das mulheres Khasi escolheram competir, enquanto apenas 39% dos homens Khasi fizeram isso. As mulheres Khasi tinham uma probabilidade *maior* de escolher competir do que mesmo os superpatriarcais homens Massai. De modo geral, as mulheres Khasi se comportaram mais como os homens Massai (ou norte-americanos).

O experimento Khasi lança algum insight — neste campo — sobre os debates de longa data a respeito das diferenças entre os sexos. É claro, olhamos para o comportamento das mulheres em uma sociedade diferente da maioria das outras no mundo. Mas este era o ponto: tirar o máximo possível das influências culturais de uma sociedade patriarcal. No caso dos Khasi, a mulher média escolhia competir com muito mais frequência que o homem médio. Ou, colocado de maneira mais simples, a natureza não era a única jogadora no pedaço. Para os Khasi, a criação tem o poder de um rei — ou rainha, como pode ser o caso.

Nosso estudo sugere que, dada a cultura certa, as mulheres são tão competitivamente propensas quanto os homens, e mais ainda em muitas situações. A competitividade, então, não é estabelecida apenas por forças evolucionárias que ditam que os homens são naturalmente mais propensos que as mulheres nesse sentido. A mulher média competirá mais do que o homem médio se os incentivos culturais certos estiverem presentes.

AS MULHERES PODEM NEGOCIAR EFETIVAMENTE?

Então, como esse interesse em competir afeta o comportamento das mulheres Khasi no mercado de trabalho, em que fortes incentivos econômicos prevalecem? Para descobrir isso, visitamos um mercado a céu aberto em Shillong, onde pessoas de origem Khasi e de outras origens vivem lado a lado.

O mercado a céu aberto em Shillong — um dos maiores no mundo — é um evento animado. À medida que você avança em meio à multidão, sente o odor de sangue e carne em putrefação; o cheiro fresco de tomates, cebolas e pimentas; a fragrância de flores, chapéus de palha e camisas de algodão. Produtos eletrônicos baratos e sapatos enchiam os quiosques.

Para ver como a cultura afeta o estilo de negociação, demos a homens e mulheres Khasi e não Khasi dinheiro para comprar 2 quilos de tomates no mercado. Os preços variavam entre 20 e 40 rupias por quilo, dependendo de quão bem eles eram regateados; nossos participantes ganhavam mais se negociassem um preço mais baixo. Para cada negociação de compra de tomate, registramos o preço inicial, quanto tempo durou a negociação e o preço final.

Fizemos duas descobertas importantes. Primeiro, as mulheres Khasi são treinadas desde o nascimento para serem assertivas e autoconfiantes, e provaram ser negociadoras bem-sucedidas; nosso experimento de lançamento da bola havia se provado um bom previsor do comportamento na vida real nesses mercados. O segundo achado não foi menos interessante. O mercado funcionou de maneira muito diferente, dependendo de se as regras de estabelecimento dos preços haviam sido colocadas por mulheres da tribo matriarcal ou não.

Quando as mulheres Khasi entravam em uma parte do mercado na qual pessoas que não eram de origem Khasi estabeleciam os preços, homens e mulheres vendiam bens e regateavam lado a lado, e as mulheres Khasi provaram-se verdadeiras forças da natureza. Shaihun estava entre elas. Ela era uma negociadora fantástica, conseguindo preços excelentes para itens como tomates ou camisas de algodão para seus filhos. De maneira interessante, quando

Shaihun e seus pares entraram em uma parte do mercado na qual *apenas* os Khasi estabeleciam os preços e *apenas* as mulheres compravam e vendiam bens, observamos que não havia muitas tentativas de regatear os preços. Os preços comerciais pareciam, como no Ocidente, ser mais determinados do que negociados. Parecia que o ambiente e a socialização eram instrumentais para ditar como as pessoas se comportavam.

As duas observações são relacionadas. As mulheres podem ser criadas para reagir a incentivos de maneiras similares aos homens e negociar tão bem quanto eles. Mas, dada a opção, as mulheres Khasi estabeleceram os incentivos na sua parte do mercado de maneira diferente da dos homens. Ao estabelecer preços-padrão, elas simplesmente tornaram o ambiente menos competitivo e agressivo, e reagiram aos incentivos sociais que elas mesmas estabeleceram.

AS MULHERES PODEM SALVAR A HUMANIDADE DE SI MESMA?

Outra lição que aprendemos dos Khasi é esta: quando as mulheres estão no poder, todos parecem se beneficiar.

Em 1968, o ecologista Garrett Hardin publicou um ensaio chamado "The Tragedy of the Commons",* no qual ele descreveu o que acontece quando um recurso público se exaure porque pessoas demais estão tirando vantagem dele.[1] No artigo, ele descreveu uma situação na Europa medieval em que pastores compartilhavam uma faixa de terra na

*"A tragédia da propriedade pública", em tradução livre. (*N. do T.*)

qual todos tinham a permissão de deixar seu gado pastar. Desde que os pastores não deixassem gado demais sobre a terra ao mesmo tempo, tudo andava bem. Mas se um pastor ganancioso trazia vacas a mais para pastar, aumentava o dano ao pasto, subsequentemente exaurindo de tal maneira a faixa de terra que gado nenhum podia pastar mais. (Você se lembra da discussão a respeito das externalidades negativas quando dividindo a conta?)

Pense, por exemplo, a respeito dos direitos de pesca costeira. Em muitos lugares, a pesca predatória exauriu de tal maneira os estoques que o futuro de uma série de espécies de peixes está correndo sério risco de extinção. Dada a alta demanda por peixes, cada pescador tem um incentivo de pescar o máximo que pode; mas, se todos fizerem o mesmo, nada será deixado para gerações futuras — em determinado ponto a população de peixes cai tanto que não consegue se recuperar mais.

Uma suposição comum a respeito das mulheres é que elas tendem a cuidar mais dos bens públicos, como estoques de peixes e pastos, do que os homens. Nós partimos para investigar essa suposição com os Khasi, assim como em um vilarejo vizinho, Assamês, uma tribo patriarcal, usando um jogo padrão da economia chamado de "jogo dos bens públicos" (assim chamado porque reproduz o que acontece quando contribuímos com dinheiro para fornecer bens públicos para todos, como parques nacionais bem-cuidados e ar limpo).

Demos a cada grupo o mesmo conjunto de instruções: "Neste jogo, você pode escolher investir na comunidade ou investir em si mesmo." Informamos aos participantes o seguinte: "Cada rupia que você investir em si mesmo renderá um retorno para você de um. Cada rupia investida em trocas com o grupo renderá um retorno de 50 centavos para cada membro do grupo, não apenas para a pessoa que a investiu."[2]

Levando-se em consideração o que se sabe agora a respeito da sociedade deles, você imaginaria que os Khasi estariam mais propensos a gastar suas rupias investindo no grupo. E estaria correto. Homens e mulheres Khasi investiram mais no grupo do que as Assamês. Basicamente, nossos resultados encontraram menos pessoas egoístas, desconsiderando o gênero, entre os Khasi. Esses resultados geraram uma questão: será que uma sociedade "governada" por mulheres seria muito diferente da sociedade em que vivemos hoje em dia?

O QUE NÓS PODEMOS FAZER?

A série de televisão mordaz *Mad Men* nos mostra quão longe as relações de gênero avançaram na sociedade norte-americana desde os anos 1960, quando o discurso público sustentava que as mulheres deveriam parecer e agir como Marilyn Monroe, e os homens deveriam parecer e agir como predadores do Rat Pack*. A série oferece um olhar importante para a maneira como a sociedade ditava o comportamento masculino e feminino antes que qualquer pessoa sonhasse em um movimento das mulheres, de orgulho negro ou liberação dos gays. As pessoas talvez não tivessem certeza de quem eram, mas sabiam quem não era seguro ser.

---

*Apelido dado ao grupo de artistas famoso dos anos 1950-1960 que contou com Frank Sinatra, Dean Martin, Sammy Davis Jr., entre outros. (*N. do T.*)

Pulamos para o século XXI. Agora sabemos que os homens e as mulheres reagem de maneiras diferentes a incentivos competitivos; e essa diferença na reação a incentivos é fortemente influenciada pela cultura. Juntos, tais fatores sociais ajudam a explicar a desigualdade entre o status empregatício e de ganhos entre homens e mulheres. Como os Khasi nos ensinaram, assim que as mulheres detêm o poder econômico e podem expressar suas verdadeiras preferências sem arriscar o desdém público, elas podem aprender a reagir aos incentivos competitivos para atingir um ganho econômico considerável, e tornarem-se verdadeiras líderes em suas sociedades.

As implicações dos nossos dois principais achados — (a) de que as mulheres podem ser tão competitivas quanto ou mesmo mais competitivas do que os homens; e (b) de que quando as mulheres têm uma influência econômica mais pronunciada, a sociedade torna-se mais consensual e com espírito público — são profundas. Quando observamos as mulheres regatearem os tomates, pensamos a respeito das mulheres norte-americanas que não se candidatam a empregos competitivos ou não pedem aumentos. Nós pensamos a respeito dos problemas estruturais nas sociedades ocidentais que impedem que as mulheres conquistem tudo o que podem conquistar. E quando observamos o mercado das mulheres operar com menos atrito, pensamos no Congresso norte-americano, onde as discussões e o exibicionismo são a norma.

Então, se quisermos encorajar as mulheres e garotas a serem mais competitivas e aumentarem seu poder de ganho, quais mudanças precisamos promover para que isso aconteça? O que isso tudo significa para as nossas filhas e as suas?

A filha de 19 anos de Uri, por exemplo, acredita que pode ser bem-sucedida em sua futura carreira. Seus pais a encorajaram a acreditar que o céu é o limite e que ela pode se dar bem, independentemente de sua escolha. Ao mesmo tempo, ela acredita que atualmente, pelo menos na cultura de San Diego, ela não pode sair e competir tão livremente quanto os homens. Então, como ela pode fazer para chegar ao topo sem se comportar de modo tão agressivo como eles?

Enquanto isso, as garotas de John em South Side, Chicago, da mesma maneira observam que os garotos nas suas aulas de educação física que não desempenham ao seu máximo são repreendidos pelos técnicos que, como relatamos antes, dizem para eles "pararem de jogar como garotas". "Nós devemos jogar como garotas ou garotos?", perguntam as filhas de John. "Nós devemos ser gentis, ou fazer o nosso melhor?"

Como observamos na abertura deste capítulo, as mulheres tendem a evitar negociações salariais; pesquisas de laboratório demonstraram, por exemplo, que os homens têm nove vezes mais chance do que as mulheres de pedir um salário maior quando se candidatam a um trabalho fictício. Mas essas tendências se manifestam no mundo real? E, se elas se manifestam, por quê?[3]

Para descobrir, realizamos um experimento de campo que era similar ao experimento da Craigslist que descrevemos no capítulo 2. Entre novembro de 2011 e fevereiro de 2012, publicamos 18 postagens "selecionando interessados" para assistentes administrativos em nove áreas metropolitanas importantes nos Estados Unidos. Os empregos eram ou para uma posição neutra em termos de gênero na arrecadação de fundos, ou para posições em um ambiente esportivo, uma situação que mais uma vez gerou mais candidatos homens. Um anúncio dizia que o trabalho pagava US$ 17,60 a hora e que o salário era negociável. O outro observava que o trabalho pagava simplesmente US$ 17,60 a hora.[4]

Despertamos o interesse de 2.422 pessoas. O que aconteceu?

Primeiro, descobrimos que, quando não havia uma declaração explícita de que os salários seriam negociáveis — o caso ambíguo —, os homens tinham muito mais chance de negociar um salário mais alto do que as mulheres. No entanto, quando mencionamos explicitamente a possibilidade de que os salários fossem negociáveis, essa diferença desapareceu, e mesmo tendeu a ser revertida; nesse caso, as mulheres negociaram ligeiramente mais que os homens.

Em outras palavras, quando os empregadores dizem que os salários são negociáveis, as mulheres se apresentam para negociar. Mas, quando os empregadores não informam isso, e as regras determinando o salário são deixadas ambíguas, os homens têm mais chance de negociar salários mais altos.

E quem se candidata a essas posições? Descobrimos que, ao meramente acrescentar a informação de que o salário era "negociável", a desigualdade de gênero nos pedidos de emprego diminuiu em aproximadamente 45%. Essa taxa se manteve mesmo para os chamados trabalhos masculinos (nosso anúncio para trabalhar com esportes), nos quais se esperariam mais candidatos homens.

Esses resultados mostram que as mulheres evitam anúncios de empregos que não sejam explícitos sobre as regras do jogo, enquanto os homens aceitam sem problemas esses anúncios. Claramente, se quiserem um *pool* de candidatos saudáveis tanto de homens quanto de mulheres, empregadores potenciais devem ser explícitos nos detalhes do emprego e na oferta de salários/benefícios.

O QUE OS EMPREGADORES PODEM FAZER

Embora nosso experimento do "salário negociável" tenha a ver com respostas às descrições do emprego, ele não envolveu tempo presencial entre os candidatos ao emprego e os empregadores. Mesmo assim, é importante perceber que, quando as descrições do emprego são vagas a respeito de se os salários são negociáveis ou não, as mulheres ainda assim devem "tentá-lo".

As mulheres não devem simplesmente aceitar a primeira oferta que estiver na mesa; elas devem fazer uma contraproposta e não ter medo de dizer: "Eu quero mais dinheiro", sem explicar por quê. É isso que os homens fazem, afinal.[5]

Além disso, gerentes de recursos humanos devem se dar conta de que muitas mulheres foram aculturadas para evitar o risco, o que pode tirá-las do caminho da ascensão corporativa. Muitas vezes, as mulheres deixam de pedir aumentos ou assumir projetos novos — não porque elas não tenham talento, mas porque a sua visão cultural de mundo as ensinou que ser assertiva não é algo "compatível" com uma dama. As empresas precisam pensar a respeito de maneiras de encorajar as mulheres a lutar pelos cargos no topo das corporações. Um exemplo a ser seguido é o da empresa de consultoria Deloitte, que tenta assegurar que as suas funcionárias sejam consideradas para os trabalhos mais importantes, e na qual pelo menos 23% das pessoas que ocupam os cargos de alta administração são mulheres.[6]

Empresas como a Deloitte logo se verão em vantagem por tomar essa iniciativa, uma vez que serão capazes de descobrir a verdadeira nata entre os talentos na sua organização, um passo que afetará positivamente seu resultado.

Além disso, os recrutadores de talentos precisam embarcar nessa. Em vez de compreender verdadeiramente o que um candidato pode vir ou não a contribuir, os recrutadores tipicamente baseiam-se em sua intuição. Às vezes, as empresas contratam pessoas porque acreditam que o candidato se "encaixaria" em um emprego, sem perceber que eles podem ser tendenciosos em favor dos homens.

Empresas que têm consciência desse tipo de preconceito podem incluir processos que combatam essa tendência. Por exemplo, na Campbell Soup Company (onde uma mulher, Denise Morrison, é a CEO), a diversidade de gênero é parte e parcela da proposição de venda da empresa, pois a maioria das pessoas que compram os produtos é do sexo feminino. Por essa razão, a empresa tomou uma decisão consciente de ter certeza de que a sua liderança refletisse as pessoas que pareciam com seus clientes.

As empresas que compreendem por que as mulheres reagem menos a incentivos competitivos podem usar essa informação para o seu benefício também. Por exemplo, o mercado em que as pessoas não regateavam dos Khasi nos lembrou de um mercado diferente — revendas de carros nos Estados Unidos. Muitas mulheres odeiam o vai e volta "preciso conferir com o meu gerente" das negociações difíceis que acompanham a compra de um carro. Para lidar com isso, empresas como a Honda tentaram seguir uma ideia apresentada pela primeira vez pela divisão Saturn da General Motors, colocando em prática uma política de extinção do regateio de preço no seu esforço de vendas. Embora a divisão Saturn não exista mais, enquanto ela existiu seus carros se tornaram muito populares com o público feminino, que chegou a compor 63% dos proprietários de carros da Saturn.

LEGISLADORES, EDUCADORES E PAIS

Legisladores também podem fazer algo para diminuir a desigualdade de gênero. Se você é um legislador, não coloque curativos em velhas lesões quando o que precisamos é de uma cirurgia corretiva logo de início. Por exemplo, não temos certeza se o Title IX*, concebido para dar chances iguais a atletas mulheres, é a solução para corrigir desequilíbrios. Em vez disso, pergunte a si mesmo: "Se vamos criar uma sociedade mais justa, qual é o ponto certo para intervir?" Levando-se em consideração que as diferenças em competitividade surgem em parte por influências culturais, nosso investimento em igualdade de gênero seria mais bem gasto provavelmente na educação e socialização primária das crianças do que em se certificar que as equipes de basquete femininas recebam os mesmos financiamentos que os homens.

E, se você é pai, nossos estudos têm implicações na maneira como você educa seus filhos. Nós estamos convencidos agora de que investir na autoconfiança das nossas próprias garotas parece muito com investir na aposentadoria. Expor nossas filhas já cedo a ambientes mais competi-

*Emenda educacional norte-americana de 1972 que proibiu a discriminação de gênero em qualquer programa ou atividade educacional recebendo auxílio financeiro federal. (*N. do T.*)

tivos à medida que elas crescem é vital. Essa exposição é particularmente importante na pré-adolescência.

Quando as crianças estão na escola, preconceitos de gênero podem manifestar-se mesmo com os pais mais diligentes. Nosso trabalho demonstrou que os preconceitos de gênero são arraigados e começam bem cedo.[7] Educadores e pais devem aumentar a sua conscientização a respeito dos estereótipos de gênero com que as crianças muito pequenas já convivem e tomar medidas para combatê-los. Não tema encorajar as crianças, e em particular as garotas, a serem competitivas. Pais, professores e qualquer um que trabalhe com crianças devem realmente passar a compreender que a socialização, e não apenas a biologia, determina os resultados competitivos. Não há nada preestabelecido a respeito de ser bom em matemática, brincar com bonecas rosa ou caminhões pretos, competir na escola ou em esportes, ou qualquer outra coisa. Mude a maneira como as crianças são socializadas para reagir a incentivos, e você muda o futuro.

Uma solução mágica proposta para mudar completamente a face da socialização de garotos e garotas é um retorno às escolas separando meninas e meninos. Pode parecer esquisito retornar às nossas raízes puritanas em um esforço para encorajar a competitividade das mulheres, mas em um nível intuitivo, a ideia faz sentido. A pesquisa mostra que os garotos, no fim das contas, ainda recebem mais atenção dos seus professores do que as garotas.

* * *

Por fim, é importante observar que, embora a capacidade de competir de fato seja importante, ela dificilmente é a chave para a felicidade. A paz não é encontrada no que temos em nossos títulos, mas na vida que vivemos como cidadãos, pais e vizinhos. É a nossa esperança pessoal, acima de tudo, de que nossas garotas (e todos) aprendam essa lição.

Nos dois capítulos a seguir, iremos expandir a discussão da iniquidade para algo muito mais amplo — a educação em geral — e descobrir que, quando os incentivos são apropriadamente aplicados, eles podem nos ajudar a diminuir a diferença entre estudantes ricos e pobres.

4. Como medalhistas de prata tristes e medalhistas de bronze felizes podem nos ajudar a reduzir a desigualdade de realização?

Educação pública: o problema de US$ 627 bilhões

Até o momento, aprendemos a importância de compreender por que as pessoas se comportam de determinada maneira. Notamos que os incentivos são complicados e que o tiro pode sair pela culatra se não compreendermos as motivações das pessoas. Nós também aprendemos que as mulheres responderão tão fortemente a incentivos competitivos quanto os homens, desde que o ambiente que as cerque não dite que elas devam agir de outro modo.

Neste capítulo e no próximo, mostraremos como experimentos de campo podem avançar nossa compreensão de um dos problemas mais difíceis da sociedade — educar crianças. Somente os Estados Unidos gastam mais de US$ 600 bilhões anualmente na educação primária e secundária. Com 54,7 milhões de estudantes, isso representa um gasto médio de US$ 11.467 por estudante, com resultados menos do que espetaculares.

Ao transformar nossas escolas em laboratórios de inovação, podemos reverter o declínio de décadas do nosso sistema educacional. Dessa maneira, aprendemos junto com nossas crianças: aprendemos o que funciona e por que, e as crianças aprendem a usar as ferramentas de que precisarão para serem bem-sucedidas na vida. Nós mostramos por meio da lente dos experimentos de campo como as escolas podem ser usadas para educar nossos filhos efetivamente e ao mesmo tempo servir como um espaço de aprendizagem útil para os adultos que se preocupam com a educação.

* * *

No início de uma tarde de outono, nosso assistente de pesquisa Joe Seidel visitou a Escola Primária Wentworth em South Side, Chicago. Joe foi conferir com os administradores da escola um projeto que estávamos realizando. Enquanto descia a escada, ouviu um estouro. Joe pensou que soava como se alguém tivesse largado uma pilha de livros no chão, mas então o som se repetiu várias vezes. Ele parou e olhou para o rosto de uma professora na parte mais baixa da escada. Ela estava de olhos arregalados, perplexa. Joe nunca ouvira tiros antes, mas ela claramente ouvira.

Um instante depois, uma voz no sistema de alto-falante anunciou que a escola seria fechada. Durante a hora seguinte, a polícia apareceu na rua, interrogando testemunhas, enquanto dentro das salas de aula os professores seguiram seus trabalhos como sempre. Com tiros ou sem tiros, eles ainda tinham de dar as aulas sobre pré-álgebra, estruturas de parágrafos e o período anterior à Guerra Civil norte-americana. Será que os estudantes tinham alguma chance de prestar atenção com essas circunstâncias?

Para um número grande demais de estudantes em áreas de baixa renda dos Estados Unidos, uma educação pública decente é mais uma questão de sorte do que qualquer outra coisa. Isso não é apenas trágico, mas também terrivelmente irônico, levando-se em consideração que são um dos países mais prósperos no mundo. Apesar dos golpes sofridos com a crise financeira de 2008 e a recessão subsequente, os Estados Unidos ainda estão no topo entre os países com melhores indicadores econômicos — expectativa de vida, renda, qualidade da assistência à saúde e o número de tecnologias que tornam as tarefas rotineiras das pessoas mais fáceis e mais divertidas.

Não é coincidência que essa prosperidade histórica tenha vindo de mãos dadas com conquistas sem precedentes na educação. Quando Thomas Jefferson defendeu um sistema de educação pública com o surgimento da nação, a meta era que todos os norte-americanos recebessem uma educação secundária de qualidade. Quando o sistema de educação pública começou a tomar forma na segunda metade do século XIX, os legisladores norte-americanos haviam feito uma aposta vencedora na melhoria do nível de educação do país. Por décadas, as escolas primárias norte-americanas eram tão impressionantes quanto as faculdades e universidades. Na realidade, estas seguem causando inveja mundo afora, à medida que hoje em dia milhares de estudantes estrangeiros chegam aos seus portões para conquistar seus diplomas universitários, mestrados e doutorados.

Ao longo das últimas décadas, no entanto, os Estados Unidos desenvolveram dois sistemas educacionais para estudantes pré-universitários: um para os que têm dinheiro e outro para os que não têm. Estudantes cujos pais têm condições de matriculá-los em uma escola de ensino médio generosamente dotada recebem uma educação completa (os que têm); aqueles que não têm tanta sorte muitas vezes estudam em escolas onde ocorrem tiroteios e onde metade dos estudantes deixa de se formar (os que não têm). As taxas de evasão para os norte-americanos de baixa renda são aproximadamente quatro a cinco vezes mais altas do que para os estudantes de alta renda. Por exemplo, em 2008, 2% dos estudantes de alta renda abandonaram a escola, comparados com 9% dos estudantes de baixa renda. E as taxas de evasão para as escolas dos bairros mais desfavorecidos das grandes cidades excedem 50%.

Os contribuintes norte-americanos continuam a despejar um volume enorme de recursos no sistema de educação pública. O país está em quinto lugar no ranking mundial de gastos por aluno. Apesar desse nível de investimentos, o sistema primário desandou para muitas crianças. O aluno médio do nono ano nas escolas públicas de Chicago ou Nova York lê aproximadamente tão bem quanto o estudante médio do quarto ou quinto anos em sistemas escolares mais bem estruturados. As notas em leitura, matemática e ciências dos estudantes nos Estados Unidos caíram abaixo dos dez primeiros países no mundo. Na realidade, quando falamos a respeito do ensino de gramática básica e matemática no ensino médio, os Estados Unidos são considerados um país medíocre na melhor das hipóteses. O sistema chegou a uma situação tão lastimável que os registros de conclusão do ensino médio de estudantes norte-americanos caíram para índices próximos de estudantes do México e da Turquia, os quais gastam muito menos para educar sua juventude.

Algo está obviamente muito errado com a educação urbana nos Estados Unidos. Muitos esforços para corrigir o problema por meio de políticas — da decisão da Suprema Corte de 1954 no caso *Brown v. Board of Education* à legislação *No Child Left Behind*, de 2001 — conseguiram apenas reduzir ligeiramente o problema. Quais ideias de políticas ainda restam para serem experimentadas? E que dinheiro pode ser redirecionado para dar nova forma aos incentivos a fim de gerar resultados melhores?

O QUE FUNCIONA EM EDUCAÇÃO?

Começamos a discutir essas questões quando Ron Huberman, em seus primeiros anos como CEO da Chicago Public Schools (e sobre quem você lerá mais no capítulo 8), nos convidou para almoçar. Enquanto conversávamos sobre ideias para reduzir a violência entre os jovens e a gravidez na adolescência na cidade, Ron nos contou que o governo federal estava considerando designar a ele milhões de dólares para melhorar as escolas de Chicago. Ron fez uma pergunta simples: "Se eu receber esse dinheiro, o que devo fazer com ele?"

Nós não tínhamos uma resposta. Certamente, nós mesmos, como pais de crianças no sistema de educação pública, poderíamos recomendar gastar aquele dinheiro para melhorar o treinamento e o salário dos professores. Talvez alguma quantia pudesse ser destinada para um programa extracurricular aqui ou ali. Talvez algum pudesse ser usado para contratar tutores e mentores extras. Algumas dessas opções foram tentadas, e havia evidências para mostrar que algumas delas funcionariam para melhorar os resultados dos estudantes.

Mas o que Huberman estava procurando era uma solução mais profunda, mais holística — uma solução baseada em dados sólidos que abordassem a enormidade dos desafios que a Chicago Public Schools enfrentava. Ele queria ter certeza de que, se recebesse o dinheiro do governo federal, poderia manter a promessa feita para a cidade de utilizá-lo com sabedoria. Ron queria ter certeza de ser capaz de apontar efeitos observáveis importantes a políticas reais.

Isso era música para os nossos ouvidos. Nós o lembramos de como um experimento por Louis Pasteur provou o valor das vacinas. Em 1882, Pasteur designou metade de um grupo de cinquenta ovelhas como grupo controle e vacinou a outra metade. Todos os animais receberam uma dose letal de antraz. Dois dias após a inoculação, todas as 25 ovelhas do grupo controle estavam mortas, e todas aquelas vacinadas estavam vivas e bem, provando a teoria de Pasteur. Embora o que Huberman tivesse em mente fosse menos dramático, ele facilmente reconheceu que o seu trabalho era "inocular" os garotos dos bairros menos favorecidos contra as privações da violência, ignorância e pobreza.

Quando estudamos a educação, os economistas começam pensando sobre como os diferentes "inputs", ou fatores de influência, se combinam para produzir determinados "outputs", ou resultados (o jargão para isso é "função de produção da educação"). Por exemplo, quais inputs são necessários para atingir o output desejado de notas boas? Primeiro, podemos pensar a respeito dos vários atores envolvidos. O esforço da própria estudante (um input) é obviamente um componente crítico do processo educacional, mas os esforços dos professores, administradores das escolas e pais (outros inputs) também são cruciais. Nós também gostamos de pensar a respeito da educação fazendo perguntas: *Como a combinação do esforço da parte do estudante, do professor e do pai resulta em rendimentos melhores dos estudantes como notas mais altas? Qual combinação de inputs resulta em notas mais altas, índices de conclusão de formação mais altos e bons empregos? E quando aumentar o esforço do aluno, do pai e do professor é mais eficiente — nos anos do pré-primário, ensino fundamental ou ensino médio?*

Você poderia pensar que, a essa altura, as pessoas que estudam a educação teriam descoberto as respostas dessas questões. Afinal de contas, discussões sobre a educação têm ocorrido desde Aristóteles, e os Estados Unidos têm formalmente educado suas crianças no sistema público por mais de cem anos. No entanto, a verdade é que não usamos sistematicamente experimentos de campo na educação para descobrir o que realmente funciona, quão bem isso funciona e por quê. Resumindo, fracassamos em usar os milhares de distritos escolares no país como laboratórios para a criação de uma política educacional que se baseie na ciência em vez de palpites e casos.

O MICROCOSMO

Os Estados Unidos estão salpicados de cidades industriais que um dia foram prósperas e vitimadas pela produção em outros países, desemprego e, muitas vezes, desesperança. Dirigindo por essas cidades, você verá muitas vezes torres de água enferrujadas e fábricas fechadas um pouco adiante de casas pequenas com jardins descuidados e janelas quebradas que precisam de conserto. Do outro lado da ferrovia, você verá lojas com tábuas obstruindo as vitrines e casas tomadas pelos bancos, cobertas de pichações. Você deixará a avenida principal e verá dois homens de meia-idade sentados em caixas plásticas para carregar leite, passando o dia com a ajuda do que quer que esteja escondido nas sacolas marrons de papel em cada uma das suas mãos. Você não consegue deixar de pensar que em dias melhores eles talvez estivessem ganhando um salário decente em bons empregos, e talvez levando rosas para entregar às esposas em casa.

Chicago Heights, com uma população de mais de 30 mil habitantes, é uma cidade com bairros como esse, e, como tal, é um microcosmo dos problemas educacionais mais graves nos Estados Unidos. Uma comunidade localizada a 50 quilômetros ao sul de Chicago, ela tem uma renda *per capita* média bem abaixo da linha da pobreza. Se você é uma criança em uma comunidade dessas, as chances são muito altas de que vá dormir com fome muitas vezes, e assim como tanto você quanto sua mãe ou seu pai, ou pais — ou pai ou mãe adotivos, como pode ser o caso — vivam com um ruído surdo, incessante e persistente, do estresse de contas não pagas, junto a toda a violência que acompanha esse cenário.

O empresário que virou superintendente do Distrito 170 de Chicago Heights, Tom Amadio, administra um sistema em que 50% dos estudantes são hispânicos e 40% são afrodescendentes, observa ele. Mais de 90% vêm de famílias pobres que vivem com auxílio do governo; muitos vêm de lares adotivos; e a maioria almoça gratuitamente ou paga um valor menor por serem alunos carentes. Como é o caso em outras escolas urbanas, aproximadamente 50% dos estudantes do ensino médio abandonam os estudos antes de se formarem, muitos entre o primeiro e o segundo ano.

Amadio é um sujeito apaixonado e direto com bons instintos empresariais. Ele talvez seja o único superintendente escolar no país que, em uma vida anterior, foi um corretor na Bolsa de Valores ganhando um bom dinheiro. Diferentemente do estereótipo de um corretor de Wall Street, no entanto, Amadio se preocupa profundamente com o sofrimento dos menos privilegiados. Ele se indigna com os tipos de pessoas que veem crianças desses bairros como fadadas ao fracasso. "Estamos falando de garotos que as pessoas acreditam que não podem ser bem-sucedidos e não serão bem-sucedidos", diz ele. "Você sabe o que eu gostaria de dizer para as pessoas que querem deixar as coisas do jeito que elas estão? 'Vão pastar.' Deem-me os mesmos recursos que alguns dos distritos ricos têm. Deem aos meus garotos uma chance para competir em igualdade de condições."

Quando assumiu, em 2006, Amadio disse para o conselho escolar de maneira absolutamente direta que algo radical tinha de ser feito no seu distrito para reduzir a desigualdade de êxito educacional entre os garotos pobres de bairros menos favorecidos e aqueles de distritos mais ricos. "Eu disse a eles: 'Ouçam, nossas pontuações nos testes precisam de ajuda'", disse ele. "'Nós precisamos fazer algo drástico. Estamos nos Estados Unidos. Nossos garotos não precisam abandonar a escola e cavar valas para ganhar a vida. Nós temos nossos obstáculos, mas o *status quo* é inaceitável.'"

Os apelos de Amadio não caíram em ouvidos surdos. Um cirurgião ortopedista de Chicago Heights, Dr. William Payne, do Hospital St. James, sentiu-se motivado a ajudar. O Dr. Payne tinha um profundo sentimento de orgulho comunitário. "Eu recebia garotos secundaristas no meu consultório e lhes perguntava sobre seus sonhos e aspirações", diz ele. "O pai de um estudante trabalhava em três empregos para sustentar a família e poupar dinheiro suficiente para o filho ir para a faculdade. O filho tinha boas notas, mas o pai ainda não tinha meios de mandá-lo a uma boa escola, de maneira que o garoto ficou limitado a uma faculdade que oferecia cursos de dois anos focados em um ensino de recuperação. Ele era inteligente demais para isso, mas não tinha uma escolha porque seu pai não sabia realmente como obter ajuda financeira ou navegar pelo sistema educacional. Então comecei a ler sobre a alta taxa de evasão na nossa cidade e me perguntei o que poderia ser feito de maneira diferente."

Dr. Payne nos procurou no outono de 2007 pedindo que ajudássemos os garotos em Chicago Heights; especificamente, ele queria ouvir as nossas ideias para manter os estudantes na escola. Apresentou-nos alguns tomadores de decisões importantes na comunidade e começou a forjar parcerias com a administração da escola. Começamos com uma única meta: melhorar o índice de conclusão entre os estudantes de ensino médio de Chicago Heights.

GANHANDO NA LOTERIA

Uma das razões por que achamos os índices de evasão altos tão intrigantes é que abandonar a escola é como jogar fora um bilhete premiado: os dados nos dizem que, para cada ano de escola que um estudante deixa de completar, seu poder aquisitivo cai em aproximadamente 12%. De fato, a renda média anual para um aluno de ensino médio que abandonou os estudos em 2009 era de US$ 19.540, comparado com US$ 27.380 para um aluno com o diploma.[1] Multiplique esse número por vinte anos e você tem um diferencial de ganhos de US$ 156.800. Isso é realmente um bilhete de loteria vencedor — o suficiente para comprar uma casa em muitas partes do país.

É claro, a decisão é um pouco mais complicada do que escolher entre abandonar a escola e ganhar dinheiro suficiente para comprar uma casa, em parte porque a recompensa financeira da educação não é realizada até muito tempo depois. A gratificação de todo aquele trabalho duro ocorre bem mais tarde. A maioria de nós não responde bem à gratificação postergada; estamos muito mais interessados em recompensas imediatas. Essa é a razão por que procrastinamos, deixamos de poupar tanto dinheiro quanto deveríamos para a aposentadoria, comemos demais e nos exercitamos muito pouco.

As crianças têm essa tendência aos montes. Lembra-se de quando você ficava doente na infância e seus pais tinham de implorar e protestar para você engolir colheradas cheias de um remédio com um gosto terrível? Você não conseguia realmente apreciar o benefício futuro de engolir aquilo, mas sabia bem o custo imediato de colocá-lo na boca. É por isso que as companhias farmacêuticas trabalham duro para tornar os remédios das crianças palatáveis. (Pense no Tylenol com sabor de chiclete.)

A incapacidade de pensar a respeito dos benefícios de recompensas futuras piora à medida que as crianças passam pela adolescência. Adolescentes costumam ter a tendência de maneira mais exacerbada ainda, talvez pela configuração imatura de seus cérebros.[2] Colocando a questão de maneira diferente, podemos ver os adolescentes simplesmente como viciados quando falamos em gratificação imediata. Eles não têm concepção do valor de investir no futuro. A partir dessa perspectiva, abandonar a escola às vezes parece uma escolha bastante boa.

Complicando a questão, há o fato de que muitos pais não apreciam o valor de ensinar aos filhos habilidades não cognitivas — a importância de investir no futuro, de ser paciente e confiável e de trabalhar bem com outras pessoas. Essas habilidades se provam inestimáveis mais tarde na vida, mas a maioria dos pais as subestimam.

Então imagine que você é um adolescente pobre, cheio de espinhas, aturdido pelos hormônios e cujo cérebro ainda está em construção. Você vive em uma área desfavorecida como Chicago Heights, e seus sentimentos passam por grandes oscilações. Tudo em que você pensa é na satisfação imediata: sua vida a longo prazo, após a conclusão do ensino médio é tão real para você quanto a possibilidade de viver em Marte. Você quer satisfazer as suas vontades *agora*. Existe alguma maneira de fazer uma conexão entre o estado atual de sua mente e recompensas futuras?

SUBORNOS FUNCIONAM?

Urail King era um estudante do primeiro ano do ensino médio de 14 anos, negro, na Bloom Trail High School em Chicago Heights. Sua mãe, Theresa, não havia terminado a escola. Urail era empolado, extrovertido e inteligente, mas a escola não despertava realmente seu interesse. As notas de Urail variavam entre Ds e Cs. Ele não trapaceava abertamente, mas tomava atalhos: em vez de ler *O sol é para todos* do início ao fim, ele tentou descobrir as respostas em um questionário folheando o livro. Urail estava bem no limite. Ele poderia escolher fazer um esforço para ser bem-sucedido na escola ou poderia seguir uma trajetória mais negativa.

Outro estudante do primeiro ano do ensino médio, Kevin Muncy, era um garoto branco de cabelos escuros curtos e brinco brilhante na orelha. Ele adorava andar de skate, jogar videogames e inventar coisas. Era inteligente e criativo: Kevin impressionava as garotas com uma tatuagem feita por ele mesmo, criada com um equipamento que ele inventara combinando uma escova de dentes e uma corda de guitarra cortada. Sua mãe trabalhava na padaria de um supermercado. Kevin preferia sair com seus amigos em vez de se preocupar com a escola. Durante as aulas, brincava com um pequeno jogo eletrônico debaixo da mesa e tentava encontrar colegas que pudessem ajudá-lo a colar. Kevin gostaria de conseguir o diploma do ensino médio, mas suas notas de reprovação não o levariam muito longe. Se ele não chegasse a concluir a escola, pensava em se alistar no Exército e conseguir o diploma enquanto servia.

Que tipos de incentivos seriam necessários para fazer com que esses dois alunos com um desempenho abaixo do esperado fossem bem-sucedidos na escola? Será que pagar a Urail e Kevin, ou a seus pais, faria sentido? Antes de rejeitar essa ideia, vamos considerar como normalmente fazemos para conseguir que as pessoas façam o que queremos. Para fazer com que as pessoas reciclem mais ou comprem carros ecologicamente corretos, nós as recompensamos com incentivos financeiros. Será que pagar para os estudantes se desempenharem melhor na escola funcionaria também?

* * *

Quando levamos a ideia a respeito de pagar os estudantes por desempenho para o conselho escolar de Chicago Heights, ela foi recebida com algo próximo do desdém. Afinal de contas, a maioria dos adultos concorda que os estudantes devem aprender em benefício do próprio aprendizado. Mas o fato brutal é o seguinte: milhões de crianças nas escolas públicas simplesmente não veem a questão desse jeito. Como salientamos para o conselho escolar, os garotos deveriam arrumar seus quartos, mas não o fazem. Eles deveriam escovar os dentes e sempre obedecer aos pais, mas não fazem isso. Eles deveriam comer frutas em vez de biscoitos, mas não comem. E deveriam gostar de aprender, mas, muitas vezes, não gostam.

O realismo do nosso argumento atingiu seu alvo quando um membro do conselho escolar citou uma pesquisa que mostrava que incentivos extrínsecos, como o dinheiro, podem suplantar incentivos intrínsecos, como gostar de aprender e ir bem na escola. (Soa familiar? Ele estava basicamente citando parte da psicologia da pesquisa econômica, incluindo a nossa própria, discutida no capítulo 1.) Nós concordamos a respeito da importância dos incentivos intrínsecos e com o espírito desses estudos, mas respondemos prontamente que, quando não há nada a ser suplantado, o dinheiro fala mais alto. A resposta que recebemos foi um suspiro da parte dos membros do conselho, que, no fim das contas, sabiam da situação de dificuldade pela qual o seu distrito passava. Eles admitiram com relutância que estavam dispostos a tentar qualquer coisa que tivesse a mínima chance de obter sucesso.

Como os incentivos monetários na educação são controversos, ainda não há uma compreensão absoluta de como melhor direcioná-los.[3] Nossa primeira ideia foi passá-los para o primeiro trimestre: em vez de pagar aos estudantes ao fim do semestre ou do ano por um bom desempenho, nós lhes pagaríamos mais perto do momento da conquista, satisfazendo desse modo o seu desejo por uma gratificação imediata. (Como dissemos, os economistas comportamentais demonstraram que muitas pessoas responderam mais dramaticamente a incentivos pagos antes do que depois.)

Nossa segunda ideia baseada em comportamento foi usar a loteria para pagar os estudantes. A loteria é uma ferramenta de teste comportamental incrível, pois os seres humanos tendem a superestimar eventos de baixa probabilidade. Por exemplo, a chance de vencer uma loteria do estado é muito mais baixa do que uma chance em 1 milhão, mas as pessoas adoram jogar de qualquer maneira, em parte porque acreditam que as chances são melhores do que realmente são. (Na realidade, você tem mais chance de ser acertado por um raio do que vencer a loteria na maioria dos estados.) Achamos que, se pudéssemos oferecer recompensas por meio de uma loteria, cujo prêmio seria grande, mas as chances de vencer pequenas, as recompensas pareceriam mais relevantes; os estudantes poderiam superestimar as suas chances de vencer a loteria, induzindo-os a tentar com mais convicção.

A ideia final foi óbvia, criativa e surgiu ao tentarmos descobrir o que entra na "função de produção" da educação: usar incentivos para que os pais se envolvam e ver como o seu envolvimento afeta o desempenho dos filhos. Raciocinamos que somente pagar aos pais não funcionaria, mas que fazê-lo nos daria mais subsídios a respeito das maneiras mais eficientes de aumentar o sucesso dos estudantes. Fazer com que os pais se envolvessem mais em ajudar os filhos a estudar poderia ajudar os irmãos também. Afinal de contas, uma vez que os pais começam a se envolver com um dos filhos, é apenas justo que eles façam o mesmo com os outros.

Tínhamos apenas um problema, e grande. Conseguir realizar um experimento de campo para testar essas ideias não seria fácil e custaria grandes somas de dinheiro que não tínhamos.

O PRESENTE DOS GRIFFINS

Bem nessa época — na primavera de 2008 —, recebemos um telefonema inesperado de dois filantropos, Kenneth e Anne Griffin. Kenneth fundou a Citadel, um dos maiores fundos de *hedge* do mundo, e ele e a esposa estavam interessados em nossa pesquisa. Procuravam ajuda para estabelecer uma fundação de caridade e perguntaram se nós poderíamos encontrar com eles para discutir nosso trabalho. Não fazíamos ideia de que aquele telefonema mudaria nossas vidas.

Dirigimos até o prédio da Citadel no centro de Chicago, uma torre de aço e vidro gigantesca, com 1,4 milhão de pés quadrados de espaço de escritório, bem no centro econômico da cidade. Após passar pelo lobby com paredes de mármore, entramos no elevador e apertamos o botão do 37º andar. Nossos ouvidos estalaram, e nos sentimos um pouco nervosos. O elevador abriu-se silenciosamente, e uma recepcionista simpática nos levou até uma sala de conferência decorada com bom gosto. Ela nos ofereceu café, e esperamos.

Quando os Griffins entraram na sala, nossa primeira impressão era de que eles pareciam um daqueles belos casais cujas fotos nupciais você encontra adornando as páginas do segundo caderno de domingo do *New York Times*. Kenneth, bonito e incisivo, é um tipo empreendedor brilhante; um produto das escolas públicas, ele aprendeu tudo sobre ações dentro dos confins do seu quarto de dormitório na faculdade. Anne, uma nativa francesa que fala cinco línguas, é, assim como o marido, produto de um sistema de escola pública, e sua mãe era professora.

Não fazíamos a menor ideia de onde havíamos nos metido. A maioria dos doadores ricos e bem-intencionados que conhecíamos escrevia um cheque polpudo para pesquisa e, com um floreio da caneta, dizia algo como: "Você pode falar a respeito dos seus resultados no próximo jantar." Mas os Griffins eram diferentes.

Explanamos algumas teorias de economia comportamental, resumimos um pouco nossa pesquisa e passamos por nossas ideias a respeito de quais tipos de incentivos podem funcionar com os garotos estudando na Chicago Heights. À medida que falávamos, seus olhos brilhavam.

Embora poucas horas do tempo dos Griffins provavelmente valham algumas dezenas de milhares de dólares, eles passaram um longo tempo elaborando meticulosamente as nossas ideias experimentais, surpreendendo-nos com seu conhecimento e discernimento. "Por que você acha que as pessoas superestimam pequenas probabilidades?", eles nos perguntaram. "Por que você acha que tantos jovens não acreditam que se formar no ensino médio importa?" Ambos nos crivaram de perguntas e aguçaram nossas ideias com suas próprias opiniões. Assim como nós, eles queriam que quaisquer intervenções que escolhêssemos fossem mensuráveis, firmemente baseadas em teorias e eficientes em termos de custos.

Os Griffins logo se tornaram nossos parceiros de pesquisa. Eles acreditam apaixonadamente na possibilidade de melhora do sistema de educação pública norte-americano, compreendendo que fazê-lo é a única maneira de melhorar a vida das pessoas e a economia em geral. Eles queriam participar de verdade em intervenções que pudessem ajudar os garotos de grandes cidades a superar a desigualdade educacional e a melhorar os padrões educacionais.

Quando deixamos a sala, estávamos convencidos de uma coisa: se eles tivessem tomado o rumo acadêmico, ambos estariam à nossa frente como pesquisadores. Partimos com um projeto experimental sólido em nossas mãos, e em 24 horas os Griffins nos deram os US$ 400 mil iniciais de que precisávamos para realizar o experimento.

Antes de entrarmos na sala aquele dia, Ken e Anne sabiam como queriam mudar o mundo; tivemos sorte suficiente para aparecer no lugar certo na hora certa. Subitamente, compreendemos como Colombo deve ter se sentido quando a rainha Isabella lhe deu os recursos para descobrir o Novo Mundo. Nós não apenas encontramos doadores, mas dois novos amigos; nossos novos colegas nos ajudariam a enfrentar um dos problemas mais importantes nos Estados Unidos hoje em dia.

A VIAGEM PARA AS ESCOLAS PÚBLICAS

Um dia, uma jovem de cabelos ruivos, elegante e querida, com o ar afável de uma boa supervisora de escola, chamou Kevin Muncy em seu gabinete. Seu nome era Sally Sadoff, e naquela época ela era uma das estudantes de economia que administrava o nosso experimento.[4] Quando Kevin entrou, Sally abriu um largo sorriso para ele.

"Como tem sido começar em uma nova escola?"

"Eu gosto daqui. É realmente fácil."

"As aulas são realmente fáceis? Vamos ver o que o seu boletim diz." — Ela examinou as notas terríveis de Kevin. "Então, Kevin", disse Sally com generosidade, "em que você precisa melhorar?"

"Em tudo."

"Então você provavelmente quer saber o que pode conseguir se atender aos novos padrões de desempenho mensais. Sem ausências não justificadas, sem suspensões de um dia inteiro, e notas 70 ou mais altas em todas as suas aulas. Certo?" — Ela puxou uma pasta e a estendeu para ele.

Kevin abriu a pasta.

"Cinquenta dólares?"

Sally sorriu.

"E você ganhará US$ 50 a cada mês enquanto mantiver as suas notas altas!"

"Acho que um monte de gente vai começar a fazer o dever de casa então."

"Mas e você?"

Kevin começou a sonhar um pouco.

"O que eu poderia fazer com US$ 50 ao mês? Eu poderia pagar pelos meus skates. Conseguir patrocinadores e roupas e tudo mais até me formar."

Ao ouvir a respeito desse incentivo, a mãe de Kevin o dobrou: se ele elevasse as suas notas para os padrões mensais, ele poderia ganhar US$ 100 por mês.

Mas havia mais incentivos, e Sally tirou o máximo deles. Na realidade, nós criamos o maior número possível de incentivos. Ao final de cada mês durante o programa de oito meses, todos os garotos faziam uma fila no refeitório da escola para uma pizza de cortesia e o grande pagamento. Cada um era chamado para uma mesa na qual Sally e os outros pesquisadores examinavam as suas notas e conversavam com eles. Quando eles (ou os seus pais, dependendo do tratamento experimental) ganhavam o pagamento em dinheiro, saíam sorrindo — e não apenas pelo dinheiro.

Mais divertido ainda era a grande loteria, como um bingo cheio de suspense. Em cada mês, tirávamos dez nomes. Se um estudante que havia atingido os critérios dos padrões vencesse, ele ou ela (ou seus pais, dependendo do tratamento) levava para casa o grande prêmio: US$ 500 em dinheiro (como um "cheque" gigante de programa de auditório), mais uma carona para casa em uma limusine branca completa, com motorista, assentos de couro confortáveis, luzinhas azuis e verdes no interior, telas de televisão, compartimentos de gelo e todo o restante. Quando Urail King viu a limusine, ficou maluco:

"Oh, meu D-e-u-s!", gritou ele. "Isso é incrível! Oh, sim, sim, você terá só notas 10 de mim! Leve-me para casa, Jarbas!"[5]

Se os garotos não atingiam os padrões mensais, Sally e os outros pesquisadores faziam sugestões para alcançá-los. Os pesquisadores chegaram a fazer ligações durante o mês para perguntar a eles como estavam se saindo nas aulas. E, é claro, os pais encorajaram os garotos e trabalharam com eles também. Afinal de contas, quem não iria querer que o seu garoto vencesse o grande prêmio?

Então, como os estudantes e os seus pais responderam a todos esses incentivos caros? Levando-se em consideração a maneira como os cérebros dos adolescentes é configurada ("Eu quero o que eu quero *agora*"), seria demais pedir aos estudantes para esperar um mês para receber suas recompensas?

Nossos resultados como um todo mostraram ganhos interessantes.[6] Estimamos que o programa ajudou aproximadamente cinquenta estudantes de risco dos quatrocentos no grupo experimental a atender aos padrões de realização do primeiro ano do ensino médio. Entre os estudantes que estavam prestes a fracassar, acreditamos que o programa melhorou o desempenho em aproximadamente 40%. Felizmente, esses estudantes continuaram a ter um desempenho melhor que os seus colegas não incentivados após o programa ter terminado naquele ano. Na realidade, nossas estimativas sugerem que aproximadamente quarenta garotos que de outra maneira teriam abandonado a escola receberiam seus diplomas por causa do programa. (Nós também descobrimos que o desempenho dos estudantes aumentava ligeiramente se os seus pais, em vez deles, recebessem a recompensa.)

Levando-se em consideração que cada ano adicional de estudo no ensino médio aumenta os ganhos ao longo da vida em 12%, oferecer a esses estudantes um incentivo durante o seu primeiro ano parecia ser uma intervenção eficiente em termos de custos e que não deixava dúvidas. Se você também contasse o fato de que os garotos passaram o seu tempo na escola, em vez de abandoná-la e ficar soltos pelas ruas, o programa foi um sucesso bem maior. Havíamos encontrado uma maneira de atingir uma parcela dos garotos de risco — mas apenas uma parcela.

REDEFININDO A REALIZAÇÃO

Tom Amadio ficou impressionado com os resultados, mas pressionou uma questão em outra frente, além de manter os garotos na escola: *será que poderíamos melhorar a pontuação nos testes* dos seus estudantes?* Afinal de contas, essas pontua-

---

*O autor se refere ao SAT, teste padrão de admissão em universidades nos Estados Unidos. (*N. do T.*)

ções abrem portas e estão vinculadas a resultados futuros, como anos de educação e empregos com bons salários. A pontuação nos testes também determina quanto dinheiro um distrito escolar recebe dos governos municipal e estadual. Infelizmente, no momento, estudantes pertencentes a minorias não conseguem alcançar seus colegas brancos quando falamos em pontuações de testes. A desigualdade racial de sucesso nos testes continua forte e inflexível, e muitas escolas urbanas fracassam em sua missão de diminuí-la.

Para responder ao desafio de Amadio, decidimos realizar mais um conjunto de experimentos de campo que envolveu mais de 7 mil estudantes em uma série de cenários de escolas primárias e secundárias em Chicago e Chicago Heights. Esses testes ocorreram nos laboratórios de computação das escolas, onde os estudantes realizaram um teste padronizado três vezes ao ano.[7]

Como uma introdução à nossa premissa experimental, talvez você se lembre das imagens de duas ginastas nas Olimpíadas de Verão de 2008. Ambas eram vencedoras. Quando as garotas se posicionaram no pódio, cada uma foi tomada por uma grande emoção. Nenhuma surpresa até aí: ambas tinham treinado por anos para esse momento, sacrificando vidas normais como adolescentes para alcançar o ápice do desempenho na ginástica. As fotos foram tiradas após elas receberem suas respectivas medalhas. Uma foi condecorada com a medalha de prata, e a outra, com a de bronze. Quando as fotos foram publicadas na imprensa, uma delas estava exultante, e a outra parecia estar segurando as lágrimas.

Qual delas você acha que ganhou a medalha de prata e qual a de bronze?

Nós todos sabemos que a prata é melhor que o bronze, mas o contexto é tudo. A medalhista de prata que havia perdido o ouro estava devastada, e seu rosto dava a impressão de que ela havia chupado um limão azedo. Mas a medalhista de bronze que por pouco havia conseguido chegar ao pódio estava claramente empolgadíssima.[8]

Nos últimos quarenta anos, dois psicólogos — Daniel Kahneman e Amos Tversky — revolucionaram a nossa compreensão sobre a importância das emoções humanas como a sensibilidade em relação ao contexto em escolhas cotidianas que fazemos. Um dos fatos que esses dois "pais" da economia comportamental demonstraram é que a maneira como os seres humanos compreendem o mundo tem a ver com a maneira como interpretamos (ou "enquadramos") os fenômenos. Dependendo de como você enquadra algo quando fala, você influencia o comportamento de uma pessoa de várias maneiras. Um pai pode dizer para uma criança: "Se você não comer essas ervilhas, você não vai crescer grande e forte." (Isso que os behavioristas chamam de "enquadramento de perda" — ela enquadra uma declaração como uma perda ou punição.) De maneira alternativa, o pai poderia elaborar o mesmo apelo de maneira mais positiva e dizer: "Se comer as suas ervilhas, você vai crescer para ser grande e forte." (Isso é chamado de "enquadramento de ganho" — ele enquadra a declaração como um benefício ou recompensa.)

* * *

Imagine que você é um garoto de 13 anos entrando no laboratório de computação para realizar um teste padronizado. É um belo dia de outono, e você está agitado, com um pouco de fome, e tudo em que você consegue pensar é naquela última rodada do seu videogame e na garota bonita sentada na mesa atrás de você. Você gostaria de estar em qualquer lugar, menos enfiado nesse laboratório idiota para realizar outro teste estúpido.

Entra então o coordenador de avaliação da escola, Sr. Belville, que pede a atenção de todos. (O Sr. Belville também é o coordenador de leitura da escola e chefe do departamento de tecnologia; ele é o tipo de administrador com uma qualificação e uma dedicação extraordinárias e que sozinho faz uma escola funcionar.) O processo de fazer com que os estudantes parem de falar leva um minuto, mas finalmente eles se acalmam.

"Hoje", anuncia o Sr. Belville, "vocês darão o passo seguinte dos testes padronizados que vocês fizeram na primavera. Mas dessa vez nós vamos fazer algo diferente. Se vocês se saírem melhor no teste de hoje do que da última vez, receberão uma recompensa de US$ 20".

Você fica de olhos arregalados. Assim como todos os outros.

"Legal!", grita alguém.

Subitamente, todos começam a conversar ao mesmo tempo. O Sr. Belville imediatamente pede para a sala ficar em silêncio.

"Agora, antes de começarmos o teste, vou passar para cada um de vocês uma nota de US$ 20", continua ele. "Eu quero que cada um de vocês preencha este recibo confirmando que recebeu o dinheiro. Nas folhas dos recibos, quero que escrevam um pouco sobre o que planejam fazer com o dinheiro. Vou mantê-lo na frente de vocês sobre sua mesa enquanto fazem o teste. Lembrem-se, poderão ficar com os US$ 20 se se saírem melhor no teste. Mas, se não melhorarem, não receberão os US$ 20." Ele distribuiu os formulários dos recibos e os US$ 20.

Você preenche o formulário com cuidado e pensa a respeito do que quer fazer com os US$ 20, que gostaria de investir em um skate novo. Escreve o seu sonho no formulário e então coloca os US$ 20 à direita do teclado, um pouco acima do mouse. Você sorri quando olha para a nota. "Minhas rodas", pensa. Você se imagina entrando na loja de skates e largando seu dinheiro com convicção no balcão.

O Sr. Belville volta para a frente da sala, interrompendo seu devaneio.

"Nós começaremos o teste em dois minutos. Por favor, registrem-se no computador."

Você se registra, e o relógio avança. Observa o ponteiro de minutos e mal pode esperar para começar.

"Prontos? Comecem!"

Quando você fez esses testes no passado, em geral passou voando, porque realmente não se importava com eles — achava que eles não tinham importância alguma e deixou muitas questões em branco. Mas dessa vez, com os US$ 20 parados à sua frente, está fazendo com cuidado. Algumas questões estão lhe causando alguma dificuldade inicial, mas, em vez de adivinhar e seguir em frente, você começa realmente a pensar sobre qual poderia ser a melhor resposta.

Ao cabo de uma hora, o Sr. Belville anuncia que o tempo do teste terminou. Você é o último estudante ainda fazendo o exame. Responde à última questão e clica em "enviar". Quase imediatamente, a sua pontuação aparece na tela do computador do professor. Assim que a turma inteira termina, você pode ver como foi o seu desempenho em relação ao teste da última primavera.

Então, como se saiu?

Nesse experimento de campo, nós dividimos os estudantes em cinco grupos. Como descrito, os alunos em um grupo receberam uma nota de US$ 20 e foram instruídos que, se não melhorassem em relação à pontuação do teste anterior, tiraríamos o dinheiro. Isso é o que descrevemos anteriormente como o grupo de "perda": os garotos tinham os US$ 20 e os perderiam se não tivessem um bom desempenho no teste.

Estudantes no grupo de comparação, de "enquadramento de ganho", foram instruídos que, se tivessem uma melhora em sua pontuação em relação ao teste anterior, daríamos a eles US$ 20 imediatamente após o teste, mas eles não receberam os US$ 20 de antemão. Por não terem os US$ 20 diretamente à sua frente, eles só tinham a ganhar.

Estudantes no terceiro grupo foram instruídos que, se tivessem uma melhora em sua pontuação em relação ao teste anterior, daríamos a cada um deles US$ 20, mas somente um mês depois do teste. Um quarto grupo receberia um troféu de US$ 3 se suas pontuações melhorassem. E como é sempre o caso em nossos experimentos, tínhamos um grupo-controle. A esse grupo não era oferecida recompensa alguma, embora os encorajássemos a tentar melhorar suas pontuações.

Nossos incentivos tiveram um impacto enorme. Os testes como um todo melhoraram entre 5% e 10% em uma escala de 100, colocando os estudantes em uma condição mais equilibrada em relação aos seus colegas suburbanos mais ricos. Isso significou uma melhora incrível. Embora os estudantes não fizessem ideia de que um incentivo seria oferecido momentos antes de o exame ser iniciado, eles tiveram uma melhora extraordinária. O experimento demonstrou que uma parte importante da desigualdade de realização racial não ocorria por causa do conhecimento ou da habilidade, mas simplesmente pela motivação dos estudantes enquanto realizam o teste.

Esse resultado salientou a importância de compreender o que motiva os estudantes: embora eles não estivessem muito interessados em realizar o teste, suas pontuações deram um salto de qualidade diante de incentivos financeiros. (Pense no que poderia ter acontecido se tivéssemos oferecido esses incentivos e também lhes dado tempo para se preparar e estudar.) A meta desse experimento não era projetar um esquema de incentivo para ser usado em outras escolas. O que buscávamos era uma ferramenta de diagnóstico que poderia nos ajudar a entender se a desigualdade de pontuação era causada por diferenças em conhecimento ou diferenças em esforço no próprio teste. A resposta a essa questão poderia nos ajudar a projetar intervenções relevantes para reduzir a desigualdade.

Dito isso, os incentivos funcionaram de maneiras diferentes para grupos diferentes. Descobrimos que estudantes mais velhos, em particular, responderam bem ao dinheiro, enquanto os mais jovens gostaram, em vez disso, dos troféus oferecidos. Oferecer um troféu de US$ 3 para um estudante do terceiro, quarto ou quinto anos antes de um teste melhorou o seu desempenho em 12%. Esses efeitos foram significativos; realmente, *eles foram similares ao impacto de reduzir o tamanho da classe em um terço ou melhorar consideravelmente a qualidade dos professores.* Esse é um ponto importante, como discutimos no capítulo 1. Incentivos não precisam vir na forma de dinheiro. Em algumas situações, e para algumas pessoas, um troféu (ou flores, chocolate — vá pensando aí) pode significar muito.

Como havíamos esperado, dar aos estudantes as recompensas de antemão — e ameaçar tirá-las se suas pontuações não melhorassem — aumentava as pontuações muito mais do que prometer entregar o dinheiro mais tarde. Na realidade, os estudantes a quem fizemos a promessa de receber US$ 20 um mês mais tarde não tiveram melhora alguma. Novamente, a impressão que ficou foi de que enquadrar algo como "é seu para perder" funcionou melhor do que "é seu para ganhar, e você ganhará mais tarde". Para compreender isso, coloque-se no lugar de um estudante. Se lhe é oferecida a recompensa financeira para ter um desempenho melhor, você terá uma pontuação muito mais alta se, antes de nem mesmo fazer o teste, você estiver pensando a respeito de comprar aquelas rodas de skate. Para crianças e adolescentes, só o presente é que interessa; nosso experimento nos ajudou a compreender o que realmente os motiva.

* * *

Obviamente, tudo que conseguimos fazer aqui foi convencer os estudantes a tentar com um pouco mais de vontade. Mas nós estávamos preocupados. E se os incentivos perdessem seu efeito sobre o comportamento com o passar do tempo? Isto é, nós achamos que poderíamos fazer com que os estudantes se esforçassem mais algumas vezes, mas nos perguntamos se, eventualmente, os incentivos perderiam seu impacto sobre o comportamento. Alternativamente, será que os estudantes se esforçariam somente se lhes fosse oferecido um incentivo? Será que eles desistiriam se o teste não estivesse valendo uma nota de US$ 20?

Nós ouvimos muitas vezes as preocupações de educadores, pais e legisladores de que, embora os incentivos financeiros possam produzir melhoras a curto prazo, as crianças poderiam ser prejudicadas a longo prazo; elas poderiam parar de fazer qualquer esforço sem uma compensação.[9] Na realidade, não encontramos prova alguma de que recompensas oferecidas uma única vez *prejudicassem* pontuações de testes no futuro. Como esperávamos, os incentivos de uma única vez também não levaram a ganhos de aprendizagem duradouros. O experimento simples de curto prazo mostrou, no entanto, que as crianças eram mais capazes do que teríamos achado anteriormente, com base na abordagem-padrão de realização de testes.

O passo seguinte foi, é claro, estender mais ainda as nossas intervenções econômicas comportamentais. E se os estudantes fossem recompensados todas as semanas por um semestre inteiro por algo como leitura independente? Lançamos outro estudo que ofereceu aos estudantes em sete escolas US$ 2 (ou um incentivo não financeiro com um valor estabelecido equivalente) para cada livro que eles lessem durante um semestre. Nós mantivemos um registro da sua leitura em um programa on-line chamado Accelerated Reader, que contém questionários curtos para praticamente todos os livros disponíveis para os estudantes. Os questionários não são difíceis, mas é difícil obter uma pontuação boa se você não leu o livro. Decidimos que, se um estudante tivesse uma pontuação de 80% ou mais alta em um dos questionários, ele poderia receber as recompensas, que distribuíamos todas as semanas. Como no estudo de incentivos em testes, comparamos dar aos estudantes o incentivo no início da semana ou ao final da semana. Descobrimos que os incentivos em ambos os casos aumentaram a leitura em 37%, mas a leitura extra não teve impacto sobre as pontuações dos testes.

SERÁ QUE A MESMA IDEIA PODE FUNCIONAR COM PROFESSORES?

É claro, estudantes não aprendem em um vácuo. Precisávamos descobrir se oferecer incentivos para os professores poderia funcionar também. Afinal de contas, é difícil administrar uma sala de aula quando os estudantes são indisciplinados, indiferentes, assustados, famintos ou ausentes. E mais difícil ainda trabalhar tão duro e encarar o fato de que muitos dos alunos do primeiro ano do ensino médio estão lendo em um nível de quinto ano, e que menos da metade dos garotos que você está se esforçando tanto para ensinar vai se formar um dia.

Uma das grandes críticas feitas à educação pública (e a outras instituições públicas) é a escassez de uma política de pagamento baseada em incentivos. Em muitas empresas do setor privado, o montante que você leva para casa no seu salário é baseado no seu desempenho. Digamos que você se forme em administração de empresas e quer trabalhar com vendas. Quando você consegue um trabalho, geralmente recebe um salário-base com um incentivo de bônus. Se você tem um bom desempenho por um ano, talvez você receba benefícios adicionais ou mesmo uma promoção. Outros incentivos estão disponíveis também: se faz parte de uma equipe de vendas e, como um grupo, vende mais do que a sua cota esperada, recebe um bônus da equipe. E se a sua equipe como um todo vai bem, talvez receba um incentivo a mais no seu pagamento.

Entretanto, se você é um professor de escola pública (ou trabalha para o setor público em geral), existem poucos desses incentivos. Três fatores determinam o seu pagamento como professor: o seu nível de certificação, os seus títulos de pós-graduação e sua senioridade. Isso é tudo. Siga trabalhando pelo tempo que for suficiente e você receberá mais, não importa se é uma estrela ou um desinteressado.

Uma das principais razões pelas quais não sabemos tanto sobre como os programas de incentivo funcionam é porque os sindicatos dos professores não querem nem ouvir falar de adotar esquemas de pagamento por desempenho. Isso ficou claro quando levamos nossa ideia originalmente para Ron Huberman. Explicamos para ele nossas ideias para incentivar os professores em escolas públicas de Chicago. Dependendo do seu bom desempenho, os professores poderiam ganhar até US$ 8 mil além dos seus salários. Mas os sindicatos de professores vetaram a ideia. "Não, de maneira alguma", disseram. "Não poderíamos imaginar qualquer coisa parecida com isso funcionando." Mesmo quando Ron Huberman interferiu para tentar persuadi-los a permitir que fizéssemos nossos experimentos, eles se recusaram.

Mas nós ainda tínhamos Tom Amadio, o inconformista em Chicago Heights, do nosso lado. Com sua ajuda persuasiva, chegamos a um acordo com o sindicato dos professores de Chicago Heights. Felizmente, esses professores estavam dispostos a tentar qualquer coisa para ajudar seus alunos.

Oferecemos a mais de 150 professores de Chicago Heights uma chance para ganhar um bônus extra.[10] Em um tratamento, um professor individual poderia batalhar pelo bônus de US$ 8 mil; em outro, professores trabalhando em equipes de dois dividiam o bônus (a ideia sendo que a equipe ensinando permitiria que eles compartilhassem planos e ideias de aulas). Também aplicamos o mesmo enquadramento de ganho *versus* perda, os mesmos mecanismos de recompensa e punição que havíamos usado com os estudantes nos laboratórios de computadores. Preenchemos cheques de US$ 4 mil (a recompensa média) para alguns professores individuais antes de o ano escolar começar, com a estipulação de que eles teriam de devolver todo ou parte do dinheiro se o desempenho dos estudantes não melhorasse. Também preenchemos cheques de US$ 4 mil por professor para alguns dos que trabalhariam em equipes de duas pessoas, com a mesma estipulação. (Levando-se em consideração que o salário médio de um professor em Chicago Heights é de aproximadamente US$ 64 mil,*[11] esses US$ 4 mil extras representavam um valor substancial. Imagine você mesmo recebendo esse dinheiro extra em setembro, e então tendo de pagá-lo de volta em junho. Sem pressão alguma, é claro.)

Nossos resultados mostraram que, quando os professores foram ameaçados com a perda das recompensas que eles já tinham recebido, a melhora do desempenho em matemática saltou aproximadamente 6%, e, na leitura, aproximadamente 2%. Esse tipo de incentivo parecia funcionar particularmente bem quando os professores trabalharam em equipes. Como um todo, o desempenho dos seus estudantes melhorou entre 4% e 6%.

Esse resultado foi realmente impressionante. Para colocar a questão em perspectiva: se os estudantes de minorias e baixa renda em Chicago Heights pudessem repetir esses ganhos percentuais para cada ano de ensino fundamental, isso seria o suficiente para acabar com toda a diferença entre o seu desempenho e aquele de garotos brancos mais ricos dos subúrbios.

---

*O autor se refere ao montante anual recebido. (*N. do T.*)

FECHANDO O CÍRCULO: INCENTIVANDO TODOS OS ATORES

Tendo descoberto como motivar os pais, estudantes e professores isoladamente, queríamos agora descobrir o que aconteceria se todas as três partes — pais, filhos e professores — trabalhassem simultaneamente para melhorar o desempenho dos alunos. Será que esses esforços combinados levariam a melhorias nos resultados dos estudantes, como pontuações mais altas nos testes, índices de conclusão mais altos e melhores empregos conquistados? Será que esse tipo de cooperação jogaria suas notas lá para o alto? Seria de se pensar que sim, pelo menos intuitivamente falando. Mas as evidências empíricas são poucas.

Para saber mais, fizemos outro experimento em Chicago Heights. O teste envolvia garotos na escola primária correndo o risco de fracassar em atingir os padrões do estado.[12] Trabalhamos com 23 tutores de leitura e matemática que, por sua vez, reuniram-se com 581 estudantes de ensino fundamental em pequenos grupos por cem dias. Os cinco grupos de tratamento incluíram um incentivo somente para o tutor, um incentivo somente para o estudante, um incentivo somente para os pais, um incentivo tanto para os estudantes quanto para os pais, e um incentivo para todos — o estudante, os pais e o tutor.

Avaliamos os estudantes a cada dois meses, e, ao atingir todos os nossos padrões de realização, pagamos uma recompensa de US$ 90 a cada um. Em outra configuração, os estudantes, pais e professores compartilharam o incentivo, recebendo US$ 30 cada. Quando dividimos a recompensa entre os estudantes e os pais, cada um recebeu US$ 45. Os estudantes que atingiram os padrões imediatamente após completar seu exame foram pagos imediatamente.

Como foi o caso em todos os nossos experimentos escolares, os estudantes estavam empolgados em participar. Mas, como o estudo foi aberto somente para os garotos que estavam fracassando, outros estudantes ficaram desapontados. (Ouvimos falar que alguns garotos estariam pensando em ter desempenhos intencionalmente ruins em seus próprios testes de maneira que pudessem participar. Essa informação era perturbadora, mas diz algo a respeito do poder dos incentivos de mudar o comportamento dos estudantes.)

Também queríamos fornecer aos pais uma ferramenta para ajudar as crianças a melhorarem seu desempenho; então, ao fim de cada semana, os tutores criavam um dever de casa para os estudantes trabalharem com seus pais. Após as avaliações, os pais participavam de confraternizações com direito a pizza na escola. O desempenho de seu filho era analisado com cada um deles, pagávamos aqueles que tinham direito e nos certificávamos de que eles estavam cientes de que o programa de incentivos seria continuado.

Descobrimos que, quando dividimos os incentivos em três recompensas menores de US$ 30, as melhorias foram relativamente menores. Embora todos tivessem recebido um incentivo para fazer um esforço maior, o impacto simplesmente havia se perdido. Entretanto, o pagamento de US$ 90 para uma pessoa foi bastante eficiente. De maneira interessante, não teve importância realmente se recompensamos US$ 90 para os estudantes, os tutores ou os pais; desde que um deles fosse recompensado no valor de US$ 90, o incentivo funcionou bem. Embora claramente seja necessária uma equipe de pessoas para educar uma criança, descobrimos que um incentivo mais elevado para apenas um ator gerou o maior impacto pelo dinheiro investido.

E os resultados dos estudantes? As pontuações dos testes saltaram entre 50% e 100% em comparação com os casos em que ninguém recebeu incentivo. Se esses resultados parecem radicais, é porque são: o incentivo foi suficiente para transformar as pontuações dos testes do garoto médio em Chicago Heights nos tipos de pontuações vistas tipicamente somente em distritos escolares suburbanos ricos.

***

Nossas explorações na educação pública nos ensinaram o poder de combinar os experimentos de campo com a lógica econômica. Aprendemos que a garotada realmente responde a recompensas imediatas e que a ameaça de tirá-las é mais poderosa do que pagá-las mais tarde, tanto para os estudantes quanto para os professores. Também aprendemos que a participação dos pais realmente ajuda a ensinar aos jovens não somente a ler e a somar, mas também a apreciar habilidades não cognitivas, como a paciência, e como um investimento imediato leva a grandes recompensas depois.

Em contrapartida, também aprendemos que o comportamento de alguns garotos, especialmente no ensino médio — Kevin Muncy, por exemplo —, são mais difíceis de mudar. Kevin já estava desinteressado quando entrou na Bloom Trail High; em última análise, ele fracassou em todas as aulas. Urail King, por outro lado, acabou se saindo melhor. Garotos em situação de risco, como Urail, eram mais facilmente motivados pelo dinheiro e pela loteria. As melhoras que vimos nas escolas secundárias foram promissoras — dezenas de garotos a mais se formaram em comparação ao que teria ocorrido de outra forma — mas não foram dramáticas.

Esses garotos secundaristas simplesmente não pareciam ser tão facilmente motiváveis quanto esperávamos que fossem.

Esses insights deixam claro um ponto importante: mesmo se oferecermos a garotos como Kevin US$ 1 milhão para solucionar um problema difícil de matemática, ele não conseguiria. Por quê? A razão é que esses garotos, quando chegam aos 14 anos, já estão indo em uma direção ou outra. Eles já perderam investimentos importantes que fazem com que seja bastante difícil atingir altos níveis de competência em determinadas matérias. Eles já foram profundamente marcados por suas experiências anteriores; os pais perderam grande parte da sua influência e sua provisão de ferramentas coercivas. E se a essa altura eles só estão lendo a um nível de quarto ano, apressar a sua ascensão é terrivelmente difícil.

Se você ainda não aprendeu a se concentrar em uma lição, solucionar problemas sozinho e ficar longe de confusões quando chegou ao primeiro ano do ensino médio, suas chances de ser bem-sucedido são baixas. Para garotos desinteressados como Kevin, uma intervenção mais séria é mais apropriada e necessária.

Pense nisso desta maneira: se pedíssemos que você solucionasse uma equação diferencial linear parcial de segunda ordem e lhe disséssemos que você receberia US$ 1 milhão por isso, você conseguiria? Se você não foi treinado para solucionar esse tipo de problema matemático, mesmo um incentivo de US$ 1 milhão não terá efeito. Se a solução de problemas de níveis mais altos não é atingida em anos de ensino de qualidade, aplicar incentivos tão tarde na vida não fará diferença.

Isso não significa que desistimos desses garotos; muito pelo contrário. Há um lugar produtivo para todos em nossa economia mundial vibrante. Mas, claramente, precisamos ver o que acontecerá se intervirmos junto às crianças mais novas. A educação no início da infância pode proporcionar a todos uma porta aberta para os níveis mais elevados da sociedade.

Para descobrir o que fizemos, vire a página para o capítulo seguinte.

5. Como crianças pobres podem alcançar crianças ricas em apenas alguns meses?

Uma viagem à pré-escola

Um dos programas mais antigos que buscam combater a pobreza sistêmica nos Estados Unidos é o Head Start, que já serviu milhões de crianças desde que foi implantado, em 1965, como parte da "guerra contra a pobreza" do presidente Lyndon Johnson. Embora a intenção original do Head Start possa ter sido louvável, o programa provou-se bem menos efetivo do que se esperava originalmente ao ajudar alunos de 4 anos em situação de desvantagem e lhes proporcionar um salto em habilidades cognitivas e sociais. A essa altura, vários acadêmicos dissecaram o programa e descobriram que ele tem diversas deficiências, especialmente porque as professoras são em grande parte mães com uma formação deficiente e baixos salários, menos de 30% das quais são bacharéis.[1] Outro problema está relacionado com o fato de que, em vez de o programa ser administrado pelo Ministério da Educação, é controlado pelo Ministério das Cidades* — um ministério mais envolvido em remediar os efeitos da educação inadequada do que melhorá-la. Suspeitamos que, diante da totalidade das evidências, as pessoas questionariam se o programa de fato proporciona benefícios significativos aos estudantes.

Isso é causa de desapontamento, especialmente quando você considera o custo: a conta para se manter uma criança no Head Start por um ano é de aproximadamente US$ 22.600, enquanto a creche custa somente US$ 9.500. Como o colunista da *Time* Joe Klein observou ao criticar o Head Start: "Nós não podemos mais nos dar ao luxo de sermos desregrados ao distribuir o dinheiro — sejam subsídios para as companhias de petróleo ou Head Start — para programas que não dão retorno."[2] Não poderíamos concordar mais com essa afirmação. A questão é: *O que funcionaria melhor?*

Após compilar os resultados dos nossos experimentos de campo discutidos no capítulo anterior, conversamos francamente com Tom Amadio e os Griffins — juntamente com nossos colegas Steven Levitt e Roland Fryer, de Harvard. Embora tivéssemos visto melhorias consideráveis entre os estudantes do ensino fundamental e médio com os quais havíamos trabalhado, ainda não tínhamos acertado em cheio. Quando o contato se dava no primeiro ano do ensino médio, por exemplo, havia a possibilidade de ajudá-los a se formarem, mas era improvável que eles seguissem em frente para se tornarem engenheiros de sucesso; para esse tipo de impacto, nossas intervenções haviam ocorrido tarde demais.

---

*Respectivamente, *Department of Education* e *Department of Housing and Human Services*, no original. (*N. do T.*)

Uma ideia seria passar a trabalhar com as crianças bem cedo, o que potencialmente poderia lhes dar a força de que precisavam no início do processo educacional. A melhor maneira de fazer isso mantendo a integridade do processo científico, no entanto, seria criar nossas próprias escolas experimentais para aprender a respeito do processo de educação — o que funciona, quando funciona melhor e por quê.

Para acadêmicos como nós, toda a noção de estabelecer a nossa própria escola para aprender sobre a educação nos primeiros anos da infância é como construir do zero um laboratório de pesquisa. Embora tenhamos concluído que essa era a maneira mais apropriada de lidar com um problema tão importante,[3] construir escolas para essa finalidade representava um novo desafio para nós. O primeiríssimo desafio, e talvez o mais importante, era reunir os recursos. Tivemos notícias de que o distrito escolar de Chicago Heights mal estava conseguindo pagar as contas. Mal tinha recursos para ensinar os próprios alunos no pré-primário, muito menos para expandir-se a fim de servir tanto os seus alunos quanto aqueles das comunidades que os cercavam (o que era necessário para obter os tamanhos de amostras de que precisávamos).

Mais uma vez, a Griffin Foundation revelou sua generosidade, dessa vez com uma iniciativa incrível de US$ 10 milhões para trabalhar com as crianças pequenas e seus pais. Então surgiu o Griffin Early Childhood Center (GECC). O GECC consiste em duas pré-escolas em uma das áreas mais pobres de Chicago e é o coração pulsante de um dos maiores experimentos de campo controlados em educação já conduzidos.

As escolas GECC são um experimento de campo a longo prazo, abrangente, para aprendermos o que funciona e por que funciona com crianças bem pequenas. Ao controlar os currículos e tudo a respeito sobre a experiência de aprendizado, também poderíamos conduzir vários experimentos complementares para melhor compreender a razão de os efeitos assumirem a forma que observávamos. As escolas seriam nossos laboratórios de aprendizado, onde poderíamos descobrir como a "função de produção da educação" funciona para crianças muito pequenas.

AS ESCOLAS GECC

Imagine duas pré-escolas privadas de primeira linha. A entrada de cada instalação é adornada com sinais coloridos, gramados aparados e canteiros de flores. No interior, paredes de um tom amarelo solar exibem pinturas alegres de casas e flores. Livros de crianças tomam as prateleiras, e bandejas plásticas e caixas transbordam com brinquedos, jogos e materiais de arte. Cada escola tem cinco salas de aula, cinco professoras e cinco professoras assistentes — uma professora para cada sete estudantes, aproximadamente.

Mas é aí que as similaridades terminam. Quando você explora abaixo da superfície, nota as diferenças imediatas e radicais. Em uma das duas escolas GECC, o currículo chamado Ferramentas da Mente é baseado em habilidades sociais e jogos estruturados. Dessa forma, as crianças na pré-escola aprendem a deixar a gratificação para depois. (Há uma probabilidade maior de que, se você for capaz de esperar por uma recompensa, se concentrará mais na tarefa e terá um desempenho melhor como um todo.) As crianças nessa escola assumem papéis diferentes à medida que trabalham e passeiam pela "cidade" da escola. Na seção da "padaria", uma garotinha está brincando de vender cupcakes para um garotinho que escolheu ser seu cliente. Outro garotinho brinca de preparar tortas e bolos em um forno de brinquedo. Na "escola", uma criança é uma professora e as outras são estudantes. No "consultório médico", uma jovem enfermeira e um médico consultam outro pequeno paciente. Mais tarde, as crianças praticam jogos nos quais veem quem consegue ficar em um pé como uma bailarina, ou agir como um guarda silencioso.

Dessa maneira, as crianças desenvolvem as habilidades não cognitivas que são tão importantes para uma atuação bem-sucedida — aprender a socializar, ser paciente, tomar decisões e seguir direções e ouvir. Como o aprendizado desde cedo dessas habilidades afetaria seu futuro? O estudo as seguirá até a idade adulta para descobrir.

Próximo dali, na outra pré-escola — uma área separada de uma escola maior —, as crianças e os pais entram em uma atmosfera similarmente colorida e simpática, mas o currículo é mais tradicional e acadêmico. Nessa escola, os estudantes trabalham no aprendizado dos seus números e letras *à la Vila Sésamo* e são apresentados à leitura básica. Pequenos grupos de crianças se juntam em torno da mesa com a professora e ajudam umas às outras a identificar formas e cores em um grande pôster colorido. Várias crianças leem umas para as outras no aconchegante canto da leitura, auxiliadas pela professora, que caminha à volta delas e as ajuda. Em uma semana, o tema diz respeito ao autor de livros infantis Eric Carle, e desenhos coloridos das crianças das suas próprias interpretações de *Uma lagarta muito comilona* enfeitam as paredes.

Os estudantes nesse segmento em particular do experimento seguem um currículo chamado de Expresso da Alfabetização. O estudo promete seguir as crianças em ambos os currículos nas suas jornadas ao longo da idade adulta para ver se o programa pré-escolar fez diferença em suas vidas.

Então há o que nós chamamos de Academia dos Pais. Nesse arranjo, os pais comparecem a encontros de grupos duas vezes ao mês e aprendem um dos dois currículos ensinados na pré-escola. Eles também recebem incentivos financeiros (de até US$ 7 mil ao ano) com base no seu comparecimento e participação, assim como o progresso do desenvolvimento dos filhos. Esses incentivos financeiros são a curto ou a longo prazo. Por exemplo, pais na modalidade de "dinheiro" recebem o valor quando os resultados das avaliações regulares chegam às nossas mãos. Pais na modalidade da "faculdade" recebem uma contribuição na conta da faculdade do filho: se ele entrar para a faculdade, poderão usar o dinheiro que ganharam para pagar a matrícula e as taxas. Se seu filho escolher não cursar a faculdade, eles não recebem o valor. Nós achávamos que o incentivo a longo prazo levaria os pais não somente a ajudar seus pequenos agora, mas também a encorajá-los mais tarde quando os filhos ficassem mais velhos.

Esse experimento contínuo nos permitiu testar se podemos promover uma mudança comportamental entre pais e filhos. Em muitos casos, a educação pública é uma babá que funciona livremente, sem interferência. Muitos pais mandam os filhos para a escola durante o dia, vão trabalhar, voltam para casa exaustos, esquentam o jantar no micro-ondas e comem com as crianças em frente à televisão. Efetivamente, muitos deixam a navegação das águas difíceis do aprendizado para professores e a iniciativa da própria criança. É como se eles vissem seu trabalho como pais e o trabalho das escolas como algo separado, como a Igreja e o Estado.

Acreditamos que eles não deveriam ser separados. Mas estamos certos? Qual diferença faria na vida das crianças se a educação fosse realmente um processo conjunto entre professores, pais e estudantes? Para analisar essa questão, precisamos incluir os pais e persuadi-los a assumir um papel mais ativo no progresso de seus filhos.

APOSTAS ALTAS

Na primavera de 2010, partimos para realizar diferentes tarefas em um cronograma extremamente apertado. Tínhamos de contratar uma equipe e professores da mesma maneira que um distrito urbano encontraria seu pessoal; equipar as duas pré-escolas com os instrumentos, brinquedos e materiais de ensino apropriados; descobrir maneiras de atrair pais e estudantes ao programa GECC; e começar nosso experimento de campo. Tom Amadio nos ajudou a encontrar os locais perfeitos, diretores e professores, e nós "selecionamos" os candidatos observando-os dar aulas.

Para atrair os estudantes, colocamos anúncios bilíngues em jornais de Chicago Heights, deixamos panfletos em supermercados, enviamos malas diretas em massa, fizemos contatos em conferências de estudantes-professores e colocamos folhetos em igrejas. No verão de 2010, mais de quinhentos pais apareceram ao nosso encontro inicial, e cada um recebeu um número de loteria. Um número da sorte colocaria a criança em um de nossos programas (e possivelmente determinaria a trajetória do seu futuro), e um número azarado deixaria a criança no grupo-controle, sem receber nada do nosso programa, exceto convites para algumas celebrações de feriados.

Na abertura do encontro, dissemos aos pais:

"Estamos cansados de ficar de braços cruzados vendo nossas crianças ficarem para trás. O Griffin Early Childhood Center é a oportunidade de receber uma educação pré-escolar gratuita que poderia mudar a vida do seu filho e a sua. Trata-se de uma oportunidade incrível para você e seus filhos. Muito obrigado por comparecerem à loteria hoje à noite. Boa sorte!"

Quando o globo contendo as bolas de bingo começou a girar, os pais a encararam ansiosamente.

"Número 52! Academia dos Pais!"

"Nós vencemos!", vieram duas vozes dos fundos.

Lolitha e Dwayne McKinney correram com seus três garotos até a frente da sala para inscrever o filho mais novo, Gabriel, que tinha 4 anos. Ele era um dos 120 ganhadores sortudos na Academia dos Pais, e os dois estavam radiantes.

***

Tanto Dwayne quanto Lolitha tinham vindo de bairros problemáticos de Chicago. Lolitha tivera sorte suficiente para ter acesso a uma educação escolar católica bastante exigente, enquanto Dwayne, como muitos rapazes negros, não teve muitos recursos. Ele fora criado por sua mãe e avó, trabalhadoras no violento bairro de Roseland, onde sempre conviveu com a sensação de que seria baleado a qualquer instante.

"Eu não podia brincar na rua até uns 10 ou 11 anos", lembra ele. Nunca teve muitas expectativas em relação à escola; apenas queria sobreviver.

Hoje em dia, Dwayne e Lolitha são extremamente dedicados a melhorar a vida dos filhos. Em troca por comparecer à Academia dos Pais de 15 em 15 dias aos sábados para discutir técnicas voltadas aos pais e aprender a ensinar os filhos em casa, eles poderiam ganhar até US$ 7 mil ao ano, dependendo de como Gabriel se saísse nas avaliações do dever de casa, no comparecimento às aulas e no desempenho.

"Nós não teríamos como tentar isso a não ser que houvesse incentivos financeiros", contou Dwayne. "O incentivo do dever de casa nos motivou muito."

Vários outros pais na modalidade da faculdade mencionada também sentiram que haviam ganhado na loteria.

O globo de bolas do bingo girou de novo, e saiu o número 20, uma das pré-escolas de turno integral.

"Ganhamos na loteria!", gritou Tamara, de 20 anos, mãe solteira de Reggie, de 5 anos. Tamara valorizava a educação, mas como ficou grávida e abandonou o ensino médio aos 15 anos, seus próprios sonhos haviam sido interrompidos. Reggie iria se juntar a 149 outras crianças nos programas pré-escolares.

Um terceiro conjunto de números da loteria caiu no grupo-controle. Eles ficaram desapontados. Tentamos consolá-los dizendo que um sorteio era assim e que eles teriam outra chance no ano seguinte. Mesmo assim, sentiram como se estivessem perdendo algo. No fundo, nós também acreditávamos que eles estavam perdendo algo. Mas não tínhamos os recursos para intervir na vida de cada criança com nosso experimento.

OS PERIGOS DE SE FAZER EXPERIMENTOS DE CAMPO

O que é importante para um pai é menos importante para outro, é claro. Se você está focado simplesmente em sobreviver, preocupar-se com a educação do seu filho estará abaixo na lista. Conseguir que Gabriel fosse matriculado na escola foi fácil, pois seus pais estavam muito entusiasmados e comprometidos. Mas, apesar de todo o entusiasmo que tínhamos conseguido gerar e as decepções de muitos pais que ficaram de fora, conseguir que todos os vencedores da loteria participassem tornou-se um enorme desafio.

Das 150 crianças que tinham ganhado na loteria para a pré-escola, 22 delas pareciam ter desaparecido três semanas antes de os programas começarem, bem quando dávamos os toques finais nas novas escolas. Todos os outros pais das crianças haviam nos passado os documentos necessários. Estávamos preocupados. Cada criança que faltasse perderia o que nós verdadeiramente acreditávamos ser a oportunidade de uma vida inteira. E era provável que as crianças que haviam "desaparecido" viessem das famílias que mais precisavam de ajuda educacional. Combinando isso com o fato de que os nossos testes estatísticos seriam mais confiáveis se todas essas crianças participassem do nosso programa, havia apenas uma maneira de solucionar o problema, e era sair para a rua mesmo.

Convocamos uma reunião geral e informamos a todos os envolvidos em nossas escolas nascentes que tínhamos de encontrar essas crianças, onde quer que elas estivessem, e matriculá-las na escola de qualquer jeito. Eram as crianças que precisavam da nossa ajuda!

Um dos participantes fundamentais no programa era o nosso coordenador de bem-estar — o professor de educação física. Jeff, um rapaz alto, forte e robusto de 24 anos, era o sujeito perfeito para nos ajudar a lidar com o que sabíamos que poderiam ser situações ameaçadoras em bairros perigosos. Com Jeff, achamos que tínhamos a pessoa perfeita para contatar essas crianças em risco. Nenhuma pessoa com a cabeça no lugar mexeria com Jeff.

* * *

Agora imagine que você seja Jeff, um garoto branco de classe média abençoado com uma família carinhosa e com amigos, interesses e educação universitária. Criado em Sun Prairie, Wisconsin, uma cidade bucólica próxima de Madison, você não faz ideia de quão sortudo é por ter a formação que tem. Você não passou muito tempo em bairros perigosos.

É uma tarde de verão escaldante em Chicago Heights, e você assumiu esse trabalho em uma pré-escola experimental. Seu chefe (John List, que também vem a ser seu tio por casamento) leva você de carro ao endereço de uma das 22 crianças desaparecidas, e entrega uma pilha de papéis de matrícula em espanhol.

"Vá até a porta e bata", diz John. "Quando alguém responder, diga a eles que você quer matricular Gabriella na escola."

Você foi avisado que essa parte de Chicago Heights não é um lugar particularmente feliz. Um número bastante considerável de pessoas que vivem aqui estão sempre armadas e são perigosas; você sabe que até a polícia às vezes evita esse bairro. A população, em sua maior parte composta por minorias, é transitória: as famílias se mudam com frequência se não conseguirem pagar o aluguel. Muitas famílias não falam inglês, e as crianças costumam ser deixadas sozinhas, cuidando de si mesmas enquanto a mãe ou o pai trabalham. Ou elas são deixadas com um parente já ocupado demais ou com alguém com problemas de álcool ou drogas. Para você, isso é um novo universo.

O que você faz? Tira seu cinto e sai do carro ou se recusa a ir? Nesse caso, você olha para John e diz:

"De jeito nenhum."

Após uns minutos o encarando, John abre a porta do carro.

"Medroso", resmunga ele, enquanto sai do veículo.

"Você está maluco, sabe disso?" Você grita às costas dele, enquanto o homem caminha na direção da casa. Rapidamente você tranca as portas do carro atrás dele.

John caminha a passos largos até a porta e bate. Ninguém responde. Então ele vai até um vizinho com uma aparência desagradável, um sujeito grisalho saído direto de *O estranho sem nome*, de Clint Eastwood, espiando por uma janela quebrada.

"Estou procurando por Gabriella", diz John. "Você pode me dizer onde ela está?"

O sujeito apenas o encara. Seus dedos correm pelo celular, prontos para teclar 190 caso algo aconteça. Nesse momento, uma mulher de meia-idade aparece na janela.

"Ele não fala inglês", diz ela.

"Estou administrando uma escola, e Gabriella escolheu estudar nela", diz John. "Preciso passar essa informação para a mãe dela."

"Procure nos fundos da casa", diz a mulher. "Se um carro azul estiver lá, ela está em casa. Se não..." Ela dá de ombros.

Nas duas semanas seguintes, você e John fazem dez visitas a essa casa antes de finalmente ver o carro azul. John bate na porta e passa o pacote para a mãe de Gabriella.

Uma a menos. Faltam 21 crianças.

Em outra casa, você também se recusa a sair do carro, então John vai até a porta e bate incessantemente. A distância, você pode ouvir uma televisão com o volume alto transmitindo o desenho *Dora, a aventureira*. Alguém deve estar em casa. John desaparece de vista enquanto dá a volta para os fundos da casa. Agora você gostaria que pelo menos tivesse ido com ele. Antes que o pânico absoluto se estabeleça, John volta para a frente, onde você o observa bater de novo.

"Carmella, venha até a porta", diz ele. "Estou colocando alguns papéis debaixo dela. Dê esses papéis para a sua mãe." Ele fica parado ali por um longo tempo, e então, lentamente, as folhas são puxadas por debaixo da porta.

John diz para você mais tarde que teve de se alçar em um parapeito para ver, pela janela dos fundos, enquanto os vizinhos se reuniam para observar e rir.

"Eu sei que Carmella está lá dentro", disse a eles, "porque meus filhos veem esse programa também. Por que eles não estão atendendo à porta?"

Um dos vizinhos lhe disse que a garota provavelmente estava sozinha.

Faltam vinte.

No dia seguinte, você vai de carro para onde Liliana vive, nos conjuntos habitacionais de tijolos vermelhos onde assassinatos e espancamentos não são incomuns. Enquanto você dá voltas em busca do prédio certo, vê um sujeito grande o seguindo em seu carro. Você encontra o prédio certo e estaciona. O sujeito estaciona também. Você está com medo de deixar o carro, mas com mais medo ainda de ficar para trás dessa vez. Então, quando John abre a porta do carro, decide ir com ele. Ambos caminham até o apartamento e batem. Você olha de relance para trás e vê que o sujeito que o seguiu está parado no jardim agora, observando você e John com olhos suspeitos, como os de um gato.

A porta abre, e dúzias de crianças estão ali, tropeçando umas sobre as outras para ver o visitante. Uma senhora idosa com olhos amarelados vem até a porta.

"A Liliana está?", você pergunta, sentindo o olhar do sujeito que o esteve seguindo trespassando suas costas.

"Essa é a Liliana", diz uma garota negra com uns 14 anos usando uma bandagem grande e manchada de sangue em torno da cabeça.

Você se pergunta como essa garota se machucou. Ela caiu? Apanhou? O mar de crianças abre espaço, e uma menina de 3 anos bonita e de olhos grandes caminha vacilante até a porta. Você olha para baixo, encara Liliana e então se agacha de maneira que possa olhá-la nos olhos.

"Você quer ir para a escola?", pergunta.

"Sim", diz a garotinha com muita certeza. "Eu quero ir para a escola."

"Eu a inscrevi", diz orgulhosamente a adolescente com a bandagem. "Sou irmã dela. Ela é inteligente. Eu quero dar a ela a chance que nunca tive. Ela pode conseguir."

Você deixa os papéis com a irmã adolescente, vira-se e desce alguns degraus em direção ao jardim para encontrar vinte homens negros olhando de forma ameaçadora para você e seu tio.

"O que estão fazendo aqui?", um deles pergunta.

"Nós estamos aqui porque a Liliana é uma garota de sorte", diz John. "Ela entrou em um programa maravilhoso. Ela poderá frequentar uma escola gratuitamente antes de ir para a escola pública."

"Ela não precisa de nada. Ela tem tudo de que precisa", alguém diz. Mas eles deixam você e John passarem incólumes.

QUANTO AVANÇAMOS?

Ambas as escolas GECC e a Academia dos Pais estão agora andando a pleno vapor; como observamos anteriormente, nossa esperança é descobrir quais habilidades fundamentais as crianças devem adquirir no início da infância a fim de prepará-las para o sucesso no futuro. O financiamento contínuo dos Griffins também nos permite acompanhar a trajetória educacional e de carreira dos estudantes até o fim de suas vidas. Desde a era de ouro dos experimentos sociais dos anos 1960 e 1970 que os economistas não embarcavam em um projeto dessa escala.

Para ver como todos estavam se saindo, passamos todas as crianças nas várias modalidades por uma série de avaliações abrangentes três vezes ao ano — uma vez antes do início do programa, uma vez na metade do ano acadêmico (janeiro) e uma vez ao fim do ano —, nas quais as crianças são testadas em habilidades acadêmicas ou cognitivas (como vocabulário, escrita e ortografia básicas, solução de problemas básicos, adição e subtração, e combinação de padrões) e habilidades de funções executivas (ou habilidades não cognitivas, como testes para impulsividade).

Também queremos ver como podemos preparar crianças bem novas de Chicago Heights para o jardim de infância de modo satisfatório. Essas crianças tenderam a ter desempenhos abaixo da média nacional em desenvolvimento cognitivo em grupo: na pré-avaliação, elas estavam, em uma média, no 13º ao 34º percentil. Será que elas conseguiriam se aproximar e terminar com essa diferença se completassem o nosso programa experimental? Essa questão é importante, porque começar o jardim de infância com um desempenho abaixo da média pode atrapalhar a conquista de boas notas no ensino fundamental e médio.

O experimento GECC ainda está em seus estágios iniciais, mas os resultados até o momento têm sido bastante promissores, apesar dos ambientes instáveis e insalubres nos quais muitas das crianças passam seu tempo antes e depois da escola.[4] Após alguns meses no programa, Liliana já conseguia olhar para um livro e inventar uma história, nos contou sua irmã; ela estava dominando habilidades verbais. Gabriella, Carmella e Gabriel estão indo bem também.

Como um todo, ambos os currículos pré-escolares estão funcionando muito bem. Ao longo dos primeiros dez meses do programa, estudantes no nível Expresso da Alfabetização deram um salto à frente, representando mais de 19 meses acadêmicos nas suas pontuações cognitivas, efetivamente dobrando as pontuações da criança em idade pré-escolar média. Isto é, para cada mês que havia passado, os estudantes haviam aprendido quase dois meses de material. Nós estamos orgulhosos desses resultados. As pontuações cognitivas dos estudantes também aumentaram consideravelmente no programa Ferramentas da Mente. Essas crianças hoje em dia apresentam pontuações nos testes cognitivos próximas da média nacional e estão indo bastante bem em habilidades não cognitivas, como autocontrole. Estudantes nos dois programas pré-escolares estão agora se saindo melhor do que a criança média em todo o país quando testados em relação a habilidades tanto cognitivas quanto não cognitivas.

Em resumo: quando os tipos certos de incentivos são aplicados a partir do método científico, crianças pobres podem se sair tão bem quando crianças ricas em dez meses.

* * *

E a Academia dos Pais? Crianças como Gabriel, cujos pais estão inscritos nesse programa, mostraram melhorias também, e elas estão se aproximando da média nacional. Mas não estão se saindo tão bem quanto as crianças participando em qualquer uma das pré-escolas. Ainda assim, os incentivos a curto prazo parecem ser bastante fortes: crianças que têm os pais na modalidade do dinheiro têm um desempenho muito melhor do que aquelas cujos pais estão na modalidade da faculdade.

Um resultado maravilhoso é o de que crianças com os pais na Academia dos Pais continuaram a apresentar bom desempenho após o programa ter terminado. Isto é, elas não eram tão suscetíveis a retroceder durante o verão quando não estavam na escola. Então, embora as crianças na Academia dos Pais não tenham melhorado o seu desempenho pela mesma margem que aqueles nas nossas pré-escolas, poderiam atingi-lo a longo prazo. Isso ocorre porque os adultos participantes da Academia dos Pais agora têm as ferramentas para trabalhar com seus filhos e continuar a trabalhar com eles bem depois de os termos tocado diretamente. Na realidade, aqueles que receberam o incentivo de longo prazo, da bolsa de estudos para a faculdade, foram os que mais investiram nos filhos durante o verão.

Um padrão de dados imprevisto mostrou que a maior parte dos ganhos em todos os nossos programas ocorreu nos primeiros meses — entre setembro e janeiro do primeiro ano. Esse resultado é perturbador, porque pode significar que a educação pré-jardim de infância é mais benéfica durante períodos de tempo muito mais curtos do que se acreditava anteriormente. De maneira importante, isso abre a possibilidade para programas de "preparação ao jardim de infância", que podem ser completados nos meses de verão diretamente antes do jardim de infância — quando os professores e o espaço da escola estão prontamente disponíveis. (Estamos agora no primeiro ano de teste dessa proposição.)

O investimento dos Griffins em uns poucos anos de educação permitiu às crianças que estavam um dia consistentemente na parte de baixo dos rankings dar um salto e passar da média. Será que esses efeitos persistirão? Será que o impacto do envolvimento dos pais eventualmente superará um investimento na educação da primeira infância? Será que um programa de preparação do jardim de infância dará às nossas crianças a força extra que elas precisam para competir na economia global de hoje em dia? O tempo dirá e, graças aos Griffins, estaremos lá para descobrir isso.

SALVANDO AS ESCOLAS PÚBLICAS

O que as pessoas a seguir têm em comum? Albert Einstein, Bill Clinton, Martin Luther King Jr., Steve Jobs, Mark Zuckerberg, Steven Spielberg, Shaquille O'Neal, Michael Jordan e Oprah Winfrey.

Todos estudaram em escolas públicas.

Até os anos 1840, apenas crianças de famílias ricas podiam receber educação. Se esse fosse o caso hoje em dia, a maioria da população norte-americana provavelmente seria analfabeta; e a maioria, se não todas as pessoas que acabamos de listar, poderiam não ter tido opções de trabalho fora do trabalho manual. Mas, no século XIX, algo maravilhoso aconteceu: a educação pública nos Estados Unidos tornou-se gratuita e disponível para todas as crianças. Hoje em dia, 85% são alfabetizadas. Se você pensar na educação pública nesse contexto, percebe que ela realmente tem sido um sucesso.

Mas, quando você descobre que as crianças que vivem em bairros pobres estão se formando com o mesmo baixo índice dos estudantes de muito tempo atrás, você sabe que podemos e devemos melhorar ainda mais. A educação pública é a única maneira para elas saírem da pobreza e evoluírem em sua condição econômica. Se não fossem as escolas públicas, muitas crianças dos centros urbanos não teriam chance. Mas o fato infeliz é que essas escolas mal atingem a superfície do que é possível, e deixam milhões de crianças para trás para sofrerem vidas desperdiçadas de uma pobreza opressiva.

O que nós aprendemos?

Por décadas, a educação pública tem sido uma fonte de lugares-comuns políticos e engessada pelo pensamento conservador. Apesar de todos os candidatos políticos apresentarem uma série de ideias e se cercarem de dúzias de conselheiros inteligentes com sugestões inovadoras para consertar a educação pública, nada funcionou até o momento. As últimas décadas de reforma educacional demonstraram que a inovação apenas pela inovação muito provavelmente não mudará a desigualdade de desempenho educacional dos Estados Unidos.

Mas, lá embaixo, Chicago Heights dá esperança de que exista uma saída para esse atoleiro. Quando pais, professores e estudantes da pré-escola até o primeiro ano do ensino médio estão motivados a conseguir um desempenho melhor, eles conseguem. Descobrimos que os incentivos certos, combinados com um enquadramento comportamental melhor do contexto, podem fazer uma diferença enorme.

Agora compreendemos melhor como os incentivos simples funcionam na educação e como, por exemplo, enquadrar incentivos em termos de perdas incrementa o desempenho. Crianças respondem a subornos, mas elas respondem melhor a manipulações comportamentais; se você lhes dá US$ 20 para terem um bom desempenho em um teste e ameaça tirar esse dinheiro se seu desempenho não estiver à altura do esperado, elas têm um desempenho muito melhor.

Da mesma maneira, quando os professores (a) trabalharam em equipes e (b) foram ameaçados de perder um bônus considerável que eles já tinham recebido, o desempenho dos estudantes disparou — efetivamente acabando com a diferença educacional. Compreender como recompensar estudantes, pais e professores pode aumentar as pontuações dos testes entre 50% e 100% — colocando as crianças desprivilegiadas no mesmo nível das crianças dos bairros brancos ricos.

* * *

Se tudo isso soa um pouco pavloviano, de fato é — mas pode funcionar. E se Chicago Heights pode reduzir a desigualdade educacional, então qualquer cidade dos Estados Unidos certamente poderá também.

Os Griffins compreendem tudo isso e colocam seu dinheiro para trabalhar — fazendo tudo que podem para assegurar que as crianças em Chicago Heights tenham uma plataforma educacional sólida para se firmar. Com sua ajuda — e, esperemos, com intervenções melhores nos níveis de pré-escola e escola primária —, nós podemos não somente formar mais crianças dos centros urbanos, como também tornar o aprendizado empolgante e divertido desde o princípio.

Então, de que maneira nós todos podemos, como uma nação, avançar? Temos de compreender que as escolas não dizem respeito apenas a ensinar crianças. Elas dizem respeito a ensinar a nós mesmos o que funciona. Até o momento, demos atenção a apenas um lado dessa equação crítica. Todos precisamos nos dar conta de que as nossas escolas públicas não são apenas instituições de bombeamento de conhecimento (ou, na pior das hipóteses, servem de babás) dedicadas a ensinar as nossas crianças a aprender como nos tornarmos cidadãos funcionais. Na realidade, elas são instituições dedicadas a ensinar as nossas crianças a aprender como tornarem-se cidadãs funcionais. Na realidade, elas são laboratórios de aprendizado *para todos* — pesquisadores, pais, professores, administração e estudantes também.

Apenas imagine quanto todos nós poderíamos descobrir se mais pessoas começassem a realizar e a participar de experimentos de campo para descobrir o que funciona. Se todas as pessoas que se importassem com a educação pública realizassem tais experimentos, poderíamos poupar quantidades enormes de tempo, dinheiro e sofrimento. Poderíamos descobrir quais inovações são mais promissoras e como aplicá-las, antes de apresentá-las para o país inteiro.

Os retornos de um sistema educacional pujante seriam enormes não apenas para as nossas crianças, mas para os Estados Unidos como um todo.

Nos capítulos a seguir, aprenderemos mais sobre como os experimentos de campo podem ajudar a descobrir o que se encontra por trás de outros tipos de desigualdades sociais.

6. Quais as cinco palavras que podem acabar com a discriminação moderna?

Eu não odeio você, eu simplesmente gosto de dinheiro

Digamos que, após vários anos construindo a sua carreira em marketing, você arrumou um tempo e voltou a estudar para seu MBA. Agora, com sua credencial nova em folha de uma universidade reconhecida, você está no grupo final de candidatos para um cargo importante em marketing em uma grande corporação multinacional. Você e dois outros candidatos vão se encontrar com o CEO para uma entrevista final. Levando-se em consideração tudo o que sabe a respeito do emprego e baseado em seu amplo conhecimento técnico, aparentemente você tem uma boa chance de conseguir essa posição.

Usando seu melhor terno, você se sente confiante quando aperta o botão do elevador para o vigésimo andar. "É isso aí", diz a si mesmo.

A porta do elevador abre sem fazer barulho; você caminha até a mesa da secretária e se apresenta. A secretária o leva até um escritório enorme e belamente mobiliado com estantes de livros e fotos de família em molduras de prata. O CEO vem até você com passos largos, oferecendo uma mão firme.

"Sente-se", diz ele, sorrindo. "Então", começa, sentando--se e reclinando-se em sua cadeira Aeron, "você já deve ter compreendido que o trabalho será fazer o marketing do nosso novo produto em escala internacional. Seu currículo é muito impressionante nesse sentido. Vejo que você passou algum tempo trabalhando no Oriente Médio e na Europa".

"Sim", você responde, sentindo-se encorajado. "Eu também falo várias línguas, incluindo holandês e francês."

"Sim, estou vendo", diz o CEO. "Pelo visto, você é muito bem qualificado. Mas agora vamos falar sobre você. Vejo que você é casado e tem duas crianças pequenas. Se tiver um trabalho exigente em turno integral, de quanto tempo acha que precisará devotar para sua família em comparação a seu trabalho? Esse trabalho, no fim das contas, exige um número considerável de viagens internacionais."

Qual é a sua resposta para esse tipo de questão? Como você responderia a ela diante do seu papel de marido e pai? Ou como esposa e mãe?

A pergunta e a resposta podem depender bastante do seu gênero. É muito mais provável que essa pergunta seja feita para uma mulher do que para um homem. E, se você é uma mulher, defender o seu tempo com a família teria uma alta probabilidade de caracterizá-la como "insuficientemente comprometida" com o emprego — como a esposa de Uri, Ayelet (a modelo para este cenário), descobriu.[1]

Nos capítulos 2 e 3, vimos como as diferenças de gênero funcionam em uma base profundamente socializada, e como noções a respeito da competição afetam as oportunidades das mulheres. Nos capítulos 4 e 5, observamos como crianças de bairros pobres sofrem com desigualdades educacionais.

Agora, vamos pensar mais amplamente a respeito dos efeitos da discriminação além do gênero e da pobreza: *E o racismo, a homofobia e outras formas de preconceito? O que os causa? Será que todas as formas de discriminação são enraizadas na antipatia em relação aos outros, ou há outras coisas influindo?*

Neste e no capítulo seguinte, faremos uma série de experimentos de campo nos quais procuraremos provocar essas distinções. Examinaremos melhor com mais proximidade a discriminação em geral: como ela afeta os mercados, e como ela afeta você. Mostraremos como os experimentos de campo nos ajudaram a classificar vários tipos de discriminação no mundo. Isso é importante porque, embora o exame tradicional de dados em estado bruto possa nos mostrar *quanta* discriminação está ocorrendo em determinado mercado, essa abordagem não consegue nos mostrar *qual o tipo* de discriminação que está ocorrendo e quais os tipos de incentivos que podem estar por trás dela. Compreender os incentivos por trás da discriminação é fundamental se objetivarmos dar um fim a isso como sociedade.

AS FACES DA DISCRIMINAÇÃO

Considere os pontos a seguir:

- Um homem negro comprando um carro recebe uma cotação mais alta pelo produto do que um homem branco.
- Um vendedor ignora um casal gay comprando um carro.
- Um deficiente físico recebe um orçamento mais alto pelo reparo de um carro do que uma pessoa fisicamente apta.
- Um homem negro pedindo informações em uma esquina movimentada recebe as informações erradas, enquanto uma mulher branca é orientada corretamente.
- Uma mulher grávida procurando ser promovida no trabalho é preterida em prol de um homem com a mesma capacidade que ela.

Se você já esteve em situações parecidas com essas, talvez se sinta irado, frustrado ou mesmo indignado. Mas o que podemos e o que devemos fazer para eliminar esses preconceitos?

O primeiro passo é compreender por que as pessoas discriminam. Quais incentivos os intolerantes estão seguindo? Uma vez que sabemos a resposta para essa pergunta, podemos combater a discriminação com nossas próprias ações e com novas leis.

***

Considere o caso do antissemitismo, que tem uma história longa e terrível no mundo, inclusive nos Estados Unidos. Durante a Guerra Civil, por exemplo, Ulysses S. Grant emitiu uma ordem — revogada por Abraham Lincoln — expulsando os judeus de partes do Tennessee, Kentucky e Mississipi.[2] Na primeira metade do século XX, os judeus tinham dificuldade de conseguir muitos trabalhos. Eles não tinham acesso ao New York Athletic Club ou a outros clubes sociais de elite. Universidades da Ivy League* limitavam o número de estudantes judeus que aceitavam. A Ku Klux Klan e os discursos de rádio populares do Padre Coughlin incitavam ataques contra judeus. O número permitido de judeus a entrar no país era limitado; durante o Holocausto, os Estados Unidos impediram a entrada de navios trazendo refugiados dos nazistas. Henry Ford se manifestou abertamente contra a "Ameaça Judia" e lançou a culpa da Primeira Guerra Mundial sobre eles. Ideólogos de direita afirmavam que os judeus dominavam a administração de Franklin Roosevelt.[3]

Esse tipo de discriminação não afetava somente os imigrantes e os judeus, é claro; em muitos lugares ela está profundamente enraizada na história cultural do mundo todo. Pense no *apartheid* na África do Sul, no genocídio de Ruanda, no tratamento dos povos indígenas na Austrália e nos Estados Unidos e nos ex-escravos (e seus descendentes) nos Estados Unidos — a lista de humilhações e atrocidades é interminável.

* * *

Foi nesse ambiente antissemita que um homem judeu chamado Gary Becker — o homem que possivelmente mais fez para avançar a nossa compreensão da discriminação em tempos modernos — fez a sua entrada.

---

*Universidades antigas e tradicionais da região Nordeste dos Estados Unidos, como Harvard e Princeton. (*N. do T.*)

Gary Becker nasceu em 1930 na cidade mineradora de Pottsville, Pensilvânia, e foi criado na cidade de Nova York, onde seu pai, um empreendedor chamado Louis, era proprietário de um negócio bem-sucedido no atacado e varejo no setor musical. Nenhum dos seus pais recebeu uma educação além do oitavo ano, e embora sua casa não tivesse muitos livros, ela estava sempre cheia de uma conversa animada a respeito dos eventos da época.

"Meu pai era um espírito independente e apoiador convicto de Roosevelt", explica Becker. "Nós conversávamos a respeito de política e questões de justiça social — controle de aluguéis, tributação, o tratamento dos negros no Sul e como ajudar os pobres."

À época, Nova York tinha a maior comunidade judaica no país, mas isso não protegeu a família do antissemitismo. Eles eram vítimas de comentários racistas e pejorativos. O irmão de Becker, que tinha se formado em engenharia química no MIT, tentou ascender profissionalmente em empresas da área, mas não conseguia ser promovido, então fundou a própria empresa.

"Meu pai dizia seguidamente que, se você trabalhasse duro, poderia superar a discriminação", diz Becker, apesar da dificuldade que ela causava às vezes, impedindo o progresso dos judeus.

Becker trabalhou duro o suficiente na escola para ser admitido em Princeton, pensando que poderia estudar matemática. Mas também tinha um forte interesse em contribuir para a sociedade. Ele acabou por fazer um curso de economia no seu primeiro ano da faculdade e acabou se apaixonando pela matéria. Desenvolveu a ideia impetuosa e maluca de combinar de alguma forma a economia com seu interesse em problemas sociais. Após graduar-se, seguiu para a Universidade de Chicago, onde se tornou estudante de Milton Friedman, que viu em Becker um brilho de genialidade.

Becker começou a estudar a economia da discriminação. "Eu tinha um sentimento de que a discriminação não era uma coisa única, simples", lembra ele. "Ela se manifestava de muitas maneiras, inclusive nos ganhos e no emprego das pessoas. Por exemplo, se um empregador tinha preconceitos contra trabalhadores negros, o que isso significava para os trabalhadores negros em comparação aos trabalhadores brancos igualmente capacitados?"

Becker viu uma maneira de identificar os preconceitos de trabalhadores, empregadores, clientes e todos os tipos de outros grupos, e fazê-los passar pelo liquidificador da análise econômica. De certa maneira, o que ele fez foi identificar os incentivos que fazem as pessoas discriminarem.

"Mas eu tinha de trabalhar no escuro", lembra. "Não havia trabalhos sobre o assunto, apesar da importância do problema."

Seus professores de economia eram tão céticos a respeito da sua tese que exigiram que um sociólogo fizesse parte de seu comitê de doutorado, mas esse sociólogo não estava nem um pouco interessado no que Becker fazia.

É claro, o trabalho de Becker *tinha* tudo a ver com economia; os economistas simplesmente não sabiam disso ainda. A sua noção de combinar economia com sociologia não foi um pequeno passo na tradição do pensamento econômico — foi toda uma nova direção. Seu trabalho mostrou o que acontece aos mercados e interações econômicas quando as pessoas discriminam. Por exemplo, o que acontece no mercado de trabalho se uma empresa prefere contratar uma pessoa em vez de outra (digamos que ela contrate mulheres para determinados tipos de trabalhos, mas não para outros)? Se você puder desenvolver boas respostas para essa questão, talvez possa provavelmente compreender um fator importante a respeito do que impulsiona a economia. No entanto, os economistas não pareciam ter essas respostas no contexto da discriminação.

Apesar dos céticos, Becker tinha apoio suficiente de Friedman e de outros, de maneira que não perdeu completamente a fé e, após concluir o doutorado, conseguiu um emprego como professor na Universidade de Columbia. Em 1957, aos 27 anos, ele publicou um livro baseado na sua tese, chamado *The Economics of Discrimination* [*A economia da discriminação*, em tradução livre], no qual descreveu o que chamava de "gosto pela discriminação" — preconceito que nasce do ódio ou "animosidade" em relação aos outros. Esse tipo de discriminação aparece quando uma pessoa evita ou age contra a outra "apenas porque" ela não gosta da raça, religião ou preferência sexual daquela pessoa.

Os incentivos que Becker estudou não eram apenas dinheiro. Odiar uma pessoa podia ser uma forte motivação para discriminá-la. De acordo com a teoria desenvolvida por ele, as pessoas que têm esse tipo de animosidade não odeiam simplesmente o "outro", mas também abririam mão voluntariamente de dinheiro — lucros, salários ou renda — para atender aos seus preconceitos. Por exemplo, um homem branco que nutre preconceito em relação a negros preferiria trabalhar por US$ 8 a hora ao lado de um colega branco em vez de US$ 10 a hora ao lado de um homem negro. Nesse caso, o "incentivo da animosidade" supera o monetário.

Mesmo assim, quando ele viajou pela primeira vez pelo mundo apresentando o seu trabalho sobre *The Economics of Discrimination*, uma objeção comum dos outros economistas era de que isso "não era economia". Basicamente, o argumento deles contra Becker era o seguinte: "Não é que esse trabalho não seja interessante ou importante; é apenas que você deve deixá-lo para os psicólogos e sociólogos." Mas as coisas começaram a mudar com o advento do movimento dos direitos civis dos anos 1960. Logo, as pessoas estavam intensamente interessadas a respeito do tópico da discriminação e economia, e o livro de Becker era o único livro sério a respeito do assunto.

"Subitamente, pessoas influentes começaram a lê-lo, e a coisa toda virou uma bola de neve", lembra ele.

O livro foi reimpresso em uma segunda edição atualizada em 1971 e é considerado um clássico, porque mudou para sempre a maneira como compreendemos a discriminação. Quando o Comitê Nobel concedeu o Prêmio Nobel de Economia a Becker, em 1992, seus membros elogiaram especificamente *The Economics of Discrimination*. "A análise de Gary Becker tem sido muitas vezes controversa e, portanto, no início, enfrentou ceticismo e mesmo desconfiança", observou o Comitê Nobel em seu comunicado à imprensa anunciando o prêmio. "Apesar disso, ele não perdeu a sua convicção, perseverando no desenvolvimento de sua pesquisa e gradualmente ganhando uma aceitação cada vez maior entre os economistas por suas ideias e métodos."[4]

O PRECONCEITO ESTÁ DIMINUINDO

Obviamente, a discriminação baseada na animosidade ainda é violenta. Às vezes, ela aparece abertamente, como qualquer pessoa que já ouviu locutores sensacionalistas de programas de "rádio do ódio" pode atestar. Brancos e negros ainda não se dão necessariamente bem em todas as partes do mundo. E gays ainda são vítimas de discriminação, espancamentos e tiros.

Apesar de tudo isso, nós avançamos muito, mas muito mesmo. Se um norte-americano médio tivesse entrado em coma no ano 1957 e acordado hoje, ele sem dúvida ficaria impressionado com as mudanças nas atitudes sociais. Quanto à cultura, a vida não é mais a mesma que foi um dia; as inclinações e preferências sociais das pessoas evoluíram. Por exemplo, não há mais a suposição difundida de que as mulheres são inferiores aos homens ou que suas vidas devem ser focadas somente nos maridos, filhos e vida caseira. Tampouco essas mulheres que trabalham fora devem ser relegadas às chamadas profissões de colarinho rosa, como ensino ou enfermagem. Aproximadamente 39% da classe de MBA de Harvard de 2013 eram compreendidos por mulheres, a maior porcentagem de todos os tempos; e, em 2011, as mulheres suplantaram os homens no número de diplomas universitários concedidos.[5] Na realidade, um número significativo de empregadores agora disputa a oportunidade de contratar mulheres qualificadas, e eles pagam com satisfação a licença-maternidade a fim de manter as mulheres na empresa depois de elas engravidarem.

Além disso, a animosidade inata dos brancos em relação aos negros parece estar caindo como um todo.[6] De acordo com a pesquisa USA Today/Gallup conduzida em 2011, o público aceita o casamento inter-racial mais do que nunca. A pesquisa mostrou que 43% dos norte-americanos acreditam que ele é bom para a sociedade, 44% dizem que esses casamentos não fazem diferença alguma. Mais de um terço dos pesquisados disse que um parente está casado com alguém de uma raça diferente, e quase dois terços disseram que não veriam problema se um membro da família decidisse se casar com alguém de uma raça ou etnia diferente.[7]

Muitos afro-americanos não são mais marginalizados em relação a políticas públicas; os legisladores estão concentrados agora em reduzir a desigualdade de realização educacional entre crianças brancas e de minorias. Os norte-americanos chegaram a eleger um presidente negro duas vezes. Em resumo, não estamos mais vivendo no século XX, o que é uma coisa boa em se tratando de terminar com a animosidade.

DISCRIMINAÇÃO ECONÔMICA: UM PROBLEMA CRESCENTE

Embora essa evolução cultural do incentivo para discriminar baseado no ódio seja uma boa notícia, outra variedade de discriminação está aumentando hoje em dia, e ela aparece em uma forma muito diferente da animosidade da juventude de Becker. Os economistas chamam esse tipo diferente de preconceito de discriminação "econômica"[8] e, embora ele seja mais sutil que intolerância, homofobia ou sexismo, está cada vez mais difundido, multifacetado, difícil de analisar e muitas vezes é bastante nefasto. Ele é baseado inteiramente no interesse pessoal financeiro e no "olhar para o próprio umbigo". A animosidade diz respeito ao interesse pessoal também, embora a pessoa que odeie não esteja interessada no dinheiro, e sim em satisfazer seu desejo de prejudicar o outro.

Você provavelmente já tem consciência da discriminação econômica, porque ela aparece nas suas contas. Se você é fumante, seu plano de saúde pode custar mais porque, economicamente falando, você corre um risco maior de contrair doenças que custam caro para tratar. Se a sua classificação de crédito não é grande coisa, os bancos vão cobrar mais de você por financiamentos, porque você apresenta um risco comparativamente mais alto de talvez não os ressarcir.

Outro exemplo muito direto é o seguro de carros. Se você é um motorista homem, você paga até 20% a mais pelo seguro do carro do que uma mulher por uma cobertura idêntica. Você pode se perguntar se esse tratamento desigual é ilegal, porque as leis de direitos civis claramente afirmam que discriminar com base em características arbitrárias como raça e gênero é ilegal. Na média, no entanto, as mulheres têm menos acidentes de carro que os homens. Os custos de segurar mulheres são, portanto, menores do que segurar homens, de maneira que os tribunais decidiram que cobrar taxas mais baixas das mulheres — ou mais altas dos homens — é legal.

Nesse caso, a sociedade parece aceitar que a discriminação baseada nas diferenças de *custo* para fornecer o serviço (como seguro) não tem problema. Mas há movimentos no exterior para acabar com essa discriminação econômica. Por exemplo, a União Europeia está debatendo bani-la para os seguros de carros. Se isso acontecer, as companhias de seguros de carros dizem que os homens podem esperar que suas taxas caiam aproximadamente 10%. (É claro, se essas proibições ocorrerem, as mulheres podem esperar que suas taxas de seguro aumentem; as companhias de seguro não vão sair perdendo.)

A discriminação econômica também surge das crenças de que as pessoas têm informações — corretas ou não — a respeito das situações econômicas dos outros. Por várias razões, pessoas e empresas podem acreditar que elas têm incentivos para discriminar indivíduos a fim de ganhar mais dinheiro. Por exemplo, um empreiteiro poderia cobrar 20% mais do que sua taxa usual para reparar o telhado de uma casa fabulosa de um CEO milionário porque acredita que o proprietário pode pagar mais do que as pessoas com casas modestas. Uma empresa pode pensar que, a fim de atender às expectativas de lucro dos seus acionistas, ela precisa aumentar os preços que alguns consumidores pagam. Esse tipo de discriminação não é baseado em animosidade. Ele é baseado em um incentivo monetário duro e frio.

Nada dessa iniquidade visível é particularmente agradável se você é a pessoa de quem se cobram os preços mais altos, mas isso não significa que o empreiteiro que está cobrando mais tenha alguma animosidade em relação a você. É porque ele está olhando para o resultado. Do seu ponto de vista impelido pelo incentivo (ou da companhia de seguros), a discriminação econômica é uma maneira de se ganhar mais dinheiro. É simples assim.

* * *

Na superfície, a discriminação econômica baseada em transações pode parecer perfeitamente aceitável, mas pode ser muito maldosa, em especial porque as vítimas muitas vezes não sabem o que está acontecendo. A discriminação econômica chega a se expandir por causa da internet, juntamente com a profusão de dados que são coletados sobre cada um de nós. Considere a quantidade assoberbante de informações pessoais coletadas sobre nós todos os dias pelas empresas da internet. As empresas podem facilmente decompor e analisar os dados para descobrir quem é um cliente "preferencial" e quem não é — elas se utilizam desses dados para engajar-se em uma discriminação econômica para incrementar seus resultados.

Como exemplo, considere o caso de Robert Cole, de 65 anos, residente de Ferguson, Missouri, que gosta de fazer pesquisas on-line. Para ajudar um amigo com diabetes, Cole pesquisou sites em busca de informações a respeito da doença e as passou para ele. Não muito tempo depois, começou a observar que estava recebendo mensagens diretas por e-mail e propagandas on-line de materiais de testes de diabetes. Quem pegara a identidade de Cole e informações pessoais? Como os termos de pesquisa que ele colocou no Google estavam sendo rastreados, analisados e usados?

"Será que estou no banco de dados de alguém como diabético? Porque eu não sou. Nem sei como corrigir isso", disse ele a um repórter.[9]

Isso é assustador. O que acontece se a impressão digital eletrônica que você deixa — as informações detalhadas sobre seu histórico de compras, os sites que visitou pela última vez e seu *status* econômico — for usada contra você?

Na realidade, a maioria dos sites usam informações de pesquisa de maneiras que os consumidores não compreendem. Programas automatizados varrem a web em busca de informações dos consumidores, e os sites usam *cookies* e registros de navegação para seguir os usuários, enquanto corretores de dados de terceiros vendem os comportamentos on-line projetados de usuários em tempo real. Toda vez que você faz uma compra on-line, ou mesmo uma pesquisa, deixa uma impressão digital eletrônica que permite que as empresas coletem informações detalhadas sobre seu histórico de compras, os sites que visitou pela última vez e seu *status* financeiro. Muitos sites usam essa informação, por sua vez, para estabelecer preços. As empresas usam as informações disponíveis para compreender os seus incentivos e agir sobre eles para incrementar seus lucros.[10]

Uma empresa on-line que se engaja nesse tipo de discriminação econômica pode ser capaz de analisar seu *status* financeiro olhando para suas compras ao longo do tempo e decidir que você é capaz de pagar mais do que a pessoa seguinte. Se, por acaso, você tiver uma situação financeira melhor do que os outros ou estiver disposto a pesquisar menos do que os outros, é provável que seja vítima de discriminação econômica.

Mas talvez você se pergunte: o que há de errado realmente com esse tipo de discriminação? Afinal de contas, no mundo real, clientes muitas vezes pagam preços diferentes. Qualquer pessoa que comprou uma passagem aérea, reservou um quarto de hotel ou alugou um carro enfrentou esse tipo de discriminação. As companhias variam os preços entre os clientes o tempo inteiro, tentando descobrir quais incentivos lhes oferecer para comprar seus produtos. Se você é uma próspera empresária que precisa viajar de Chicago a São Francisco para uma reunião rápida de um dia, talvez se importe menos com o preço do que se fosse um adolescente com um orçamento apertado. Por que a companhia aérea não deveria cobrar de você, a empresária, mais?

O problema com o mundo on-line é que os clientes não sabem que são objetos (ou vítimas) de comportamentos discriminatórios, pois não conseguem ver os preços diferentes. Ao entrar em uma revenda de carros usando um terno caro e lhe oferecerem o veículo mais caro do estacionamento, você provavelmente sabe o que está acontecendo e que o preço no adesivo serve como um ponto de partida para seguir negociando. Mas a mesma pessoa comprando uma passagem aérea on-line pode não se dar conta de que seu alto salário e estilo de vida estão se traduzindo em passagens aéreas mais caras — e ela é impotente para fazer qualquer coisa a respeito da discriminação.

A elaboração de preços de um site é baseada em um algoritmo de computador — um algoritmo que contém informações sobre o histórico de compras, endereço domiciliar (tendo separado os códigos postais "desejáveis" dos "indesejáveis"), padrões de gastos, contas de cartões de crédito e mais. E esses programas são incrivelmente adaptados em reconhecer e tirar vantagem, mesmo de diferenças sutis entre as pessoas. Mesmo se o cliente souber que o site ofereceu a mesma passagem para outro por um preço mais baixo, ele não pode necessariamente usar essa informação para pechinchar o preço; o site simplesmente não deixará que se compre a passagem por um preço mais baixo.

Talvez você diga: "E daí? Se uma pessoa rica pode pagar mais, talvez ela deva." Mas pense nisso: no mundo real, quando são cobrados preços mais altos de mulheres, minorias e deficientes físicos, isso parece errado. Embora a discriminação econômica seja uma área nublada sob as leis de direitos civis, a maioria das pessoas acredita que esse tipo de comportamento é injusto.

Assim como a animosidade, a discriminação econômica também ocorre em toda sorte de situações — quando as pessoas pedem informações na rua, quando vão às compras (seja on-line ou no mundo "real"), quando se candidatam a empregos, quando têm seus carros consertados, e assim por diante. Mas decidir o que é ou não intolerância é muitas vezes difícil. E a consciência dessa dificuldade é importante, pois, até compreendermos o que realmente motiva as pessoas quando elas discriminam, os legisladores não podem começar a nos proteger da injustiça.

Então, como diferenciamos o preconceito baseado na animosidade da discriminação econômica? Nós fomos às ruas para descobrir.[11]

VESTIDA PARA O SUCESSO

Jan, 50 anos, era uma mãe branca de filhos adolescentes, com cabelos ficando grisalhos, óculos com armação dourada e um nariz vermelho por causa do frio. Ela usava um casaco de lã azul-marinho aquecido por um cachecol bege e era nossa agente secreta. Nós lhe pagamos para pedir informações sobre como chegar à Torre Willis em Chicago, um prédio bastante conhecido (anteriormente chamado de Torre Sears), a pessoas aleatórias na rua. A primeira pessoa a quem ela perguntou foi uma mulher branca de meia-idade. Ela disse a Jan que a entrada da torre ficava próxima.

"Siga duas quadras até a Avenida Michigan, atravesse a rua e desça uma quadra até Van Buren, e a entrada ficará à sua direita", disse ela educadamente. Jan lhe agradeceu as orientações e seguiu em frente. Será que as informações eram corretas?

Nosso próximo agente secreto era Tyrone, um homem negro de 20 anos usando um capuz e calça jeans bem frouxa. Tyrone parou educadamente outra mulher branca de meia-idade e pediu informações. Sem parar, ela respondeu:

"Hum, não sei."

Quando Tyrone pediu informações a um empresário de uns 30 anos, o sujeito o olhou por um bom tempo e então deu as informações erradas.

Em nosso experimento, queríamos descobrir quais tipos de reações as pessoas de diferentes idades, gêneros e raças receberiam quando pedissem informações. A discriminação afeta a vontade das pessoas de ajudar? Como um transeunte reagiria quando uma senhora branca de meia-idade educada pedisse informações sobre como chegar à torre? Como ele ou ela poderia responder a um homem negro jovem? A uma jovem branca? A um jovem branco? E por aí afora.

Pedimos a pessoas de diferentes idades, gêneros e raças para nos ajudar, como você pode ver no gráfico adiante. O que os nossos experimentos revelaram? Com que frequência cada "agente secreto" recebeu uma resposta que o ajudou? Quanto tempo levou, em média, para a pessoa que passava as informações seguir em frente?

Os números no gráfico contam uma história interessante: se você estiver pedindo informações e for uma mulher, é muito provável que receba a ajuda de que precisa, especialmente se for jovem. Se você for um homem negro mais velho, receberá ligeiramente mais ajuda do que se for um homem branco mais velho. Mas, se for um jovem negro, é melhor ter sempre um GPS. Jovens negros tinham menos chance de receber ajuda do que mulheres jovens de qualquer raça (que foram as pessoas que mais ajuda receberam), pessoas de meia-idade (homens ou mulheres) de qualquer raça e homens jovens brancos.

"Agente secreto"	Porcentagem de pessoas que os "ajudaram"	Segundos de interação
Mulher negra de 20 anos	60%	20 segundos
Mulher negra de 50 anos	63%	20 segundos
Homem negro de 20 anos	31%	13 segundos
Homem negro de 50 anos	61%	20 segundos
Mulher branca de 20 anos	75%	24 segundos
Mulher branca de 50 anos	63%	18 segundos
Homem branco de 20 anos	52%	16 segundos
Homem branco de 50 anos	59%	20 segundos

Você poderia presumir que as pessoas que não pararam para ajudar o jovem negro estavam sendo racistas, e em alguns casos estaria certo. No entanto, os dados mostraram que homens e mulheres negros mais velhos e mulheres negras jovens receberam informações que as ajudaram, então a animosidade contra pessoas negras em geral não pode explicar os dados. Se você estiver disposto a ajudar pessoas negras a encontrar a direção que procuram, mas considera esse jovem negro em particular de certa maneira ameaçador, consideraríamos isso discriminação econômica.

O incentivo de ignorar Tyrone não foi baseado em ódio — em vez disso, foi baseado no medo e no desejo de autopreservação. O medo de Tyrone poderia estar enraizado em um medo da criminalidade, na medida em que, infelizmente, os índices de criminalidade são mais altos entre jovens negros do que em quaisquer outros grupos. Pela mesma lógica, estamos supondo que, se colocássemos um jovem branco com a cabeça raspada, botas militares e uma tatuagem de suástica na mesma esquina, os transeuntes teriam se afastado dele com toda a velocidade.

Para checar essa conclusão, decidimos inserir um fator econômico na questão. Mandamos Tyrone e outros jovens negros como ele para a rua de novo, mas dessa vez estavam usando ternos. Se a resposta a eles fosse resultado da animosidade das pessoas, conjeturamos, os jovens continuariam a receber um tratamento ruim. Por outro lado, a vestimenta poderia sinalizar aos transeuntes que eles eram "seguros", e assim receberiam boas informações.

Realmente, dessa vez, os jovens negros foram tratados bastante bem e receberam as mesmas informações de qualidade que as mulheres jovens haviam recebido. A conclusão é clara, mesmo que não gostemos dela. Se você é branco, a maneira como se veste é menos importante do que se você é negro. Se é um jovem negro, uma maneira de reduzir a discriminação contra você é vestir-se bem.

Esse achado é obviamente controverso. Quando um jovem adolescente negro desarmado chamado Trayvon Martin levou um tiro e foi morto em uma comunidade fechada no estado da Flórida, em 2012, por um vigia meio branco, meio hispânico, chamado George Zimmerman, Martin estava usando um capuz — algo que o comentarista do canal Fox TV Geraldo Rivera constatou que contribuíra para a morte do jovem.

"Estou pedindo encarecidamente aos pais de jovens negros e latinos particularmente que não permitam que seus filhos saiam na rua usando capuzes", disse Rivera no programa *Fox & Friends*. "Acho que o capuz é tão responsável pela morte de Trayvon Martin quanto George Zimmerman foi."[12]

O comentário de Rivera provocou — corretamente, em nossa opinião — protestos indignados daquelas pessoas que acreditavam que o apresentador estava culpando a vítima. Ele parecia sugerir que indivíduos negros que escolhem usar capuzes podem ser facilmente percebidos pelos outros como membros de gangues e uma ameaça à sociedade. Mas *será* que a combinação da raça de Martin e a escolha de roupas contribuiu para sua morte? Rivera parecia estar dizendo isso. E, infelizmente, nosso estudo sobre as ruas de Chicago mostrava que as roupas de fato faziam uma grande diferença na maneira como os jovens negros eram tratados.

O pai de Martin observou quando Rivera desculpou-se com ele:

"Deixe-me apenas acrescentar uma questão em relação ao uso do capuz. Eu não acredito que os Estados Unidos saibam que, na realidade, no momento do incidente, quando ele inicialmente fez a chamada, estava chovendo. Então Trayvon tinha todo o direito de estar usando seu capuz. Ele estava se protegendo da chuva. Então se... caminhar na chuva usando capuz é crime, acho que o mundo está fazendo algo errado."

Permita-nos colocar essa questão em uma perspectiva mais ampla. Cem anos atrás, eventos terríveis como o assassinato de Trayvon Martin mal apareceriam no noticiário local no "mundo do homem branco" do Sul segregacionista. Mas, cinquenta anos atrás, em 1963, o assassinato do ativista Medgar Evers provocou uma comoção nos movimentos pelos direitos civis, congregando pessoas de todas as cores em uma luta por justiça para todos. Hoje em dia, o assassinato de um único adolescente desarmado gera outra comoção, como deveria, e mais uma vez congrega pessoas de todas as raças em um pedido por justiça. E isso mostra como a nossa sociedade mais tolerante — pela qual tantas pessoas lutaram e morreram — pode facilmente mudar na direção inversa.

Com base em nosso experimento nas ruas de Chicago, argumentaríamos que a animosidade e o racismo têm, na maior parte, evoluído para uma discriminação econômica, que é muito mais sutil. Mas, às vezes, a animosidade e o racismo podem combinar-se com a discriminação econômica de maneiras que geram consequências terríveis.

JOE, O HOMEM NA CADEIRA DE RODAS

Até o momento, nossos experimentos de campo resultaram em uma distinção entre a discriminação econômica e a animosidade: a primeira é baseada no "olhar para o próprio umbigo", enquanto a segunda é baseada no ódio ao outro. Porém, queríamos levar a nossa demonstração mais adiante. Decidimos olhar para outro tipo de tratamento diferencial, dessa vez contra pessoas com deficiências físicas.

Imagine que você está confinado em uma cadeira de rodas. Você perdeu a habilidade de usar as duas pernas por causa de uma doença no início de sua infância. São 6h30 e faz –28ºC em um dia de janeiro em Chicago. Você — vamos chamá-lo "Joe" — vive no sétimo andar de um prédio no centro da cidade. Você desliga o alarme e então, trabalhando pacientemente e usando seus braços, tira as cobertas, veste a cueca e a calça que deixou ao pé da cama e finalmente coloca as meias nos pés. Esse esforço lhe cansa, então espera alguns minutos para recuperar as forças.

Balançando o quadril de um lado para o outro, consegue sair da cama, deixando suas pernas caírem no chão.

Com grande esforço, você se iça para a cadeira de rodas motorizada. Após comer um rápido café da manhã (suco de laranja, café da máquina automática e um muffin), você sai com a cadeira do apartamento e pega o elevador para o térreo. O acesso e o estacionamento foram limpos da neve, mas estão muitos frios e com o gelo escorregadio. Você se esforça e manobra a cadeira de rodas na direção da sua van amassada e especialmente equipada.

Usando botões no seu chaveiro, você comanda as portas laterais da van para abrir e dispor de um pequeno elevador. Após manobrar a cadeira de rodas para o elevador e em seguida para dentro da van, você a gira para o lugar do motorista e insere sua chave. Tomando cuidado para usar os controles manuais, manobra a van para fora da vaga, pelo estacionamento e para a rua.

Após dirigir por 15 minutos, encosta na "Oficina do Guy", uma das oficinas que descobriu com uma vaga de estacionamento designada para deficientes físicos. Lá, baixa o elevador de sua van e tenta abrir caminho pela neve acumulada até a rampa de acesso. O gelo faz com que você lute, e você segue em frente. Finalmente, consegue chegar ao topo da rampa e bate na porta do local.

Se essa sequência de eventos é trabalhosa de ler, pense a respeito de como é a vida para milhões de pessoas com deficiências físicas que gastam muito mais energia cuidando de tarefas diárias do que as outras pessoas imaginam.

Poucos estudos se voltam para a discriminação contra as pessoas com deficiências físicas — o que é um pouco surpreendente, levando-se em consideração que, à medida que o número de pessoas idosas aumenta mundo afora, o mesmo acontece com as pessoas com deficiências físicas. Joe, é claro, era nosso agente secreto. Para ele, cada saída de casa é uma batalha. Mesmo após o esforço de conseguir levar sua van para uma oficina, ele enfrenta o desafio de conseguir um táxi para levá-lo para casa, pois muitos não podem acomodar cadeiras de rodas.

Quantas cotações de preços você acha que Joe conseguiria para o conserto de seu carro? Será que ele dirigiria de uma oficina a outra, procurando pelo melhor negócio? Ou seria forçado a ficar com a primeira cotação em prol de uma conveniência muito necessária?

Quando você vai a uma oficina mecânica, normalmente não sabe quanto o conserto vai custar (a não ser que esteja fazendo algum reparo de rotina, como uma troca de óleo ou conferindo a regulagem do motor). As pessoas na oficina baseiam suas estimativas no nível de trabalho necessário, assim como em seu próprio arbítrio. Para esse estudo de campo, pedimos a vários homens entre 29 e 49 anos para agir como nossos agentes secretos. Metade desses homens era como Joe — usavam cadeiras de rodas e dirigiam veículos especialmente equipados. Mandamos todos pegarem orçamentos para consertar diferentes carros. Em metade dos casos, os homens com deficiências físicas foram até a oficina pedir um orçamento. Na outra metade, os outros homens fizeram a mesma coisa com os veículos.

Em média, os homens com deficiências físicas receberam orçamentos que eram 30% mais altos do que os homens sem deficiências. *Uau!* Mas por quê?

Para chegar a essa resposta, coloque-se no lugar da pessoa atrás do balcão da oficina. Você vê Joe entrando com sua cadeira de rodas no escritório. O diálogo segue mais ou menos assim:

VOCÊ: Olá! Está frio na rua hoje!
JOE: (resmungos) É mesmo. Minha van precisa de um conserto. Está ali (apontando). Você pode me fazer um orçamento?
VOCÊ: (olhando para Joe) Bem, nós estamos bastante ocupados, mas vou pedir a eles para darem uma olhada assim que for possível.
JOE: Está bem. Vou esperar.

Enquanto Joe rola sua cadeira até a área de espera, você faz um cálculo mental. Sente pena dele, compreendendo que ele deve ter feito um esforço considerável para chegar à sua loja. Joe claramente precisa de um descanso. Por outro lado, quais são as chances de Joe passar por todo esse trabalho de novo para dirigir até outra oficina atrás de um orçamento?

Meia hora mais tarde, o pessoal da oficina chama você com uma estimativa de tempo e custo a respeito do trabalho. Você diz a Joe que o conserto vai custar US$ 1.415. Isso é 30% mais do que cobraria de uma pessoa que não fosse deficiente. Na realidade, um exercício similar repetido dúzias de vezes, com nossos pesquisadores visitando mecânicos, revela o padrão de dados que discutimos: *as pessoas com deficiências físicas receberam, na média, orçamentos de preços 30% mais altos do que as pessoas sem deficiências.*

Será que você, o mecânico, está reagindo a incentivos, ou simplesmente não gosta de ajudar e servir pessoas com deficiências físicas? Nossa intuição era a de que o mecânico reconheceu que ele tinha um cliente cativo. Joe tinha de passar por um trabalho enorme para conseguir consertar sua van, então o mecânico decidiu cobrar mais dele porque presumiu que Joe não passaria pelo transtorno de fazer outro orçamento. Em outras palavras, o mecânico achou que podia cobrar mais e não ter problemas com isso pois estava lidando com uma pessoa com deficiência física.

Para testar nosso palpite, mandamos um grupo inteiramente novo de pesquisadores procurar por orçamentos. Dessa vez, pedimos tanto aos pesquisadores deficientes físicos quanto aos sem deficiência para mencionar cinco palavras simples:

"Vou fazer três orçamentos hoje."

Adivinhem o que aconteceu?

Dessa vez, ambos os pesquisadores receberam ofertas *idênticas*. Então o caso estava encerrado. Os mecânicos estavam fazendo um simples cálculo econômico. Ao aumentar suas vendas desse jeito, eles estavam se engajando em uma clássica injusta discriminação econômica ao tirar vantagem da deficiência física do cliente. Os mecânicos estavam reagindo aos incentivos que tinham diante de si — nesse caso, a oportunidade de ganhar mais dinheiro.

* * *

Como tentamos mostrar, a discriminação econômica é baseada em cálculos simples. Por várias razões, as pessoas e as empresas podem acreditar que têm incentivos para discriminar entre indivíduos. A Amazon.com pode achar que deve aumentar a taxa que alguns clientes pagam a fim de atender às expectativas de lucro dos acionistas. As companhias de seguro podem aumentar os prêmios para os fumantes porque consideram uma medida justa que pessoas correndo riscos de ter problemas de saúde paguem por esses riscos. Mecânicos talvez cobrem mais de motoristas deficientes físicos para continuarem em uma situação financeira razoável. E a razão para a esposa de Uri não ter sido contratada não tinha nada a ver com uma aversão a mulheres: ela tinha tudo a ver com as expectativas em relação à sua disponibilidade no trabalho. Esse tipo de discriminação não é baseado em animosidade. Ele é baseado em incentivos econômicos. Para combatê-lo, a pessoa que está sendo vítima do tratamento injusto precisa sinalizar que ele ou ela é como aquelas pessoas que não estão sofrendo a discriminação.

No capítulo a seguir, vamos nos aprofundar na questão da animosidade e da discriminação econômica visitando novos mercados e fechar com algumas reflexões sobre como a sociedade pode lidar com a discriminação.

7. Tenha cuidado com as suas escolhas, elas podem ser usadas contra você!

Os motivos ocultos por trás da discriminação

Quando pensamos em como a civilização ocidental evoluiu do início do século XX até agora, é impossível não ficarmos impressionados. Se nossos avós tivessem nascido hoje, é improvável que encontrassem qualquer coisa parecida com a animosidade disseminada de sua juventude. Realmente, é animador vermos a animosidade diminuindo. Porém, estamos distantes, bem distantes, de ter uma sociedade justa, e o aumento da discriminação econômica é certamente um grande dificultador. Em alguns casos, a discriminação econômica torna mais fácil para a animosidade se esconder em seu meio.

Por quê? Porque, embora a maioria entre nós concorde que a animosidade é algo ruim, é provável que discordemos sobre se algumas formas de discriminação econômica são aceitáveis. Alguns tipos de discriminação econômica são ofensivos; outros não são. Alguns merecem censura legal; outros, não. Alguns são baseados em fatos incontroversos; outros são baseados em estereótipos e crenças culturais. E, como tentamos sugerir, muitas vezes é complicado diferenciar o que é aceitável do que não é.

Vamos voltar para nosso exemplo de um hipotético empreiteiro que instala telhados do capítulo anterior. Se ele estivesse enfrentando uma competição dura no mercado e passando por severos problemas financeiros, poderia se sentir justificado em cobrar mais de seu cliente CEO por seu trabalho. Nesse caso, poderíamos nos sentir mais indulgentes em relação a ele, pois, no fim das contas, o seu motivo não seria baseado simplesmente em sua ganância, mas puramente em sua sobrevivência. Mas, se ele cobrasse mais porque estava poupando para um iate, poderíamos perceber a questão de forma diferente.

Muitos de nós acreditamos que, se uma pessoa como esse empreiteiro discrimina para evitar uma perda financeira ou de outro tipo, tudo bem. Mas, se a pessoa discrimina apenas para incrementar o seu resultado, achamos que ele é um sujeito ganancioso buscando lucrar. Quando você reflete a respeito disso, no entanto, "perda" e "ganho" são simplesmente duas maneiras diferentes de enquadrar a questão, como mostramos nos capítulos a respeito da educação. Qualquer ganho pode ser enquadrado como perda — e vice-versa, se você for criativo.

Em outros casos, a discriminação econômica pode ter a ver com o motivo aparentemente muito sensível de reduzir o risco. Seria de se pensar que cobrar mais dos fumantes pelo seu plano de saúde faz sentido,[1] e que também faz sentido cobrar mais dos homens pelo seguro de seus carros ou que as empresas de aluguel de carros têm todo o direito de não alugar para motoristas com menos de 25 anos. Embora essas políticas discriminatórias possam parecer injustas para motoristas homens e excelentes motoristas jovens, a companhia de seguros argumenta que elas são necessárias para controlar os custos. Da mesma maneira, pessoas obesas cujos empregadores cobram o seguro podem ter de pagar planos de seguro-saúde mais altos do que outros empregados. E algumas companhias aéreas, como a Air France e a Southwest Airlines, cobram por dois assentos em vez de um se o passageiro em questão é grande demais para se sentar em um assento com o apoio do braço baixado.

Para uma pessoa obesa, poderia ser humilhante ter de ser confrontada com essa situação no balcão de embarque. Quando Kenlie Tiggeman[2] tentou comprar uma passagem no balcão da Southwest Airlines, lhe fizeram uma série de perguntas:

"Perguntaram-me que tamanho de roupas eu vestia e quanto eu pesava. Respondi na frente de um portão cheio de pessoas; algumas, inclusive, estavam acompanhando a conversa", disse Tiggeman.

Embora a política da Southwest possa fazer sentido econômico do ponto de vista de uma empresa, uma pessoa obesa poderia facilmente vê-la como baseada em uma animosidade.

Digamos que você seja o gerente de contratação de uma empresa de construção e está procurando por um capataz. Faz sentido para você recusar-se a entrevistar mulheres para o trabalho com base em sua crença de que um homem seria mais qualificado?[3] Afinal de contas, limitar o campo de candidatos àqueles que têm uma boa chance de se encaixar bem com o resto da sua equipe poupa — a você e aos demais candidatos — tempo, esforço e dinheiro. Esse é um argumento bastante razoável para a discriminação econômica, mas também é descaradamente sexista. Você simplesmente deixaria de entrevistar candidatas mulheres, da mesma maneira que os empregadores ignoraram John quando ele tentou entrar no mercado de trabalho acadêmico em 1995?

Considere outro tipo de discriminação — contra os homossexuais. Embora essa questão tenha se tornado mais pontual à medida que a sociedade norte-americana evoluiu, a discriminação antigay tem uma história longa e bem-documentada. As sociedades criminalizaram a homossexualidade por séculos, como Leonardo da Vinci descobriu quando foi preso por dormir com um garoto de programa. Os nazistas prendiam homossexuais, os castravam e os usavam como escravos e como material para os experimentos médicos nefandos do Dr. Mengele. Entre 1933 e 1945, a polícia alemã prendeu aproximadamente 100 mil homens apenas por serem homossexuais.[4]

Hoje em dia, apesar da persistência de discursos irados e sem fundamento contra os homossexuais por uma minoria cada vez menor, e apesar de muitos estados norte-americanos terem tornado ilegal o casamento entre pessoas do mesmo sexo, a homossexualidade não é mais considerada um crime nos Estados Unidos. Mas qual tipo de discriminação contra os homossexuais prevalece nos mercados? *É a discriminação baseada na animosidade que está por trás dos crimes de ódio e o isolamento social? Ou é o tipo econômico? Ou alguma combinação desses?*

Em nossa busca contínua para chegar ao fundo da discriminação, decidimos olhar para o comportamento das pessoas em um ambiente de mercado do dia a dia, propício e neutro — uma revenda de carros. Vendas de carros estão entre as transações mais comuns e importantes na economia para a maioria dos indivíduos, na medida em que aproximadamente 16 milhões de carros são vendidos anualmente nos Estados Unidos. Além disso, o que está em jogo tem um valor significativo, mas as transações são relativamente curtas, tornando-as o lugar perfeito para se realizar experimentos de campo nos quais os participantes não sabem que estão sendo observados.

VOCÊ VENDERIA UM CARRO PARA ESSES CARAS?

Compare os cenários a seguir:

Cenário A:

É uma manhã de outono ensolarada em uma concessionária da Toyota em Chicago, e os novos Corollas chegaram há pouco. Bernard, o vendedor, está confiante de que vai ganhar umas boas comissões naquele dia.

Em torno das 10 horas da manhã, dois jovens entram na revenda. Eles vão direto para o sedã Corolla CE azul reluzente no centro da loja.

"Tom", diz um para o outro, "eu não disse para você? Esse carro não é bonito demais? Olhe a cor!"

"Você está certo, Joe", diz Tom, espiando os assentos de couro cinza pela janela e observando o teto solar. "Acho que este será perfeito."

Enquanto os dois homens investigam o carro, Bernard se aproxima deles.

"Estou vendo que vocês gostaram desse carro", diz ele. "Olhem só."

Bernard mostra a eles os assentos aquecidos e outros acessórios, e então os convida para um café enquanto discutem as qualidades do carro.

Cenário B:

Na mesma manhã de primavera, Jerry e Jim entraram em uma concessionária da Honda na mesma rua. Quando chegaram à revendedora, deram as mãos em uma exibição aberta de afeto e caminharam até o novo Honda Civic CE no centro da loja.

"Sabe de uma coisa, Jer", disse Jim, inspecionando o adesivo listando os fatos, números e preços do carro. "Esse é realmente o carro certo para nós. Ele é compacto, econômico, e esses carros duram para sempre."

"É mesmo", diz seu companheiro, abrindo a porta do lado do passageiro e sentindo o cheiro do carro com entusiasmo. "E ele não tem um cheiro maravilhoso?"

O vendedor, George, observa o casal se derreter pelo carro por um minuto, pega um folheto, e então se aproxima deles.

"Parece que você realmente gostou desse carro", diz ele, friamente. "Ele acabou de chegar no mercado. É um negócio muito bom por esse preço. Aqui está um folheto. Já volto."

Nesse experimento, trabalhamos com nosso colega Michael Price designando pares de homens para fazerem o papel de nossos agentes secretos: homens heterossexuais agindo como amigos, homens heterossexuais como namorados, homens homossexuais agindo como amigos e homens homossexuais como namorados. Cada um desses pares visitou várias concessionárias de carros para negociar a compra de um carro novo. Cada "casal" negociou em diferentes concessionárias aleatoriamente determinadas, e cada concessionária foi abordada duas vezes. Observamos não apenas os tipos de ofertas que os vários "casais" receberam, mas também quantas vezes lhes foram oferecidas cortesias como um test drive e um café.

Nossos resultados mostraram que as pessoas agindo como casais homossexuais tiveram um tratamento pior. Muitas concessionárias rejeitaram ofertas de compradores que elas perceberam como homossexuais, aceitando ofertas *idênticas* dos nossos compradores heterossexuais. Mais de 75% das vezes, os vendedores orçaram preços iniciais mais altos para os casais homossexuais; quando estes pechinchavam mais, eles tinham uma chance muito maior de ser rejeitados, e os vendedores terminavam as negociações.

Ainda assim, esses resultados não eram consistentes em todos os lugares. Em algumas concessionárias, os casais homossexuais receberam o mesmo tratamento educado que as duplas heterossexuais. As revendedoras lhes ofereceram café, test drive e outras cortesias.

No fim das contas, o tratamento desses casais dependia muito da *raça do vendedor*. Descobrimos que vendedores pertencentes a minorias (sejam afro-americanos ou hispânicos) tinham muito mais chance de discriminar o casal homossexual do que seus colegas pertencentes à maioria (brancos). Quando um deles perguntava a respeito do valor de um carro, os vendedores pertencentes a minorias faziam ofertas iniciais que eram aproximadamente US$ 1.233 mais altas na média do que os vendedores pertencentes à maioria. Na realidade, vendedores pertencentes às minorias pareciam querer limitar o seu contato com os clientes homossexuais, não oferecendo test drive ou a oportunidade de comprar um carro mais barato — implicando que eles se sentiam tão desconfortáveis com os casais que estavam dispostos a abrir mão de uma bela comissão em troca de não precisar lidar com eles. (Isso não significa que *todos* os vendedores pertencentes a minorias agiram desse jeito; apenas que a maioria deles o fez.)

Seria de se pensar que pessoas pertencentes a minorias poderiam ser mais tolerantes em relação a diferenças entre as pessoas, mas descobrimos que acontece o oposto. Eles tinham mais chance de abrir mão dos incentivos para vender o carro quando os compradores estavam agindo como um casal. Uma possibilidade para esse achado é de que pessoas pertencentes a minorias têm uma probabilidade maior de se identificarem como religiosas, e muitas religiões veem a homossexualidade como algo errado. Pessoas religiosas, de acordo com algumas evidências de pesquisas, têm mais chance de acreditar que a orientação sexual é uma escolha, em vez de algo geneticamente determinado. De acordo com uma pesquisa de 2007, conduzida pelo Fórum sobre Religião e Vida Pública do Pew Research Center, norte-americanos negros "são marcadamente mais religiosos em uma série de medidas em relação à população dos Estados Unidos como um todo".[5] (Essa sugestão é relacionada com uma linha de pesquisa, incluindo a nossa própria, mostrando que os indivíduos têm mais preconceito em relação àqueles que sentem que têm uma "escolha" em condições como a obesidade e a homossexualidade — condições que pessoas preconceituosas acreditam ser controláveis.)

Será que descobriríamos o mesmo tipo de discriminação em relação à raça — algo que claramente não é uma escolha da pessoa?

VAMOS FECHAR NEGÓCIO

Mais uma vez, mandamos vários homens saírem para comprar um carro, mas dessa vez eles não estavam posando como amigos ou como um casal e, sim, operando sozinhos e com instruções dadas por nós. Todos eram de meia-idade; metade eram negros e metade, brancos. Para se ter uma ideia das condições, compare os dois cenários a seguir, observando as diferenças:

Com um preço base de US$ 55 mil, o BMW 335i 2012 é caro, mas é uma beleza. Um lindo conversível vermelho vinho com rodas de liga leve de aros duplos e assentos de couro preto; ele é realmente uma obra de arte automotiva.

O vendedor, um rapaz atlético chamado Richard, sorri para Jim.

"Bonitinho, hein? Gostaria de dar uma volta?"

"Claro", disse Jim friamente, tentando esconder a sua empolgação. "Isso vai ser divertido."

Enquanto Richard busca a chave, Jim pensa nos acessórios que encarecerão o preço final — assentos aquecidos, direção ativa, rodas de liga leve, quem sabe faróis de alta definição que sua esposa apreciaria naquelas noites escuras e chuvosas de inverno.

Richard volta com a chave, e Jim assume a direção. Enquanto o conversível sai do estacionamento e se dirige para a autoestrada, Richard avalia seu cliente. Um homem branco com uns 48 anos, Jim usa uma calça cáqui e um casaco de inverno verde sobre uma camisa de lã xadrez.

"Há quanto tempo você está procurando um carro?", pergunta Richard.

"Há um tempo agora", diz Jim, abrindo um largo sorriso. "Andei pensando a respeito de um presente de aniversário para minha esposa. Ela sempre sonhou com um desses."

"Posso só imaginar a cara que ela vai fazer quando abrir a porta e vir esse carro no quintal de casa", disse Richard.

Enquanto eles dirigem, Richard faz algumas perguntas educadas a Jim a respeito de sua esposa e família.

Após o test drive, Richard oferece um café para Jim e uma cadeira confortável no seu cubículo. Jim diz que ele está pronto para fazer negócio. Após uma longa negociação, sai o negócio: Jim pagará US$ 60.925 pelo carro.

* * *

Agora imagine o mesmo cenário exatamente nas mesmas condições. A única diferença dessa vez é que Jim é um homem negro.

Eis a questão: quanto Richard pede ao homem negro para pagar pelo carro? Mais? O mesmo? Menos?

Nós descobrimos que, na compra de carros mais sofisticados, homens negros recebiam ofertas finais que eram aproximadamente US$ 800 mais altas do que as cotações que os homens brancos recebiam.

Esse é o mesmo tipo de discriminação que vimos no experimento com os homossexuais? Por que os vendedores tratam os clientes afro-americanos que procuram carros caros comparativamente mal? Por que havia uma probabilidade menor de lhes oferecer um test drive ou um café? Para descobrir isso, realizamos outro conjunto de experimentos.

* * *

Bob acredita que o novo Toyota Corolla é um carro bacana. O preço pedido é US$ 16.995. Ele quer colocar na negociação o seu Pathfinder 2007, que o *Kelly Blue Book* listou a quase US$ 10 mil. Só quer se livrar da Pathfinder, então está pronto para abrir mão dela por menos do que poderia vendê-la por conta.

Enquanto ele inspeciona as rodas reluzentes, o vendedor encosta ao seu lado.

"Legal esse carro", diz Bob. "Posso levá-lo para um test drive?"

"É claro. Esse é o único que sobrou na loja", responde o vendedor. "Meu nome é Tony." O vendedor estende a mão com simpatia, e Bob o cumprimenta. "Já venho. Você pode levá-lo para uma volta."

Quando Tony retorna com a chave e abre as portas, Bob se acomoda no assento do motorista, apreciando a sensação do couro suave e cinza, assim como o cheiro de carro novo.

Enquanto ele deixa o estacionamento da concessionária, Tony tenta adivinhar que tipo de cliente ele tem na mão. Bob é um homem negro que parece ter pouco mais de 40 anos. Ele usa calça jeans e um casaco de inverno comum sobre uma camisa de flanela vermelha.

"Então, há quanto tempo você está procurando um carro?", pergunta Tony.

"Já faz um tempo agora", diz Bob. "Precisamos de um modelo melhor, e eu queria um carro novo dessa vez, não mais um usado."

Após o test drive, Bob diz que ele está pronto para fechar o negócio. Após uma longa negociação, o acordo sai: Bob pagará US$ 400 acima do preço (US$ 19.295) menos US$ 8 mil pela Pathfinder.

***

Agora, imagine exatamente o mesmo cenário exatamente nas mesmas condições. A única diferença dessa vez é que Bob é um homem branco.

Eis a questão: qual homem conseguirá a melhor oferta?

Nesse caso, nenhum dos dois — ambos conseguem chegar à *mesma* oferta. Não encontramos diferença nos preços orçados entre os pesquisadores quando negociando modelos *mais baratos* como o Toyota. O fato de que os preços orçados dos vendedores para carros mais baratos foram os mesmos independentemente da raça dos clientes sugeriu que os vendedores estavam exercendo a discriminação econômica em busca de seus lucros. Isto é, os vendedores discriminam quando acham que a cor da pele do comprador potencial indica que ele possa ter menos chance de comprar o carro caro. Eles não discriminam quando acham que os compradores, para além da cor, têm a mesma chance de comprar o carro mais barato.

Explicando melhor a questão: supomos que os vendedores talvez tenham achado que os homens brancos tinham mais chance de comprar carros mais caros, então eles doaram aquele tempo a mais para bater um papo, oferecer-lhes café e por aí afora — como Richard fez com Jim. Nesse caso, os vendedores simplesmente reagiram aos incentivos que havia diante deles. Eles também estavam dispostos a negociar mais com os compradores brancos, acreditando que o processo levaria a um negócio fechado.

Em outras palavras, se você é intolerante, vai agir consistentemente como uma pessoa intolerante. Mas, se discrimina somente quando acha que isso vai aumentar seus lucros, você está se engajando em uma discriminação econômica. Tal discriminação pode muito bem ser pouco ética e injusta, e, no caso dos vendedores de BMW, você está tratando algumas pessoas mal baseado em sua raça, porém, ainda assim, não é animosidade.

DISCRIMINAÇÃO E POLÍTICA PÚBLICA

Você se lembra da observação de Archie Bunker a Sammy Davis Jr. que mencionamos na introdução: "Quanto a você ser negro, bem, isso eu sei que você não teve escolha. Mas por que você virou judeu?"[6]

Como sugerimos, nossa pesquisa aponta para uma conclusão interessante: com base em tudo que estudamos, descobrimos que a animosidade apresenta sua face feia mais vezes *quando o discriminador acredita que a pessoa que ele está julgando tem uma escolha quanto ao assunto.*[7] Por exemplo, ao ver uma pessoa que é obesa, alguns de nós atribuímos seu tamanho à falta de autocontrole. Se olharmos para uma pessoa que é homossexual assumida, alguns de nós atribuímos essa característica à escolha. Mas as pessoas não podem fazer muito em relação à sua raça ou gênero (a não ser que elas sejam transgênero, é claro).

Esses achados são consistentes com o que os psicólogos denotaram como teoria da atribuição — isto é, fazemos inferências a respeito de outras pessoas em um esforço para explicar causas ou eventos para nós mesmos. Atribuímos causas para a obesidade, a homossexualidade, a criminalidade, e daí em diante, com base nessas inferências, quando na realidade não sabemos nada sobre o indivíduo em questão. Quanto melhor conhecemos outra pessoa, menor a chance de atribuirmos estereótipos a ela.

Agora vamos revisitar a questão da importância de saber a motivação subjacente de por que as pessoas discriminam. Que diferença faz esse conhecimento? Afinal de contas, de qualquer maneira, as pessoas estão se comportando de maneira injusta e discriminatória.

Nossa resposta é simples: não podemos começar a formular uma legislação séria para abordar a discriminação até compreendermos suas fontes. O fato de a animosidade, embora perigosa, estar diminuindo, enquanto a discriminação econômica está aumentando, é uma informação importante para o legislador. E, embora as políticas de combate à discriminação continuem a mudar, sabemos pouco sobre a relação entre as intervenções dessas políticas e os dois tipos de discriminação.

Por anos, o governo norte-americano tem codificado e criado regras que proíbem a discriminação baseada na animosidade. A Ação Afirmativa é possivelmente a política pública mais vezes usada para lutar contra a discriminação. O termo Ação Afirmativa entrou na discussão pública nos Estados Unidos no início dos anos 1960; ele se refere a normas que buscam reduzir o preconceito contra determinados estereótipos e compensar esses grupos que historicamente foram discriminados com base na religião, raça ou gênero. Esse tipo de política não é restrito aos Estados Unidos. Por exemplo, a África do Sul pós-*apartheid* adotou uma política de "Amplo Fortalecimento Econômico Negro", que introduziu a exigência de representação mínima de empregados negros que as empresas tinham de cumprir.

De certa maneira, a Ação Afirmativa é o oposto do Jim Crow, *apartheid* e outras políticas terríveis que historicamente discriminaram várias minorias e as mantiveram afastadas de empregos desejados. Os apoiadores da Ação Afirmativa propõem reverter o efeito dessas políticas danosas, aumentando a participação de grupos pouco representados em profissões desejadas. Essa inversão certamente fazia sentido nos anos 1960 e 1970, quando a animosidade contra as minorias era forte.

Hoje em dia nós avançamos, como sociedade, para formas mais sutis de discriminação. Um dos problemas com a Ação Afirmativa, dizem alguns oponentes, é que, embora a meta de promover a igualdade nas sociedades seja algo justo, tais políticas não são mais necessárias, levando-se em consideração os avanços que as mulheres e as minorias fizeram nos últimos cinquenta anos.

Um exemplo dos problemas associados às políticas da Ação Afirmativa tem a ver com as inferências erradas que as pessoas podem fazer em relação ao sucesso de uma minoria focada pela iniciativa. Pense, por exemplo, em uma mulher afro-americana muito inteligente e trabalhadora que se forma em uma renomada escola de direito. Na ausência de uma política de Ação Afirmativa, as pessoas atribuiriam seu sucesso ao forte conjunto de habilidades. Mas, na presença de uma política de Ação Afirmativa, as pessoas podem atribuir seu sucesso à intervenção do governo. Pensariam que ela se formou por ter sido favorecida, nem tanto por seu esforço e capacidade.

Como uma reação a esse tipo de objeções, em alguns estados norte-americanos a Ação Afirmativa não é mais legal. Por exemplo, a Proposição nº 209 na Califórnia hoje em dia barra o tratamento preferencial de mulheres e minorias nas admissões em escolas públicas, contratação pelo governo e celebração de contratos.

Se a banca avaliadora da admissão de candidatos de uma universidade não aceita uma mulher negra talentosa porque, todos os outros atributos sendo iguais, ela simplesmente não gosta de sua raça ou gênero, uma política de "discriminação inversa" como a Ação Afirmativa é provavelmente uma boa solução. Mas se a razão para não admiti-la é baseada na discriminação econômica — por exemplo, se a banca de admissão acredita que ela não terá sucesso —, então a Ação Afirmativa não é a maneira certa de ajudá-la. A discriminação é baseada no cálculo "meio econômico" da universidade: eles querem que os estudantes melhores se formem, e acreditam que ela tem menor probabilidade de ter um bom desempenho. Nesse caso, a solução é mudar a análise de custo-benefício que esses comitês seguem. Por exemplo, se você é o candidato, deve tentar sinalizar que é realmente capaz de prosseguir no programa de graduação conseguindo boas notas nas matérias mais difíceis do curso. Essa é uma prescrição diferente do que nos casos em que a discriminação é baseada no ódio.

Nossa pesquisa sugere que as velhas ferramentas das legislações para combater a discriminação moderna no mercado de trabalho, como cotas de contratação e Ação Afirmativa, são antiquadas e mal orientadas, pois não lidam com os problemas reais da discriminação hoje em dia. Em vez disso, lidam com o tipo errado de discriminação, não o que é prevalente e está crescendo — a discriminação econômica dos dias de hoje.

COMPRE ATÉ CAIR MORTO

O enigma que propomos no capítulo anterior, "Quais palavras podem terminar com a discriminação moderna?", tem uma solução simples:

"Vou fazer três orçamentos hoje."

Como aprendemos no experimento envolvendo motoristas deficientes físicos, isso funciona quando a pessoa que oferece o serviço ou produto está engajada em discriminação econômica. Apenas para se divertir, da próxima vez que você estiver comprando em uma loja em que seja possível pechinchar, diga à vendedora: "Vou fazer três orçamentos hoje." Usando essa simples frase, você pode mudar completamente a percepção da vendedora sobre os incentivos que ela tem diante de si. Em vez de tentar obter um lucro enorme tentando vender algo para você, ela vai recuar e lhe passar um preço razoável, tendo em vista que compreende que de outra maneira a concorrência pode lhe oferecer algo melhor.

Considere o exemplo a seguir. Alguns anos atrás, quando Uri estava dando uma aula sobre negociação em Cingapura, ele precisou comprar uma lente nova para sua câmera Nikon. Ele seguiu para a área comercial da cidade onde havia montes de lojas de câmeras, a maioria das quais oferecia grandes ofertas. Ao entrar na primeira loja, pediu ao vendedor "uma boa lente para sua câmera Nikon".

O vendedor explicou quais eram as opções e os detalhes de cada uma, então indicou-lhe uma lente que achava ser a melhor. Ele queria US$ 790 por ela. Quando Uri deixou a loja, o vendedor o seguiu, perguntando a Uri quanto ele estava disposto a pagar.

Agora, sabendo mais sobre as lentes específicas de que precisava, Uri podia comprar com convicção. Entrando em várias outras lojas, ficou sabendo exatamente por que queria essa lente em particular. Quanto mais aprendia a respeito do que queria, melhores ofertas recebia. No fim, Uri passou pela última loja e pediu por uma Nikon Nikkor AF-S 55–300 mm f/4.5–5.6 ED VR High Power Zoom Lens, DX, e comprou a lente por US$ 328. Nenhuma negociação foi necessária.

O que aconteceu? O primeiro sujeito queria cobrar US$ 790 porque viu que Uri não fazia ideia do que estava pedindo. O último vendedor compreendeu que Uri sabia o que estava buscando, então lhe ofereceu um preço muito mais baixo. O mau atendimento dado pelo primeiro vendedor não tinha nada a ver com ele não gostar de Uri: ele simplesmente o classificou como um cliente desinformado e tentou tirar o máximo de dinheiro dele.

A moral dessa história é simples: se você quiser reduzir a discriminação econômica enquanto faz uma compra, verifique se tem informações suficientes a respeito dos valores ofertados e informações sobre o produto para contra-atacar. Quando fizer isso e sinalizar para a outra parte, mudará dramaticamente os incentivos do vendedor para discriminar.

* * *

Se pudéssemos usar uma varinha mágica sobre os legisladores de maneira que eles colocassem nossos achados para funcionar na prática, eles se concentrariam menos na animosidade e mais em políticas que ajudassem aquelas pessoas sujeitas à discriminação econômica. Para fazer isso, precisariam realizar mais experimentos de campo para provocar as várias formas de discriminação econômica nos seus mercados de interesse. Com base nessa pesquisa, poderiam então fazer um trabalho melhor de assegurar que os trabalhadores tivessem um acesso igual aos empregos. Poderiam trabalhar com o intuito de garantir que os consumidores tivessem acesso igual aos produtos. Quando os compradores tentassem um financiamento para a compra de sua casa própria, eles deveriam poder sinalizar a sua solvabilidade em condições de igualdade. E os legisladores poderiam assegurar que, à medida que mais transações comerciais fossem feitas on-line, os preços fossem justos e transparentes para todos.

O nosso amigo na Universidade de Chicago, Richard Thaler, teve uma boa ideia de como implementar isso. Na sua coluna no *New York Times*, chamada "Show Us the Data. (It's Ours, After All)"*, ele escreveu: "As empresas estão acumulando quantidades enormes de informações sobre seus gostos e aversões. Mas elas não estão fazendo isso somente porque você é interessante. Quanto mais souberem, mais dinheiro podem ganhar."[8] Isso pode ainda não ter problema algum; afinal, por que elas não deveriam coletar informações e ganhar dinheiro com isso? Porém não é tão legal as empresas se aproveitarem dos consumidores ao usar essas informações. A solução sugerida por Thaler é a aprovação de uma lei pelo Congresso exigindo que as empresas lhe deem acesso a esses dados. Uma vez que você tenha acesso a eles, poderá ver o que está sendo usado contra você e poderá encontrar um produto ou serviço que sirva melhor às suas necessidades. Se as empresas tiverem de compartilhar seus dados, elas terão muito mais dificuldade em usá-los contra você. Thaler argumenta que essas empresas estão tornando nossas escolhas tão complicadas que não podemos ser consumidores informados sem os dados.

A solução de Thaler é um bom começo. Mas, se você quiser realmente parar com essa discriminação, precisa não somente ter acesso aos seus dados, mas também compreender como essas empresas estão fazendo uso deles.

* * *

Em última análise, uma compreensão mais profunda dos mecanismos da discriminação só pode ajudar a tornar o mundo um lugar melhor. Como Gary Becker observou em seu discurso no banquete do Prêmio Nobel de 1992:

---

*"Mostre-nos os dados. (Eles são nossos, no fim das contas)", em tradução livre. (*N. do T.*)

"A economia certamente não proporciona uma visão romântica da vida. Mas a pobreza, a miséria e crises disseminadas em muitos lugares do mundo, grande parte delas desnecessárias, são fortes lembretes de que compreender as leis econômicas e sociais pode proporcionar uma enorme contribuição para o bem-estar das pessoas." Esperamos que você tenha agora uma compreensão melhor da discriminação e de como os incentivos estão criticamente vinculados ao comportamento preconceituoso.

No capítulo a seguir, explicaremos outras maneiras nas quais esforços de políticas públicas para melhorar a sociedade podem ser aplicados de modo mais inteligente.

8. Como podemos nos salvar de nós mesmos?

Usando experimentos de campo para informar situações de vida e morte

É uma tarde no fim de setembro de 2009, e os estudantes da Fenger High School na região de South Side, em Chicago, atravessam um estacionamento de concreto vazio a caminho de casa. Alguns vivem no conjunto habitacional de Altgeld Gardens. Outros vivem em uma parte do bairro violento de Roseland (também conhecido como "The Ville"). Alguns dos estudantes dessas duas áreas diferentes desenvolveram forte antipatia uns em relação aos outros, embora os grupos sejam mais "panelinhas" do que gangues.

Enquanto os adolescentes atravessam o estacionamento, uma briga começa. Garotos dos dois grupos, assim como outros estudantes que passavam por ali, se envolvem na confusão. Alguém pega um celular e começa a gravar um vídeo de 15 a 20 garotos batendo uns nos outros. A luta é confusa, e a altercação não parece diferente das brigas induzidas pelos hormônios que ocorrem nas escolas de ensino médio por toda parte nos Estados Unidos. Após aproximadamente um minuto de vídeo, alguém descobre dois pedaços de pau largados no estacionamento. Eugene Riley, usando uma jaqueta de motociclista vermelha, pega um dos pedaços grandes de madeira de um amigo e o acerta como um taco de beisebol na parte de trás da cabeça de Derrion Albert, um estudante popular em sua escola.

"Caramba!", exclama alguém.

Aos gritos, os garotos começam a correr, alguns na direção do tumulto, e outros se afastando dele. Derrion tenta ficar de pé, mas leva socos e pontapés enquanto alguém grita:

"Oh, meu Deus, olha isso!"

Derrion tenta proteger a cabeça.

A câmera se afasta do estacionamento vazio e volta para a rua. Um homem de uns 30 e poucos anos, sem camisa, encara um adversário muito mais jovem que ameaça acertá-lo com um pedaço de pau. O homem mais velho tem braços que parecem troncos de árvores. O garoto faz um cálculo rápido e decide apenas lançar a madeira no homem e sair correndo. A câmera volta para o estacionamento. Derrion ainda está no chão, indefeso, olhando sem expressão para a câmera. Seus agressores voltam a espancá-lo por mais 10 segundos e então fogem. O garoto que filma e alguns outros correm até Derrion. Alguém diz:

"Levante-se, garoto."

Seus amigos o tiram do chão e o levam para um centro comunitário adjacente ao estacionamento vazio. Eles gritam seu nome, desesperados para que ele responda. Após mais dois minutos de vídeo, você finalmente ouve uma sirene.[1] Derrion morreu horas depois.

A morte brutal de Derrion, assistida milhares de vezes no YouTube, foi mais um exemplo terrível da violência que continua a ameaçar a juventude das grandes cidades, juntamente com altas taxas de uso de drogas, desemprego, gravidez na adolescência, evasão escolar e obesidade. Por décadas, os legisladores tentaram quase tudo para abordar esses problemas, mas mesmo quando as taxas de criminalidade caíram, nunca ficou claro quais políticas ajudaram e quais foram apenas um desperdício de dinheiro.

Desesperados para tentar novas alternativas, legisladores, como o então prefeito de Chicago, Richard Daley, e Ron Huberman, nos procuraram.

"Por que nós não sabemos o que funciona?", perguntou Ron.

Nossa resposta foi simples: nós não experimentamos o suficiente nessa área para compreender o que funciona e por quê.

Há, no entanto, um antecedente para esses tipos de experimentos sociais em larga escala que Ron tinha em mente que fizéssemos. Muitos ocorreram nos anos 1960, especialmente de 1963 a 1968, quando Lyndon Baines Johnson foi presidente. Durante a era LBJ, cientistas sociais buscaram respostas para questões como "Qual é a maneira ideal para se fornecer seguro-saúde?".[2] Os estudos resultantes foram incrivelmente influentes, mas, quando o apoio federal para eles acabou, a probabilidade era muito maior de que os pesquisadores voltassem sua atenção para os computadores e seus laboratórios, deixando os grandes experimentos sociais para trás. Apenas recentemente os acadêmicos começaram a se reunir novamente *en force* com os legisladores para testar o impacto de intervenções de políticas em larga escala sobre o comportamento.

* * *

Não levou muito tempo para o vídeo de três minutos do assassinato de Derrion chegar ao público. Ele passou nos canais de notícias em Chicago; o vídeo vinha junto com praticamente todas as reportagens on-line relacionadas com o assassinato. Voyeurismo? Certamente. Mas o vídeo ajudou a identificar os assassinos, e os promotores conseguiram condenações em cinco casos. Os réus receberam penas que variaram de sete a trinta anos de prisão. Mesmo com bom comportamento, é provável que Eugene Riley passe a maior parte da vida atrás das grades. Cinco condenações também são um custo importante para a sociedade. Em Illinois, o custo por pessoa de um encarceramento gira em torno de US$ 40 mil ao ano, e estima-se que o custo de um homicídio para a sociedade seja de bem mais de US$ 1 milhão em custos médicos, investigações, taxas legais e encarceramentos.

Como podemos gastar os dólares de contribuintes para reduzir mais efetivamente a violência armada entre os adolescentes?

O PROSPECTOR DE DADOS

Ron Huberman trabalhou como um dos servidores públicos mais brilhantes em Chicago (ou talvez em qualquer parte). Um ex-policial bonito, com uma voz grave e homossexual assumido, Huberman nasceu em Tel Aviv em 1971, o segundo filho de dois sobreviventes do Holocausto que foram para Israel bem pequenos após a maior parte das suas próprias famílias ter perecido. Seus pais se mudaram com ele e seu irmão mais velho para Oak Ridge, Tennessee, quando Huberman tinha 5 anos. Sua mãe, uma pianista que chegara a tocar em concertos e linguista, foi trabalhar na escola local, onde ensinava línguas estrangeiras. O pai, um prolífico e brilhante biólogo celular, aceitou um emprego no governo fazendo pesquisa sobre o câncer.

"Meu pai tinha um monte de ofertas para trabalhar para empresas farmacêuticas", relembra Huberman, "mas escolheu fazer uma pesquisa médica para o governo, ganhando menos do que conseguiria de outra forma porque achava que isso poderia fazer alguma diferença para as pessoas. Acho que essa decisão me levou a ter meu próprio sentido de serviço público e desejo de contribuir para a sociedade".

No ensino fundamental, Huberman não era um estudante muito sério, mas conseguiu boas notas no ensino médio e entrou na Universidade de Wisconsin, onde estudou inglês e psicologia. Após se formar, seguiu para a academia de polícia, tornou-se policial em 1995 e foi trabalhar na madrugada de Chicago. Estar na força policial, ele se lembra, deu-lhe um assento na primeira fila para observar o que funciona e o que não funciona em uma grande cidade propensa à violência.

Os assassinatos em Chicago aumentaram muito ao longo dos anos; a década de 1990 se provou uma das piores no índice de homicídios na cidade. Em 1992, ocorreram 943 assassinatos em uma cidade com menos de 3 milhões de pessoas, resultando em uma taxa de homicídios de 34 por 100 mil. Em 1999, 6 mil pessoas na cidade de Chicago levaram tiros. Dessas, mil morreram. Respondendo a chamadas de tiroteios em conjuntos habitacionais públicos, Huberman afirma que pode ver então "o grau até o qual as pessoas simplesmente tornam-se resignadas ao horror. Não havia uma noite em que alguém não levava um tiro ou era morto. O sentimento de indignação moral da comunidade desapareceu por trás de uma espécie de fadiga, na medida em que os tiroteios não paravam".

* * *

Tendo visto tantas pessoas jovens morrerem, Huberman sentia que devia haver uma maneira mais inteligente de fazer as coisas. Ele começou a se perguntar quais alavancas poderiam ser intensificadas e puxadas para tornar a força policial mais efetiva. A polícia não podia fazer grande coisa para mudar a situação sozinha; ela estava na maior parte do tempo respondendo ao crime em vez de evitá-lo. Então, Huberman decidiu voltar a estudar durante o dia e se graduar em duas disciplinas absolutamente diferentes — alguns poderiam dizer até opostas: serviço social e administração.

Logo depois disso, Huberman foi promovido no departamento de polícia para o posto de superintendente assistente de polícia. Um dos seus primeiros projetos de pós-graduação foi levar a força policial para a era da informação, desenvolvendo o equivalente a um sistema de registro eletrônico médico.

"Antes desse sistema, tudo era feito no papel", lembra. "Se uma agressão ocorria, a testemunha diria: 'O cara tinha uma tatuagem de um coelhinho no ombro.' O investigador tinha então de ir até o porão e passar horas olhando para centenas de formulários em papel cor-de-rosa em busca de descrições de agressões, e tentar encontrar uma ou duas daquelas tatuagens de coelhinho mencionadas. Levava uma eternidade para conseguir informações suficientes sobre suspeitos suficientes para formar um alinhamento de identificação ou para identificar padrões de crimes."

A força não tinha os milhões de dólares que seriam necessários para transformar essa bagunça em um banco de dados eletrônico em tempo real, então Huberman saiu para a rua de chapéu na mão à procura da empresa de software gigante Oracle e persuadiu-os a desenvolvê-lo, dizendo-lhes que poderiam seguir em frente então e vender o sistema para outras forças policiais no resto do país. A Oracle fisgou a isca e colocou US$ 10 milhões para fazer o trabalho. Huberman deu a eles a informação de que eles precisavam para construí-lo; uma campanha de doações casadas arrecadou o restante do dinheiro.

O Citizen and Law Enforcement Analysis and Reporting System (também conhecido como CLEAR) mudou a equação do crime em Chicago. Hoje em dia, quando ocorre uma agressão, a vítima diz ao policial que o sujeito tinha uma tatuagem de coelhinho no ombro e, consultando esse dispositivo eletrônico, o policial pode identificar prováveis criminosos no próprio local. Os comandantes também podem enviar estrategicamente policiais para locais perigosos onde um crime tem mais chance de ocorrer. O CLEAR permitiu que os comandantes da polícia testem suas hipóteses regularmente. As reduções de crimes, por exemplo, têm mais sucesso por meio de prisões relacionadas com drogas ou com gangues? Os dados mostram quais policiais são mais efetivos na redução do crime, e os policiais são promovidos com base nesses dados. Hoje em dia, acreditamos que, em parte por causa de esse sistema, os tiroteios em Chicago caíram em dois terços desde que o CLEAR entrou em funcionamento em 1999.

CULTIVANDO A CALMA

Após estabelecer o CLEAR, Huberman rapidamente implementou sistemas similares em outras organizações governamentais municipais grandes, complexas e culturalmente complicadas. Após o 11 de Setembro, o dia em que todas as grandes cidades no país foram colocadas em alerta máximo, o então prefeito Richard Daley decidiu colocar Huberman de imediato no comando de uma série de desafios de gerenciamento de grandes sistemas. Quando apontou Huberman, o prefeito Daley disse:

"Eu tenho a mais absoluta fé nele. Posso dormir à noite, e apenas fechar meus olhos. Não tenho de me preocupar com Ron Huberman."

Huberman se tornou a própria versão de Chicago do Super-homem, atacando um grande e espinhoso problema depois do outro e saindo vencedor em cada caso. Huberman começou com o gerenciamento de emergência. Seu trabalho: coordenar as agências protegendo a cidade de ataques terroristas, crises de saúde pública e desastres naturais — e descobrir uma maneira de lidar com as mais de 21 mil chamadas para o telefone de emergência todos os dias. Ele criou um centro de comando integrado para coordenar todos os recursos da cidade durante crises — um sistema que o ministro da Justiça norte-americano, Michael Chertoff, chamou de "revolucionário". Em seguida, em 2005, Huberman foi trabalhar como chefe de gabinete do prefeito Daley, sendo encarregado de acabar com a corrupção e incrementar a prestação de contas da cidade. Então, reformou a Secretaria de Transporte de Chicago, melhorando e muito a qualidade do serviço prestado e renegociando acordos de negociação coletiva para todos os 21 sindicatos ligados à Secretaria. Em seu tempo livre, lançou o maior programa de contratação de ex-presidiários no país.

Todos esses sistemas se basearam na mesma metodologia de rastreamento estatístico, prospecção de dados, que caracterizou o CLEAR. Em cada caso, Huberman reuniu equipes de pessoas que pensavam de modo parecido e com diferentes formações disciplinares em vários departamentos. Juntos, criaram sistemas de rastreamento estatístico quantitativos e detalhados que muitas vezes inseriam dados além das fontes tradicionais de governo e que apresentavam metas de desempenho claras para as pessoas em todas as áreas do governo municipal.

Em 2009, não muito tempo depois do assassinato de Derrion Albert e da ida de Arne Duncan, então responsável pelo ensino público de Chicago, para o cargo de secretário de educação no mandato do ex-presidente Obama, Huberman assumiu o trabalho de Duncan como CEO. Pouco depois de assumir o trabalho, Huberman começou a atacar o problema dos tiroteios entre adolescentes. Com a ajuda do dinheiro do estímulo federal, lançou um programa chamado Cultura da Calma. O programa era focado em um punhado de escolas de alto risco de Chicago e lançou toda sorte de intervenções que eles podiam pensar sobre elas. Os pesquisadores examinaram atentamente tudo o que colocava os garotos em uma situação de risco de violência, da maneira que os estudantes eram disciplinados ao design dos acessos às escolas. Os professores se esforçaram mais com os estudantes em situação de risco. Mais conselheiros escolares foram contratados. Assim que as crianças em situação de risco receberam a atenção de que precisavam, a cultura das escolas começou a mudar. Mas, para realmente alterar o panorama, algo mais era necessário.

Entra Kanye West, o famoso rapper e produtor musical. Se existe alguém que é um motivador para os garotos negros das grandes cidades, é ele. Um homem negro bonito, corajoso, sincero e com um queixo pronunciado que prefere usar uma saia de couro e um capuz quando se apresenta, West colecionou montes de prêmios com seus cinco álbuns solo, todos os quais ganharam disco de platina; ele também é um dos artistas digitais com melhor vendagem de todos os tempos.[3]

Falando com Huberman a respeito de um incentivo com West como atração, decidimos que um show íntimo com a superestrela (que daria o show *pro bono*) realmente chamaria a atenção dos garotos nas 32 escolas mais violentas. Então oferecemos o prêmio de um show privado para a escola que mudasse mais profundamente sua cultura para melhor. Toda escola tinha o próprio comitê de Cultura da Calma, e a competição foi acirrada.

A Farragut High School, a vencedora do prêmio, passou por uma transformação enorme como resultado do programa da Cultura da Calma. Localizada na região Sudoeste de Chicago, a população da escola é aproximadamente 70% hispânica e 30% afro-americana. Antes de o programa Cultura da Calma ter começado, os corredores ficavam cheios de garotos comportando-se agressivamente entre si — empurrando e esbarrando, lançando insultos e às vezes socos. Os únicos adultos visíveis eram guardas de segurança que perambulavam pela escola e que literalmente empurravam os garotos pelas portas das salas de aula quando as sinetas tocavam.

Os estudantes da Farragut High começaram formando um comitê da Cultura da Calma compreendido por líderes estudantis — não apenas o presidente da turma e o grêmio estudantil, mas garotos "influentes" que jogavam futebol, e por aí afora. Coube ao comitê decidir as regras básicas, e eles também concordaram em duas exigências importantes e de grande alcance: uma melhoria acentuada na frequência escolar dos alunos e uma redução dos incidentes baseados na violência não apenas na escola, mas fora também.

Motivados pelo prêmio da competição, os garotos colocaram as mangas de fora, pressionando seus colegas. O incentivo funcionou como mágica. Enquanto todas as escolas no programa Cultura da Calma mostraram reduções dramáticas na violência e um aumento na frequência, Farragut relatou que os incidentes de problemas de conduta caíram incríveis 40%.

É claro, o show, realizado no ginásio da Farragut em junho de 2010, foi fabuloso. West trouxe junto dois outros artistas adorados — Lupe Fiasco, que cantou seu sucesso "Superstar", seguido por outra superestrela, Common, que cantou "Universal Mind Control". Então veio West, e os estudantes enlouqueceram. Para eles, foi uma noite inesquecível.

Mas, no fim das contas, o incentivo do show não foi o que realmente transformou as coisas. A oportunidade de ver West, na realidade, legitimou o que os garotos já queriam: um lugar seguro para aprender.

"Eles queriam vê-lo, mas, ainda mais importante, eles se sentiram livres para se posicionar e dizer: 'Nós queremos uma escola segura'", diz Huberman.

Para esse fim, os estudantes tiveram um sucesso além de seus sonhos mais ambiciosos. Em todas as 32 escolas no programa, a cultura permaneceu calma. Os professores estão nos corredores; os garotos não começam brigas. E os incidentes violentos, como os tiroteios, caíram em 30%.

Então, essa foi a única solução de Huberman? No fim das contas, essa foi apenas a ponta do iceberg.

OPERAÇÃO SERVIÇO SECRETO DAS ESCOLAS PÚBLICAS DE CHICAGO

Um mês depois de Derrion Albert ter sido assassinado, Huberman estava sentado em uma mesa em um auditório da escola confrontando uma sala cheia de pais e professores irados. Eles tinham vindo para convencê-lo a desistir da ideia de gastar extraordinários US$ 60 milhões em um programa experimental de dois anos para reduzir a violência nas escolas, enquanto o resto do orçamento estava sendo simplesmente cortado ao mínimo possível. Alguns professores haviam perdido seus empregos; outros enfrentavam salas de aula superlotadas. E os pais de estudantes que não estavam correndo perigo não compreendiam por que tanto dinheiro estava sendo desviado para uma ideia não testada para ajudar os garotos "ruins" a mudarem suas vidas.

Huberman desafiou a assembleia.

"O que é mais importante, reduzir o tamanho da turma ou salvar vidas?", perguntou ele.

Em um ano típico, destacou, mais de 250 estudantes levaram tiros e, em média, trinta desses tiroteios foram fatais. Como ex-policial, ele havia testemunhado pessoalmente tragédias demais, e elas o tinham abalado. Além disso, argumentou, que garotos em escolas perigosas não podiam se concentrar nas aulas de qualquer maneira, pois tinham algo muito mais importante, como a possibilidade de serem assassinados, em sua mente. Após um tiroteio, a frequência caía em 50%.

"Se você é um garoto sensato e motivado, e um tiroteio ocorre próximo da sua escola, você arrisca sua vida ou a ficar para trás em sua turma?", perguntou Huberman. "E se você é professor em uma dessas escolas, e metade dos seus garotos não aparece, você os ensina novamente quando os garotos assustados voltam, e atrasa todo o restante da turma? O que é necessário para romper esse ciclo?"

Huberman conseguiu convencê-los, embora muitos pais continuassem a questionar sua sabedoria — argumentando que os programas acadêmicos estavam sendo sucateados. Talvez o aspecto mais corajoso do plano de Huberman fosse um programa que identificaria os garotos que estavam correndo mais risco — aqueles que tinham mais chance de se envolver em um crime armado. O programa combinaria um estudante em situação de risco com um defensor muito bem-pago, que, nas palavras de Huberman, "agiria como um mentor, defensor e adulto engajado que serviria como uma figura paterna para os jovens". Para dar início ao projeto, Huberman nos fez esta pergunta: *Das setecentas escolas e mais de 400 mil estudantes, como vamos descobrir quem tem mais chance de fazer parte de um crime armado?* Ele pensou que, se essa questão pudesse ser respondida, então o sistema poderia intervir efetivamente. Sem essa informação, o sistema fracassaria com certeza, concluiu ele.

Então, partimos para o trabalho. Primeiro, nossa equipe de pesquisa olhou para dados retrospectivos cobrindo quinhentos tiroteios entre setembro de 2007 e outubro de 2009. Queríamos ver se podíamos decifrar quais fatores mais colocam os garotos em risco.[4] O que encontramos?

O primeiro fator parece ser absolutamente óbvio: ser do sexo masculino. A raça também exerce papel predominante, com os hispânicos e afro-americanos correndo riscos muito parecidos, mas a um nível muito mais alto que os caucasianos. E então havia as questões comportamentais (mau comportamento na escola, participação anterior em tiroteios, pontuações em testes, progresso em direção à formatura, suspensões, histórico de encarceramento, e por aí vai). Desses, o previsor mais forte era ter passado tempo em um centro de detenção juvenil. Esse grupo tinha taxas de vitimização mais de dez vezes mais altas do que as de um estudante caucasiano e seis vezes mais altas do que o hispânico ou afro-americano típico do sexo masculino.

Também descobrimos que episódios de mau comportamento graves, faltas às aulas, detenção juvenil e ser mais velho (isto é, ter repetido um ano) eram fatores particularmente nocivos para os estudantes afro-americanos do sexo masculino, e suspensões e faltas às aulas eram fortes previsores para os hispânicos. Por exemplo, um estudante no primeiro ano do ensino médio de 17 anos corria consideravelmente mais risco do que um estudante do mesmo ano de 15 anos. Além disso, ficamos sabendo que os crimes envolvendo tiroteios aconteciam tipicamente nas horas antes ou depois da escola — um fator que explicava por que muitos garotos que iam bem em outras matérias não passavam em matérias dadas no primeiro e último períodos. Não apareciam por que estavam com medo das gangues que se reuniam nessas horas.

No fim das contas, nossos filtros eram bastante precisos, especialmente considerando que um tiroteio envolve apenas um número reduzido de garotos. De todos os estudantes nas escolas públicas de Chicago, descobrimos que aproximadamente 10 mil de 410 mil (ou 2,5%) dos estudantes corriam sério risco de violência armada. A maioria desses estudantes em situação de risco que estudava em uma das 32 escolas em bairros violentos era composta de hispânicos ou afro-americanos e tendia a viver na pobreza. Dos 410 mil garotos, 1.200 estudantes se encaixavam no modelo para risco muito alto. Eles precisavam passar por uma intervenção, e rápido.

* * *

Agora que havíamos identificado os estudantes em situação de risco maior, o próximo passo era colocá-los junto a mentores por meio de um programa chamado Youth Advocate Programs, Inc. (YAP). Um dos mentores do YAP é Chris Sutton, um afro-americano de 40 anos, casado, pai de dois filhos, proprietário de um lava-rápido de carros e formado em marketing. Sutton descreve seu trabalho difícil em cinco palavras:

"Eu mantenho meus clientes vivos."

YAP paga entre US$ 12 e US$ 30 por hora para cada um dos seus cinco clientes/estudantes, então ele ganha entre US$ 60 e US$ 150 por hora no total. O pagamento certamente é bom — sim, ele é "suficiente" para incentivá-lo —, mas é um trabalho perigoso, 24 horas por dia, e ele diz que o dinheiro não é o principal motivador. Sutton realmente quer ajudar garotos em situação de risco; ele sabe que, se fossem deixados sozinhos nas ruas, com certeza morreriam. Então ele deixa seus jovens clientes na escola de manhã e os pega à tarde — as duas vezes em que a violência na escola está no seu pico. Ele os leva para o trabalho, e então para jantar e para casa à noite. Está ao alcance do telefone o restante do tempo.

Um dos clientes mais recentes em situação de risco altíssima era um rapaz negro impulsivo chamado Darren que se encaixava de maneira quase perfeita em todos os nossos critérios para tornar-se vítima de um tiroteio. Os pais de Darren eram viciados que tinham cumprido pena na prisão.

"Se você vive cercado por pessoas que estão sempre fazendo a coisa errada, você precisa ser dez vezes mais forte para fazer a coisa certa", observa Sutton.

Todos os amigos de Darren abandonaram a escola no ensino médio, e como Darren se viu tantas vezes metido em confusões, ele faltou muito às aulas, tornando-o mais velho do que os colegas de sua série. Ele estava em condicional por trazer uma arma carregada para a escola. Vive com um pai adotivo em Englewood, uma parte muito perigosa de Chicago, onde carros passando e atirando são uma ocorrência diária.

"É como o Velho Oeste por lá", diz Sutton.

Darren é inteligente e trabalhador, contratado do município, limpa bueiros e parques, algo que conseguiu pelo YAP. Infelizmente, tem o hábito de desperdiçar seu salário em apostas, e tem sido uma luta para ele compreender que todas as suas ações impulsivas têm consequências. Como Darren suspeita, e muito, das instituições e dos adultos, Sutton teve de ser muito cauteloso para conquistar sua confiança.

"Você tem de agir como um agente secreto com garotos como ele", diz Sutton. "Tem de se vestir como se vestem, ouvir a mesma música, e atentamente. Você consegue informações sobre os garotos realmente problemáticos, e alerta os diretores da escola sobre eles para que possamos trazê-los para o YAP também."

Embora o programa realmente salve vidas, ser mentor nele é um trabalho muito arriscado. Um dia, Darren e outros garotos do YAP com Sutton cruzaram, pelo visto, a linha errada. Darren começou uma discussão com outro garoto, e um membro de um grupo rival acabou entrando na confusão. Logo as balas estavam zunindo. Darren e outro estudante foram atingidos. Sutton reclinou o assento no carro, ligou para a emergência e rezou.

A boa notícia é que Darren sobreviveu ao tiroteio. Conseguiu se formar no ensino médio. Para seu próprio espanto, chegou a conseguir nota 80 em música, e diz para Sutton que não teria conseguido isso sem a ajuda que o YAP proporciona. E Darren prossegue em seu trabalho para a cidade.

"Se garotos como Darren conseguem seguir estudando e terminar o colégio, eles estarão preparados para ter um trabalho em tempo integral, desde que consigam um após se formarem", diz Sutton. "Não podemos fazer testes para eles, mas podemos fornecer transporte seguro, ajuda para o estudo e orientação. E finalmente podemos deixá-los por conta própria."

O programa YAP certamente é caro — custa em média US$ 15 mil por estudante, mas não é nada comparado ao custo do encarceramento, e para aqueles que ele ajuda, parece seguir fazendo efeito. Até o momento, embora na maioria dos resultados que mensuramos os garotos do YAP não sejam diferentes dos garotos do grupo-controle, nenhum dos garotos do YAP bem-sucedidos se envolveu em problemas sérios após se formarem; a maioria deles, incluindo Darren, apresentou uma melhora imensa no comportamento.

Mesmo assim, o YAP não pode salvar todos os garotos em situação de risco em Chicago, e o dinheiro é sempre apertado, particularmente para grupos experimentais. Mesmo se tiverem sorte suficiente para qualificarem-se para o YAP, muitas crianças, enfrentando dificuldades tremendas em suas vidas, simplesmente desistem e o abandonam. Precisamos continuar a aprender o que funciona para esses garotos.

A MATADORA SILENCIOSA: OBESIDADE

Garotos em idade escolar — não apenas em Chicago, mas por todo o país — enfrentam outra grande ameaça: o perigo da obesidade, cujo índice quase triplicou desde 1980. De acordo com os Centros para Controle e Prevenção de Doenças, 17% das crianças dos 2 aos 19 anos e uma em cada sete crianças de baixa renda em idade pré-escolar são obesas hoje em dia. Obviamente, esses garotos estão passando tempo demais no sofá e não se exercitando suficientemente. Além disso, estão comendo alimentos processados e altamente gordurosos — não apenas em casa, mas também na escola.

Chamamos a obesidade de a "matadora silenciosa", porque a maioria das pessoas simplesmente não compreende quão profundo é o problema. Um estudo de 1999 que apareceu no *Journal of the American Medical Association* concluiu que cerca de 280 mil a 325 mil adultos norte-americanos morrem a cada ano por causa da obesidade. Isso significa uma pessoa a cada um ou dois minutos, ou quase quarenta mortes por hora. Esse índice de mortes excede muitos outros matadores bem conhecidos, como fatalidades causadas por motoristas alcoolizados e pelo câncer de mama.

A maioria dos adultos mal se lembra — ou reprimiu — o que as "senhoras do refeitório" usando redes de cabelos e jalecos brancos nos serviam no refeitório da escola. Eram "hambúrgueres" feitos de uma substância marrom muito estranha, que lembrava carne, pressionada entre duas fatias de pão branco. Cachorros-quentes com mais pão do que qualquer outra coisa e uma salsicha minúscula escondida dentro. Batatas fritas murchas. Alface ensacada, que passava por uma porção de vegetais, encharcada de molho temperado. Purê de batatas instantâneo misturado com um molho não identificável e recheado com miúdos de aves em cubos. O tipo de coisa que você não daria para o seu cachorro, mas pais de norte-americanos, ou o governo, pagam para suas crianças comerem.

Numa noite em março de 2010, milhões de telespectadores ligaram a televisão para ver Jamie Oliver, o famoso *chef* britânico, enlouquecer em um refeitório de uma escola na cidade de Huntington, Virgínia Ocidental, conhecida como a cidade menos saudável dos Estados Unidos (porque metade de seus adultos é obesa). A meta era melhorar o que a cidade colocava na sua boca coletiva. Oliver disse que não gostava do que estava vendo. Pizza para o café da manhã, seguida de um almoço de nuggets de frango?

De maneira pouco surpreendente, as senhoras do refeitório ficaram na defensiva. Por que Oliver estava implicando com elas e não com seu chefe?

"Essas coisas são estabelecidas mensalmente por uma análise nutricional das refeições", disse uma senhora, apontando para o rótulo em um pote de nuggets de frango congelados que Oliver havia arrancado do seu freezer bastante decepcionado.

"O primeiro ingrediente é carne branca de frango."

No entanto, quando Oliver seguiu a lista de ingredientes, ficou difícil encontrar outro nome pronunciável. A maior parte da lista era composta de produtos químicos impronunciáveis projetados para melhorar coesão, frescor, mastigação, textura e resistência ao congelador da substância que lembrava frango, incluindo coisas como benzoato de sódio, butil-hidroquinona terciária e dimetilpolissiloxano. Oliver segurou um nugget no alto.

"Vocês comeriam isso?", perguntou às senhoras. "Sim", respondeu uma delas. "É gostoso!"

A Associação de Nutrição Escolar Norte-Americana ressentiu-se das acusações de Oliver e emitiu uma nota à imprensa contrapondo-se, argumentando que uma pesquisa de 2009 de mais de 1.200 distritos escolares por todo o país "encontrou que quase todos distritos escolares oferecem aos estudantes frutas e vegetais frescos, laticínios de baixo teor de gordura, produtos integrais e bufê de saladas ou saladas pré-embaladas". A maioria das escolas ainda prepara inteiramente seus itens nas próprias cozinhas, e os distritos escolares estão oferecendo mais refeições vegetarianas e alimentos produzidos no local. Os programas de nutrição escolar reformularam os itens favoritos das crianças para tornarem-nos saudáveis, como pizza preparada com farinha integral, queijo com baixo índice de gordura e molhos com pouco sódio.[5]

Obviamente, algo se perdeu entre as senhoras do refeitório em Huntington, a Associação de Nutrição Escolar e Oliver. Mas, para seu crédito, o governo federal norte-americano está de fato (lenta e dolorosamente) tentando melhorar as coisas a um custo de quase US$ 1 bilhão em gastos anuais. Em 2011, o Ministério da Agricultura norte-americano (US Department of Agriculture — USDA) reformou suas diretrizes nutricionais escolares pela primeira vez em 15 anos. Mas, em novembro do mesmo ano, o Congresso obrigou um recuo em alguns dos padrões de almoço escolares mais saudáveis do USDA, limitando algumas das políticas agressivamente pró-saúde do USDA (levando os comediantes dos programas de televisão noturnos a brincar com a ideia de que o molho de tomate na pizza e as batatas fritas ainda deveriam ser considerados vegetais). Apesar desse revés, um porta-voz da Associação de Nutrição Escolar diz que eles esperam que a maioria das escolas continue a seguir as diretrizes do USDA para a elaboração de refeições mais saudáveis.

Apesar de todas as boas intenções, eis o grande problema: a maioria dos garotos ainda prefere batatas fritas e pizza a espinafre e maçãs. Embora muitas escolas tenham tentado introduzir opções saudáveis, como uma fruta em vez de um doce, as crianças tendem a não escolhê-las — e, mesmo que escolham, acabam não comendo. Alguns pais fazem um esforço enorme para despertar em seus filhos um amor por brócolis e arroz integral, apenas para se verem derrotados pela influência das filas nos caixas de supermercados e parentes, amigos e vizinhos bem-intencionados, mas desinformados.

Fora o fato de seus paladares terem sido estragados, as crianças enfrentam outro problema, é claro: elas não têm perspectiva de longo prazo, como discutimos no capítulo 4. O Popeye comia espinafre, mas se você disser a uma criança "coma os seus vegetais porque eles são bons para você, isso vai fazê-la crescer grande e forte", você encontrará um olhar vazio. As crianças não pensam sobre sua saúde futura (ou qualquer coisa futura, com a possível exceção de seus aniversários).

No capítulo 1, falamos a respeito de usar incentivos para fazer as pessoas se exercitarem mais, mostrando que pagar os estudantes para visitar a academia por um mês provocou uma mudança em seus hábitos. Será que o mesmo tipo de incentivo funcionaria aqui? *O que seria necessário para fazer com que as crianças escolham frutas em vez de biscoitos?* Para descobrir isso, trabalhamos com o Depósito de Alimentos de Chicago para estabelecer um estudo envolvendo mil crianças em idade escolar na área de Chicago, onde trabalhamos com programas de alimentação pós-escolar para ver o que poderia fazer com que as crianças escolhessem uma alimentação saudável. Em nosso experimento, primeiro dissemos às crianças em um grupo:

"Hoje nós temos algumas sobremesas extras. Vocês gostariam de um biscoito ou desses damascos secos?"

Previsivelmente, 90% das crianças escolheram os biscoitos.

Em seguida, elas receberam alguma educação nutricional, na qual foram ensinadas sobre a importância de comer frutas e vegetais saudáveis e realizaram exercícios divertidos, como desenhar suas próprias pirâmides alimentares. Após o programa, oferecemos a elas a mesma escolha — biscoitos ou frutas? Para nossa (previsível) contrariedade, o programa nutricional não fez a menor diferença em suas preferências. As crianças ainda escolheram os biscoitos.

Então, tentamos outro tratamento ainda, no qual contamos para um grupo diferente de crianças:

"Vocês podem escolher um biscoito ou uma fruta. Se escolherem a fruta, ganham um prêmio!" (Os prêmios eram um patinho de borracha em cores de frutas, uma pulseira, uma caneta estampada com as palavras "coma bem para ficar forte" ou um chaveiro de frutas.) Dessa vez, 80% das crianças comeram a fruta, em comparação com apenas 10% quando nenhum prêmio foi oferecido. Ficamos impressionados com o que aconteceu quando combinamos o programa educacional com os prêmios. Quando voltamos, uma semana mais tarde, 38% das crianças ainda estavam escolhendo e comendo as frutas — demonstrando que algumas delas já estavam começando a adquirir alguns bons hábitos mais a longo prazo.[6]

Uma abordagem ligeiramente diferente produziu um resultado ainda mais positivo. Recuamos alguns passos para pensar o que acontece nos supermercados.

"O trabalho de embalagem e colocação dos produtos é algo que todo supermercado faz", observa Ron Huberman. "Por que não aplicar isso aos alimentos institucionais?" (É verdade: se você colocar os alimentos saudáveis sob boa iluminação, em um lugar atraente e acessível, e colocar as coisas menos saudáveis nos corredores, mais pessoas seguirão para as "áreas saudáveis".)[7]

Começamos eliminando as escolhas ruins e substituindo-as por escolhas mais saudáveis, mas — e isso é importante — não paramos aí. Uma inovação foi substituir as batatas chips na frente da fila do almoço por sacos de maçãs cortadas. O truque funcionou, acredita Huberman, porque as fatias de maçã empacotadas eram menos desencorajadoras do que escolher uma maçã gigante com casca que fica presa nos aparelhos, e porque dificultamos o acesso às batatas chips. Elas e os biscoitos foram colocados em um lugar onde as crianças tinham de pedir para a funcionária do refeitório para ter acesso. Quem quer pedir para a senhora amarga do refeitório alguma coisa? Nós mudamos efetivamente o custo do consumo. Como disse Huberman:

"Dificulte para eles pedirem um biscoito e facilite para pegarem a maçã fatiada. Simples assim."

O truque? Mais uma vez, tudo é adaptação — combinar a educação nutricional com as escolhas saudáveis e certificar-se de que essas escolhas tenham um apelo muito maior do que as menos saudáveis fará a diferença.

CUTUCÕES *VERSUS* ABORRECIMENTOS PARA SALVAR VIDAS

Uma semana antes do Dia de Ação de Graças em 2012, o sogro de John, Gary Einerson, de 73 anos, encontrava-se em uma cama na Unidade de Terapia Intensiva do hospital da Universidade de Wisconsin, enquanto a morte esperava pacientemente por sua última respiração. Gary fora um atlético jogador universitário de basquete de 1,85 metro e 90 e tantos quilos, e tinha a fama de ser um diretor de escola seríssimo que fazia as coisas acontecerem na Deforest High

School, logo depois de Madison. Esperando um transplante de fígado, Gary tinha emagrecido para apenas 62 quilos. Os médicos disseram que, se ele não conseguisse um fígado compatível em poucos dias, não ia sobreviver. Mas ele teve sorte: um fígado, possivelmente de um garoto morto em um acidente de carro próximo de Madison, chegara bem a tempo. O transplante foi bem-sucedido, e Gary voltou para casa para comemorar o Dia de Ação de Graças. Receptor de órgãos mais velho na história do hospital, atualmente Gary está ganhando peso e passa bem.

De acordo com o site do governo norte-americano [organdonor.gov], 18 pessoas morrem todos os dias enquanto esperam por um órgão; um único doador de órgãos pode salvar até oito vidas. Sem dúvida, você já ouviu os apelos emotivos sobre a necessidade de doadores de órgãos. Eles são mais ou menos assim:

> Minha prima Janice, mãe de duas crianças, descobriu que precisava de um rim novo. Duas vezes por semana, ela tinha de passar por hemodiálise. Entrou imediatamente em uma fila de espera para receber doação de órgãos. Se ela não conseguisse um rim novo, morreria. Duas vezes durante o período de um ano, ela recebeu um telefonema dizendo que o rim de um doador estava disponível. Mas esses órgãos não eram compatíveis, então ela teve de seguir esperando e esperando, ficando cada vez mais doente durante esse processo. Um dia, ela recebeu outra chamada. Dessa vez, o rim era compatível. Uma mulher havia morrido em um acidente de carro, e era uma doadora de órgãos. O rim dessa mulher generosa salvou a vida de Janice.

Dada a necessidade de órgãos, os legisladores em alguns estados norte-americanos e mundo afora tornaram mais fácil localizar doadores.[8] Quando você vai realizar alguns negócios oficiais, como conseguir renovar sua carteira de motorista, você pode dar sua "autorização" (o que significa que consente explicitamente em ser um doador) ou sua "desautorização" (se você não se recusar, será um doador à revelia). Fortes evidências sugerem que políticas de desautorização à revelia aumentam as taxas de consentimento. Por exemplo, países com políticas de desautorização, como a Áustria, têm índices de doadores mais altos — índices que chegam a 99%, enquanto países com políticas de autorização, como a Alemanha, veem índices de doadores de aproximadamente 12%.[9]

Esse tipo de sistema de desautorização à revelia é um exemplo perfeito do que o nosso colega, o economista comportamental Richard Thaler, chama de um "cutucão". Um cutucão é simplesmente uma maneira de provocar pequenas mudanças para melhor no comportamento de uma pessoa sem que ela se dê conta disso. Em seu livro *Nudge*, que Thaler escreveu com Cass Sunstein, professor de direito de Harvard, os autores apontam mudanças de políticas que coagiram sutilmente as pessoas a fazerem escolhas mais inteligentes, como facilitar para as crianças escolherem frutas ou salada em vez de biscoitos ou batatas chips.

Embora um sistema de desautorização tenha funcionado de maneira bastante efetiva em vários cenários (e soa como uma grande maneira de conseguir órgãos que salvam vidas para pessoas que precisam deles), o problema em cativar pessoas dessa maneira é que algumas acham isso enganoso. As pessoas que fazem objeções a essa prática podem pensar que, se serão generosas o suficiente para doar seus rins preciosos após um acidente fatal, seria educado pelo menos lhes pedir de antemão para fazer uma promessa explícita, em vez de implícita.

Em 2007, formamos uma equipe com Dean Karlan, da Universidade de Yale, para ver se seria possível aumentar os índices de doadores mesmo se fôssemos explícitos a respeito disso.[10] No nosso caso, decidimos ver o que poderíamos fazer para aumentar as doações de córneas, que estão em falta. Trabalhamos com uma organização sem fins lucrativos chamada Donate Life, cuja missão é aumentar a doação de órgãos, e fizemos um experimento que colocou os "cutucões" contra uma abordagem diferente — "aborrecimentos".

Incidentalmente, o estado de Illinois havia introduzido há pouco um novo sistema de registro de doadores. As pessoas que haviam se registrado previamente como doadoras de órgãos precisavam se cadastrar mais uma vez em consequência de uma mudança na lei. Então, realizamos um teste no qual nossos assistentes de pesquisa falaram com mais de quatrocentos lares em vários bairros por toda Chicago. Os estudantes disseram às pessoas que, devido a um novo registro de motoristas, elas infelizmente talvez não estivessem mais cadastradas. Então, os estudantes lançaram a grande pergunta: "Você gostaria de receber informações para se tornar um doador de órgãos?"

Se optassem por receber informações, as pessoas preenchiam um formulário com seu nome, endereço, gênero, data de nascimento, e por aí afora. Entre aquelas que perguntamos, 24% se inscreveram, proporcionando-nos nosso grupo de linha de base.

Mas, e se mudássemos a opção à revelia e os lares tivessem de desautorizar-nos a fim de *não* receber informação alguma? Em outro tratamento, as pessoas que não queriam receber informações tinham de preencher o mesmo formulário com seus nomes, endereços, e por aí afora, se quisessem desautorizar o recebimento das informações. Dessa vez, 31% das pessoas que questionamos se inscreveram. A impressão que ficamos foi de que mudar a opção à revelia foi o suficiente como incentivo para conseguir que mais pessoas participassem.

Ainda em outro teste, fizemos as pessoas preencherem um formulário muito mais curto. Na realidade, tudo que as pessoas tinham de fazer era escrever seus nomes para receber informações da Donate Life. Dessa vez, 32% das pessoas se inscreveram para receber as informações. Esse resultado mostrou que ainda poderíamos conseguir mais doadores dessa maneira do que pedindo diretamente para as pessoas autorizarem o recebimento das informações.

Os resultados mostraram que reduzir os aborrecimentos — e poupar tempo e incômodo às pessoas — funcionou um pouco melhor que os cutucões, o que significa que não precisamos necessariamente usar a opção de autorização à revelia para conseguir o mesmo nível de sucesso quando inscrevendo as pessoas. Podemos ser explícitos e ainda assim alcançar índices de inscrição melhores.

Esses resultados têm implicações potencialmente importantes além da doação de órgãos. Por exemplo, os norte-americanos não poupam o suficiente para sua aposentadoria. Para aumentar os índices de poupança das pessoas, muitos argumentam que o truque da opção à revelia pode funcionar bem. Nossos resultados sugerem que simplesmente reduzir os aborrecimentos e explicar as regras para se fazer uma poupança, de maneira clara e simples, pode proporcionar um truque semelhante. Da mesma maneira, reduzir os aborrecimentos com o intuito de ajudar as pessoas a fazerem a escolha certa de um plano de saúde pode ser uma "mão na roda" para que elas se inscrevam. (É claro, precisaríamos fazer mais experimentos de campo para ver se esses incentivos poderiam funcionar.)

UMA AMEAÇA PARA TODOS NÓS: AQUECIMENTO GLOBAL

O aquecimento global representa uma das maiores ameaças aos seres humanos. O furacão Sandy, que devastou faixas enormes de Nova York, Nova Jersey, Pensilvânia e outras áreas, foi apenas um aperitivo do que parece ser uma refeição completa e interminável de desastres relacionados com o clima vindo em nossa direção. De acordo com a Avaliação Nacional do Clima divulgada em janeiro de 2013, "determinados tipos de eventos climáticos se tornaram mais frequentes e/ou intensos, incluindo ondas de calor, chuvas pesadas e, em algumas regiões, enchentes e secas. O nível do mar está subindo, os oceanos estão se tornando mais ácidos e as geleiras do oceano Ártico estão degelando".[11] Em uníssono, os especialistas dizem que o futuro trará verões mais quentes e secos; tempestades mais chuvosas e mais devastadoras; quedas de energia e transporte; e que haverá um caos nas provisões de alimentos e água.

Para combater esse cenário, inventores do mundo todo estão trabalhando duro para desenvolver novas tecnologias que possam ajudar a mitigar o problema do aquecimento global. Mas às vezes é difícil conseguir que as pessoas adotem essas tecnologias. Como os experimentos de campo podem ajudar?

Buscando uma resposta, conduzimos um experimento de campo que girou em torno de lâmpadas. Atualmente, apenas aproximadamente 11% dos bocais em potencial têm lâmpadas fluorescentes compactas, ou LFCs. Proteger o meio ambiente, é claro, tem muito a ver com as pequenas mudanças que todos nós fazemos em nossas vidas. Na realidade, se todos os lares nos Estados Unidos substituíssem apenas uma lâmpada incandescente, evitaríamos 4 bilhões de quilos de emissões de gases de efeito estufa por ano, equivalentes aos gases lançados por aproximadamente 800 mil carros, e pouparíamos US$ 600 milhões em custos de energia.[12]

Com essa questão em mente, o presidente George W. Bush assinou o Energy Independence and Security Act, em 2007. A lei estipulava, entre outras coisas, que as lâmpadas incandescentes antigas tinham de ser abandonadas, pois não eram eficientes em termos de consumo de energia. Infelizmente, suas substitutas — lâmpadas fluorescentes compactas, ou LFCs — não funcionavam tão bem assim, pois tremeluziam, seu desempenho era problemático e não funcionavam bem no frio. Elas continham mercúrio, o que as tornava difíceis de serem jogadas fora e um problema se quebrassem. Ressentindo-se das novas lâmpadas, um monte de gente saiu loucamente para comprar as lâmpadas antigas e armazená-las.

A qualidade das LFCs melhorou muito desde 2007, mas muitas pessoas ainda implicam com elas, e alguns no Congresso querem proibi-las. Então, o que seria necessário fazer para que as pessoas superassem os preconceitos e trocassem para LFCs? No fim das contas, esse é um processo mais complexo do que você poderia pensar, pois envolve uma combinação de pressão dos pares e política de preços.

Uma ferramenta persuasiva e importante na mudança de comportamento é a aplicação de "normas sociais" — isto é, dicas sutis para "não ficar para trás dos vizinhos", que fazem com que as pessoas sigam as outras. Dicas de normas sociais estão por toda parte. Quando todos os outros pais chegam na hora para buscar seus filhos da creche, isso é uma dica de norma social. Quando você vê um comercial na televisão dizendo que "7 em cada 10 clientes concordam" que determinado tipo de cereal, pasta de dente, carro ou qualquer outro item é bom, isso é uma dica. E quando você vai ao banheiro de um hotel e vê uma placa que diz "73% dos hóspedes que ficaram neste quarto reutilizaram as toalhas", isso é outra dica.[13]

Outra coisa que leva as pessoas a tentar algo novo é, obviamente, o bom e velho dinheiro. Para descobrir qual combinação de dinheiro e pressão social funcionaria para fazer com que as pessoas trocassem de lâmpadas, trabalhamos com David Herberich e Michael Price em um grande experimento de campo no qual pesquisadores estudantes — nossos agentes secretos — bateram à porta de quase 9 mil lares nos subúrbios de Chicago.[14]

Às pessoas que os atenderam foram oferecidos até dois pacotes de LFCs para comprar. As lâmpadas custam entre US$ 3,75 e US$ 7,15, mas estabelecemos nosso preço-base em US$ 5 por lâmpada. Também tentamos vendê-las a US$ 1 a lâmpada — aproximadamente o mesmo preço de uma lâmpada ultrapassada. Além disso, os estudantes trabalharam em vários lares exercendo pressão social, dizendo, por exemplo: "Você sabia que 70% dos lares norte-americanos têm pelo menos uma LFC?", ou, se eles quisessem realmente apertar os parafusos da pressão social, diziam: "Você sabia que 70% dos lares que nós pesquisamos *nesta área* são proprietários de pelo menos uma LFC?"

Descobrimos que existem duas maneiras de induzir as pessoas a comprarem LFCs. Uma delas é baixar o preço. A maioria das pessoas acredita que o governo deve subsidiar as LFCs de maneira que elas custem tanto quanto as lâmpadas tradicionais. Infelizmente, isso não vai acontecer quando os orçamentos dos governos estão diminuindo. Nossos resultados, de maneira pouco surpreendente, mostram que essa abordagem poderia funcionar. Uma segunda maneira de fazer com que as pessoas comprem LFCs é lhes dizer que os vizinhos as usam. Lembrar às pessoas o que os vizinhos fazem funcionou de uma maneira que foi aproximadamente equivalente a uma queda em 70% no preço de US$ 5 a lâmpada. De maneira importante, quando voltamos e oferecemos as LFCs a um preço baixo, descobrimos que as pessoas continuavam a comprar.

Então, eis a grande conclusão: se você quiser que as pessoas adotem novos comportamentos, a melhor ferramenta é uma combinação de normas sociais e política de preços, que funcionam como complementos e trabalham em conjunto. Comece com a pressão dos pares: as pessoas não querem ficar para trás ao se compararem com seus vizinhos, então informe-as sobre o que eles fizeram. Isso vai trazê-las para o mercado, de maneira que elas comprem suas primeiríssimas LFCs. Então, depois de se tornarem proprietárias, a pressão dos pares realmente não funciona tão bem. A essa altura, você precisa oferecer o produto a um preço mais baixo. Então elas comprarão números maiores ainda de LFCs.

Dessa maneira, a combinação de normas sociais e preços pode fazer o truque de convencer as pessoas a comprar produtos verdes. De maneira mais ampla, quando temos tecnologias verdes que prometem ajudar o meio ambiente, o governo (ou negócios) deve dar os primeiros passos no mercado com normas sociais. Após colher os benefícios da pressão social, mais pressão social não vai funcionar. É quando os preços entram em cena.

* * *

Não acontece muitas vezes de os economistas que estudam problemas endêmicos, como pobreza, moradores de rua, abuso de drogas e crime, terem a oportunidade de ir além da análise do que aconteceu no passado, e em vez disso se envolver na geração de modelos que poderiam ser implementados como políticas públicas. Então, quando temos a oportunidade de trabalhar com pessoas como Ron Huberman, que nos pediu para projetar incentivos adequadamente a fim de ajudar a solucionar muitos dos maiores problemas da sociedade, ficamos muito empolgados. Gostaríamos de ver muitos, mas muitos mais experimentos acontecerem.

Dirigentes públicos tipicamente se concentram nos programas que têm o maior impacto *médio*. Na realidade, no entanto, alguns programas funcionam muito bem para alguns e nem um pouco para outros. E se nós usássemos um bisturi nos problemas sociais em vez de um martelo? Dados dos nossos experimentos deixam claro que nenhum programa de reabilitação vai ajudar a todos. Talvez programas feitos sob medida como o YAP, em vez de aplicar uma solução única para todos, possam ser mais bem-sucedidos em transformar as vidas de pessoas em situação de risco, como os garotos que fazem parte de gangues em Chicago.

E se programas como a Cultura da Calma, por exemplo, pudessem ser reduzidos em sua escala, mas aplicados de maneira mais focada? Alguns estudantes podem reagir de maneira mais forte a incentivos como um show de Kanye West, por exemplo. Outros podem precisar de incentivos financeiros. A ideia seria fazer mais do que apenas identificar alguns estudantes em situação de risco, mas realizar uma série de testes que nos permitiria diagnosticar razões mais fundamentais para problemas comportamentais e prescrever intervenções baseadas nesse diagnóstico. Isto é, moldar a política para o indivíduo. Por exemplo, como podemos reduzir a transmissão da Aids, a gravidez na adolescência, a poluição e os índices de evasão escolar no ensino médio?

É claro, realizar grandes experimentos de campo demanda tempo, energia e coragem. Em épocas de orçamentos apertados, é difícil pensar a respeito sobre gastar dinheiro para conduzir experimentos de campo antes de aplicar políticas sociais. Mas essa é a maneira errada de pensar o assunto: apenas conduzindo pesquisas saberemos o que funciona, de maneira que possamos poupar dinheiro a longo prazo. E muitos experimentos podem ser feitos praticamente sem custo algum. Como Ron Huberman sabe, é possível utilizarmos pesquisas para melhorar os resultados para todos nós — de crianças e pobres à saúde do planeta.

9. O que realmente faz as pessoas doarem para a caridade?

Não apele para os corações das pessoas; apele para a sua vaidade

Quando você vê um morador de rua, ou o rosto desfigurado de uma criança na capa de um envelope, ou um voluntário do Exército da Salvação tocando a campainha no fim do ano, é bem provável que se sinta comovido a abrir a carteira. E se você é como a maioria dos norte-americanos, provavelmente doou tempo e dinheiro para causas valorosas mundo afora todos os anos.

Na realidade, os norte-americanos costumam ser um povo bastante generoso. Nove em cada dez pessoas nos Estados Unidos doam tempo ou dinheiro para pelo menos uma causa de caridade todos os anos. A doação para caridades por indivíduos no país está agora em mais de US$ 300 bilhões ao ano — aproximadamente o tamanho de todo o PIB da Grécia. Acrescente a isso as contribuições de caridade feitas por empresas e fundações, e esse número fica muito mais alto.[1]

No total, estamos falando de um montante gigantesco de dinheiro. Nos últimos quarenta anos, as fundações de caridade apareceram por toda parte. Embora essa tendência tenha aliviado a tensão sobre o governo federal norte-americano de fornecer esses bens públicos como ajuda aos pobres, uma questão segue em grande parte não respondida: *Por que, exatamente, nós doamos?*

A maioria das pessoas diria que elas doam porque querem ajudar os outros. Mas esse altruísmo é a única razão para a generosidade das pessoas? Nossa pesquisa revela que não. Na realidade, nossos múltiplos experimentos de campo com diversas causas de caridade diferentes — que envolveram comunicações com mais de 1 milhão de pessoas — apresentam sinais fortíssimos de que (prepare-se) nossas razões psicológicas para doar são muitas vezes mais egoístas que a maioria de nós gostaria de admitir.

Uma razão obviamente egoísta para doar é a isenção tributária que conseguimos ao fazê-lo. O governo norte-americano efetivamente subsidia as nossas doações para causas que vão desde leilões da igreja a salvar as baleias. Na realidade, mesmo na ausência de uma isenção tributária, as pessoas ainda assim vão gastar seu dinheiro conquistado com dificuldade para ajudar uma causa; normalmente, não pedimos o recibo de um morador de rua.

Então, se doamos por razões que não a pura generosidade ou isenção fiscal, quais são essas razões? Do ponto de vista de uma campanha para arrecadar fundos, essa é uma questão importante. Certamente, as pessoas que arrecadam dinheiro para a caridade precisam saber as motivações subjacentes para doar, por que os doadores seguem comprometidos com a causa e por que financiadores talvez parem de assinar os cheques. Organizações sem fins lucrativos também precisam saber como aumentar as doações, em especial em uma época de cortes importantes para serviços locais, estaduais e federais. Além disso, o governo norte-americano provavelmente ficaria interessado em descobrir se os bilhões de dólares que os cidadãos deixam de contribuir em seus impostos de renda fazem de fato algum sentido econômico. Se o governo fosse cortar as isenções fiscais para doações de caridade, será que as pessoas parariam de doar?

Como todo tipo de organização, aquelas sem fins lucrativos confiam na sua própria mistura peculiar de sabedoria convencional. Durante nossas viagens, percebemos que pessoas em todas as atividades profissionais tendem a seguir a sabedoria recebida dos tomadores de decisões anteriores, ou basear-se em "certezas íntimas", em vez de em dados verificáveis, para tomar suas decisões. No mundo filantrópico, por exemplo, angariar doações tem sido em grande parte uma questão de tradição e tentativa e erro. Quando programando a campanha de doações seguinte, as pessoas envolvidas na captação dos recursos contam com práticas passadas baseadas mais em casos do que em ciência.

Mas não importa se você administra uma caridade, uma corporação, uma oficina mecânica ou um negócio começando agora, em geral é uma tolice operar de acordo com a sabedoria convencional, particularmente quando as partes interessadas (empregados, as pessoas a quem serve e as que apoiam você financeiramente) contam com você para administrar os recursos de forma inteligente. Neste e no capítulo seguinte, colocamos o setor filantrópico sob o microscópio e testamos algumas maneiras-padrão de se exercer certas práticas.[2]

No entanto, nossos achados não se aplicam somente à caridade. Como você verá, eles têm implicações mais amplas para qualquer organização.

PLANTANDO SEMENTES

As origens da nossa pesquisa em filantropia encontram-se lá em 1997, quando John era um professor-assistente iniciante da Universidade da Flórida Central (UCF — University of Central Florida). Nessa época, John passava a maior parte do tempo testando teoria econômica, lentamente abrindo seu caminho na hierarquia do setor de pesquisas usando experimentos de campo no único mercado que ele conhecia realmente bem: coleções de figurinhas esportivas.[3]

Um dia, John foi contatado por Tom Keon, o reitor do curso de administração da UCF. Keon queria que a UCF se tornasse uma instituição de pesquisa de ponta. Keon estava convencido de que a única maneira de fazer isso era que cada departamento acadêmico no curso de administração escolhesse uma área para se especializar. Após o departamento ter feito sua escolha, ele investiria muitos recursos nessa área.[4]

Com formação em economia ambiental e experimental, John decidiu que uma de suas áreas deveria vencer a "competição". Após meses de disputa e campanha, o corpo docente votou de maneira quase unânime a favor da economia ambiental, com a economia experimental servindo como um forte complemento. Foi um grande dia para John e seus colegas, que comemoraram com cerveja e pizza.

Logo depois de o voto ter sido dado, Tom Keon revelou os encargos do vencedor.

"John, parabéns; sua área venceu. Decidi fazer isso realmente funcionar, precisamos iniciar um Centro para Análise de Políticas Ambientais (Center for Environmental Policy Analysis — CEPA, como foi chamado mais tarde). E você será responsável por ele."

John tremeu.[5]

"É claro, você terá de sair na rua e levantar o dinheiro para o projeto", explicou o reitor. "A universidade dará US$ 5 mil como capital-semente. Você terá de descobrir como usá-lo para angariar muito mais dinheiro."

John nunca estudara o setor público e não sabia nada sobre como arrecadar recursos, além de responder de vez em quando a alguns dos apelos comoventes que recebia regularmente na sua caixa de correio em casa. Então, decidiu pesquisar um pouco a respeito das táticas que poderia aplicar na utilização desse capital-semente para uma organização sem fins lucrativos no início de sua operação. Ele leu tudo que podia encontrar sobre o assunto, mas não existia nenhuma pesquisa quantitativa sobre quanto dinheiro era necessário para começar uma campanha. John encontrou poucas pesquisas rigorosas sobre o assunto. Ele teve, portanto, de fazer sua própria pesquisa. Quais eram as suposições sobre as quais esse mundo de arrecadação de fundos era construído? Decidiu conversar com especialistas no assunto em algumas das maiores instituições de caridade no mundo.

Uma tarde, viu-se batendo papo com um cavalheiro elegante de cabelos brancos em um traje de *tweed* que trabalhava para uma grande fundação de proteção de animais. A conversa seguiu mais ou menos assim:

JOHN: O reitor me deu US$ 5 mil como capital-semente. Quanto mais precisaremos para começar uma campanha de capital?

ELE: Ah. Há um truque infalível!

JOHN: Mesmo?

ELE: Sim. (Inclinando-se para a frente.) Você precisa de 33% da sua meta. Então, se você está tentando arrecadar US$ 15 mil, precisa de US$ 5 mil; 33% é a fatia mágica.

JOHN: Uau! Isso é ótimo, obrigado! Mas como você sabe que é 33%? Por que não 50% ou 10%?

ELE: Porque estou nesse negócio há muito, mas muito tempo, e é assim que é. São exatamente 33%. Se você começar a campanha com mais ou menos do que isso, ela não vai arrecadar tanto dinheiro.

JOHN: Mas como *sabemos* que esse é o caso? Quais são as provas disso? Não consegui encontrar nenhuma pesquisa sobre o assunto...

ELE: (Um pouco exasperado.) Eu sei porque aprendi com meu antigo chefe, que atua arrecadando fundos há muito tempo. É isso que sempre fazemos. Confie em mim.

JOHN: (Igualmente exasperado.) Mas como *ele* sabia disso?

Você pode imaginar para onde essa conversa se encaminhava. Esse sujeito bem-intencionado não havia tentado refletir muito seriamente sobre como angariar mais dinheiro. Ele sabia muito mais sobre como organizar um baile de gala de caridade do que inovar ao angariar fundos. Mas lá estava John, há apenas algumas semanas exercendo seu papel como angariador de fundos para caridade, e ele já parecia ter atingindo o limite do que alguns dos profissionais mais bem-sucedidos no segmento sabiam sobre capital-semente.

Tem algo "fora do normal" a respeito desse setor, pensou John. Mas as pessoas como o cavalheiro elegante eram inteligentes; o que estava faltando? John concluiu que eles não tinham usado experimentos de campo econômicos para estudar cientificamente as questões subjacentes à razão de as pessoas doarem. Um setor vibrante que era impelido por casos, não ciência. Isso era decepcionante, mas, para um jovem pesquisador, representava uma oportunidade única. Aqui havia um setor que poderia ser influenciado de maneira importante, assim como ajudado tremendamente, por experimentos de campo. Na cabeça de John, a meta final seria uma revolução científica que mudaria completamente a maneira como o setor filantrópico conduzia os negócios.

* * *

Antes de entrar na questão de como o capital-semente funciona, vamos imaginar um pequeno experimento apenas de brincadeira. As ideias a seguir são comuns no mundo da arrecadação de fundos, e elas são típicas das suposições que as pessoas fazem todos os dias. (Algumas delas funcionaram comprovadamente bem — as outras, nem tanto. Nos dois capítulos seguintes, você descobrirá quais truques em cada grupo se mostraram mais efetivos e por quê.)

Grupo A:

- 1:1 doações casadas ("Se você ligar agora, um doador anônimo imitará a sua doação dólar por dólar — dobrando-a!")
- 2:1 doações casadas ("triplicando a sua doação!")
- 3:1 doações casadas ("quadruplicando a sua doação!")

Grupo B:

- Loterias ("Se fizer uma doação, você colocará seu nome em uma loteria.")
- Reembolso e ofertas de descontos ("Se não conseguirmos arrecadar US$ 20 mil, você receberá a sua doação de volta!")
- Tontinas ("Quanto mais você doar, maior será o prêmio ao qual concorre!")

Grupo C:

- Solicitações de porta em porta
- Campanhas de mala direta com uma foto de um animal sofrendo ou uma criança e um envelope exterior que diz: "A sua doação pode salvar uma vida hoje!"
- "Nós temos US$ 5 mil em capital-semente. Ajude-nos a arrecadar US$ 25 mil!"

Quanto mais nos aprofundamos na questão, mais percebemos que todos tinham uma opinião a respeito do que funcionava e do que não funcionava. Mas havia poucas provas científicas apontando para *por que* as pessoas doam dinheiro para a caridade, ou por que respondem a esquemas de *marketing* como esses em geral. Pense a respeito disto: quantas vezes o setor de *marketing* e vendas usa táticas como essas para persuadir clientes potenciais a doarem seu dinheiro? Na realidade, toda a economia da caridade parecia um campo promissor de pesquisa, pois as implicações, como você verá, aplicam-se de modo amplo e em praticamente todos os segmentos profissionais.

SIGAM O LÍDER

A primeira coisa que o centro de pesquisas precisava era de alguns computadores novos. Seis, para ser exato, e os US$ 5 mil não seriam suficientes. Então, numa noite, conversamos com nossos amigos e colegas economistas James Andreoni e David Lucking-Reiley e juntos formulamos um plano para desenvolver nosso primeiro teste de práticas de arrecadação de fundos.[6]

Dividimos a campanha de capital total para o centro de pesquisa em diversas campanhas menores para financiar os seis computadores de que o centro precisava, e cada uma serviu como um tratamento experimental separado. Enviamos várias versões da mesma carta de solicitação para os lares de 3 mil moradores da região central da Flórida, explicando que o novo Centro para Análise de Políticas Ambientais (CEPA) na Universidade da Flórida Central examinaria questões ambientais locais, estaduais e globais, como a poluição do ar e da água, proteção de espécies em perigo e incremento da biodiversidade. Será que eles contribuiriam com algum dinheiro a fim de comprar computadores para os pesquisadores?

Ao pedir que as pessoas considerassem fazer uma contribuição para a compra de um computador de US$ 3 mil, sugerimos montantes de capital-semente diferentes em uma série de tratamentos. Em uma carta, dissemos que já tínhamos obtido 10% do custo, então pedimos o dinheiro para cobrir os US$ 2.700 restantes. Em outra carta, dissemos que havíamos levantado 33% do custo, então pedimos ajuda para arrecadar mais US$ 2 mil. Outra carta declarou que tínhamos levantado 67% do custo, então esperávamos que os doadores completassem US$ 1 mil adicionais. Algumas cartas disseram que, se não levantássemos o dinheiro para os computadores, ele seria usado para cobrir as despesas operacionais do CEPA. Outro tratamento disse que, se não levantássemos o dinheiro, reembolsaríamos a doação. Todas essas cartas diferentes foram acompanhadas pelo "obrigado" de sempre, um formulário de contribuição e um envelope com a postagem paga. Enviamos as cartas e esperamos.

À medida que as respostas iam chegando, descobrimos que a sabedoria recebida da indústria estava correta, mas apenas parcialmente. O capital-semente funciona para atrair outros doadores. Mas o número de 33% que alguns dos especialistas haviam nos dado estava completamente errado. Na realidade, as doações aumentaram quando dissemos às pessoas que tínhamos 33% dos fundos já angariados, mas ela aumentou ainda mais quando dissemos que já tínhamos angariado 67% da meta. Nos níveis de capital-semente mais baixos (digamos, 10%), as contribuições caíram.

A impressão que tivemos é que as pessoas generosas da indústria filantrópica vinham deixando dinheiro na mesa ao se concentrar tão atentamente no número do capital-semente de 33%. Ainda assim, sua intuição combinada talvez não estivesse completamente errada. Veja bem, níveis de capital-semente transmitem informações concorrentes para os doadores em potencial. Por um lado, você pensaria que, quanto mais perto uma caridade chega de atingir uma meta de arrecadação de fundos, menos uma doadora acharia que ela teria de ajudar a alcançar a meta dessa caridade — ela poderia pegar uma "carona" nas doações de outros.

Mas, por outro lado, doadores são pessoas ocupadas. Eles não têm tempo de investigar todos os detalhes de todas as caridades, de maneira que talvez procurem por sinais de outros doadores. Dizer que você recebeu uma doação de capital-semente considerável de um doador anônimo transmite que uma pessoa "por dentro" da atuação da organização fez seu dever de casa e fez uma grande doação.

As pessoas gostam de seguir uma liderança dessa maneira. Realmente, nossa pesquisa descobriu que esse componente de seguir uma liderança é importante para os doadores — tão importante que se sobrepõe completamente ao efeito carona. Até onde você pode levar esse argumento ainda é uma questão empírica em aberto. Por exemplo, se anunciássemos que já tínhamos arrecadado 99,9% do que era necessário, suspeitamos que os doadores não teriam doado muito. Mas esse é apenas o nosso palpite.

No entanto, conseguir esse efeito de "seguir a liderança" não é fácil. Nós dissemos a alguns destinatários das cartas que, se não conseguíssemos levantar todo o dinheiro, enviaríamos o cheque de doação deles de volta. Você acreditaria que um reembolso aumentaria as doações, pois não há o problema do fator carona e há a sedução de seguir a liderança. Mas, quando analisamos os números, descobrimos que oferecer um reembolso não mudava as doações de maneira alguma.

Apenas para ter certeza de que poderíamos ter mais convicção dos nossos resultados, levamos nossa ideia para o Sierra Club do Canadá, uma organização antiga com uma base de doadores e a tradição de realizar de três a quatro campanhas de pedidos de doações em massa pelo correio ao ano. Então, juntamente com nosso colega Daniel Rondeau, realizamos outro experimento, pedindo a 3 mil lares para ajudar o Sierra Club a expandir bolsas educacionais para estudantes primários e secundários nessa área.[7] Informamos à metade dos destinatários das cartas (o grupo-controle) que a meta de arrecadação de fundos era US$ 5 mil; dissemos à outra metade que US$ 2.500 dos US$ 5 mil já haviam sido conseguidos. Será que o plantio da semente funcionou dessa vez?

Pode apostar que sim. Nós arrecadamos um total de US$ 1.375 do grupo-controle, e US$ 1.620 — um aumento de 18% — do grupo do capital-semente. O dinheiro do capital-semente, mais uma vez, funcionou no sentido da previsão.

O truque de tudo isso? Muitas organizações sem fins lucrativos parecem aterrorizadas em anunciar níveis de capital-semente altos, pois se preocupam com o efeito carona. Achamos que essas organizações simplesmente não compreendem que os doadores querem brincar de seguir a liderança. Na realidade, o efeito de seguir a liderança é tão poderoso que se sobrepõe ao efeito carona.[8]

A EQUAÇÃO DA BARRA DE CHOCOLATE SNICKERS

Embora algumas pessoas atuantes à direita do espectro político vejam a Rádio Pública Nacional (NPR) como um dos lugares onde os liberais se reúnem para lançar planos socialistas, ela na realidade é uma organização bastante interessante e, para muitos, mesmo uma parte vital do seu dia. Como a NPR gosta de apontar durante suas campanhas de doação, ela proporciona não apenas uma cobertura jornalística nacional e internacional de grande qualidade, mas também programas divertidos, como *A Prairie Home Companion* e *Wait Wait... Don't Tell Me!*

Mesmo assim, se você é um ouvinte que acompanha a rádio em seu deslocamento para o trabalho e gosta de ouvir as vozes tranquilas dos locutores locais da estação, você provavelmente sabe que as piores semanas para se ouvir a rádio na estrada são durante a temporada de campanha de doações da NPR. Cada dia da campanha, os locutores, antes simpáticos, transformam-se em pedintes ansiosos que usam uma série de esquemas diferentes para aumentar as doações. Um dos esquemas favoritos desses arrecadadores de fundos é dizer: "Se você doar US$ 100 agora, pode dobrar sua doação com um subsídio casado de um doador generoso!"

Uma venda assim faz todo o sentido, economicamente falando. Em geral, quando você contribui para a caridade, cada dólar que você doa se traduz em apenas mais um dólar para a causa. Mas, quando lhe dizem que, se você pagar US$ 100, a caridade vai na realidade receber uma doação de R$ 200, talvez pense que está recebendo uma oferta especial dois por um, e é exatamente nisso que os arrecadadores de fundos querem que você acredite.

Pense na questão desta maneira: se você pode conseguir uma barra de chocolate Snickers por US$ 1 ou duas por US$ 1, você vai escolher a opção dois por um. Isso é economia básica. E se essa tática funciona para supermercados, deve funcionar para arrecadadores de fundos, certo? A intuição é tão forte na comunidade que atua nesse segmento que a bíblia da arrecadação de fundos avisa que você não deve: "jamais subestimar o poder de uma doação por desafio" e que "obviamente, uma doação casada 1:1 — cada dólar que o doador dá é casado por outro dólar — tem um apelo mais forte que um desafio 1:2... e um desafio mais rico (2:1) acrescenta e muito na atratividade da doação casada".[9] Essas doações casadas são realmente o equivalente a uma oferta especial dois por um que encontramos nos supermercados e shoppings? Ou, apresentando a questão de outra maneira, as doações casadas realmente funcionam da mesma maneira que as vendas com descontos no mundo do consumidor? Afinal de contas, grandes doadores contaram com essa ideia por anos. Um doador anônimo, por exemplo, contribuiu recentemente à Universidade de Drake com US$ 75 milhões e estipulou que a escola deveria alavancar esse dinheiro oferecendo doações casadas três para um e dois para um para solicitar mais dinheiro dos doadores. Em outras palavras, o doador disse a Drake para multiplicar a gigantesca soma de dinheiro utilizando a ideia da barra de chocolate, mas de maneira bem mais intensa.

Mas será que doações casadas como essas realmente funcionam? Para descobrir isso, juntamos forças mais uma vez com Dean Karlan, da Universidade de Yale, um professor de economia de centro-esquerda que também estava interessado em investigar a questão sobre o que faz as pessoas doarem.[10] Seguindo a eleição presidencial de 2004 de George W. Bush, Dean escreveu para uma organização sem fins lucrativos liberal que ele admirava em particular, dizendo que queria realizar um experimento com 50 mil dos seus apoiadores.[11]

A organização sem fins lucrativos ficou satisfeita em ter a nossa ajuda com sua campanha de arrecadação de fundos. Uma carta (o controle) simplesmente pedia as contribuições e não mencionava uma doação casada. As outras cartas pareciam versões diferentes do texto a seguir:

> Doação Casada
> AGORA É O MOMENTO DE DOAR!
> Preocupados com a erosão continuada dos nossos direitos constitucionais, um membro interessado ofereceu uma doação casada... para encorajá-lo a contribuir dessa vez. Para evitar perder a luta na defesa dos nossos direitos, esse membro anunciou uma doação casada de [US$ 1, US$ 2, US$ 3] para cada dólar que você doar. Então, para cada US$ 1 que você doar, na realidade receberemos [US$ 2, US$ 3, US$ 4]. Não vamos perder essa doação casada — por favor, doe hoje![12]

Dividimos as pessoas aleatoriamente em quatro grupos: três níveis de doações casadas e um grupo-controle. As pessoas no Grupo 1 receberam um convite casado 1:1 dizendo-lhes que, para cada US$ 1 que elas doassem, a organização receberia US$ 2. Aqueles que receberam a carta de doação casada 2:1 foram informados de que a organização receberia US$ 3 para cada US$ 1 que eles doassem, e assim por diante.[13]

Então enviamos as cartas e aguardamos. A parte que esperávamos era que a doação casada funcionasse: quando todas as respostas chegaram e olhamos para os dados, verificamos que aquelas pessoas que receberam uma oferta de doação casada tiveram uma probabilidade aproximadamente 20% maior de enviar o dinheiro. Isto é, aumentamos nosso índice de resposta em 20% apenas promovendo uma doação casada. Então, de fato parecia que a promessa de uma doação casada funcionava, e funcionava bem.

Mas então veio a surpresa: o *tamanho* da doação casada não importava nem um pouco. Uma oferta de doação casada 3:1 não era mais efetiva que um desafio 1:1. E o desafio 2:1 teve praticamente o mesmo efeito que os desafios 3:1 e 1:1. Diante dos fortes indícios baseados em casos de que níveis mais altos de doações casadas são melhores do que níveis mais baixos de doações casadas, essa evidência de milhares de observações foi chocante.

Descobrimos algo mais também. A doação casada funcionava muito mais efetivamente em estados "vermelhos"* ou com tendências conservadoras do que em estados "azuis" com tendências progressistas (lembre-se de que a organização sem fins lucrativos era liberal). Por que esse seria o caso?

A resposta curta é que pássaros da mesma plumagem voam juntos. Digamos que você seja um liberal nas chamadas Repúblicas do Povo de Massachusetts ou Vermont, onde senadores e congressistas concordam com você. Recebe uma carta de uma organização progressiva pedindo-lhe dinheiro. Você está mais do que disposto a doar seu dinheiro, com ou sem um sinal da qualidade. Independentemente das credenciais da organização, decide ajudar. "Todo mundo à minha volta está doando dinheiro, então também vou doar", raciocina. Para você, a organização de esquerda pedindo dinheiro a contribuintes em potencial de esquerda em estados azuis não necessita de um endosso de qualidade.[14]

Mas pássaros que não são da mesma plumagem guincham mais alto. A doação casada transmitiu um sinal diferente e importante para os liberais em estados vermelhos. Se você é uma pessoa de esquerda vivendo no Mississipi, Tennessee ou Arizona — ou um conservador na Califórnia, Oregon ou Vermont —, sente-se parte de uma minoria. Você

---

*Referência ao partido Republicano, representado pela cor vermelha. O partido Democrata é representado pela cor azul. (*N. do T.*)

se indigna contra a máquina, mas não tem tanta certeza de que a organização filantrópica seja de alta qualidade. Eis que alguém aparece e diz: "Junte-se à minha luta; os seus amigos lá em (insira seu estado vermelho ou azul) estão lutando duro e doando muito para a causa." Levando-se em consideração que você passa um tempo considerável às turras com os poderes constituídos (ou seus vizinhos), você reagirá com mais simpatia quando souber que sua contribuição apoia uma boa causa. É como estar ao lado dos estudantes idealistas e dos miseráveis famintos em *Os miseráveis* ou de John Galt de *A revolta de Atlas*, se você for persuadido de outra maneira — há um sentimento de orgulho e glória no que está fazendo.

Uma teoria da psicologia social se encaixa bem nesse raciocínio lógico. De acordo com a teoria, os indivíduos de um grupo minoritário têm um sentimento mais forte de identidade *social*. Dessa maneira, a deixa social da doação casada atuou como uma catalisadora para disparar a "identidade de grupo de pares" das pessoas. Desse modo, o "sinal" gerado pela doação da liderança provavelmente é bastante efetivo em engajar aqueles no grupo político minoritário.

Agora, se as pessoas doam porque doar para a caridade é a coisa certa a fazer ou acreditam na finalidade da caridade, o que a política de seu estado tem a ver com seu comportamento filantrópico? Nossa pesquisa começou a notar algo: a doação filantrópica está mais ligada à identificação do ego do que poderíamos acreditar. Essa noção de egoísmo caridoso tem um nome: a teoria do *warm glow**, tornada famosa por nosso amigo James Andreoni.

O *warm glow* surge por nos sentirmos bem quando doamos; ajudar a escola elementar local, apoiar o banco de

---

*Algo como o brilho de uma sensação de bem-estar. (*N. do T.*)

alimentos, salvar as florestas tropicais ou proteger os filhotes de focas aumenta a nossa autoestima. Certamente, um componente de altruísmo motiva as doações, mas um *warm glow* (também chamado de "altruísmo impuro") ainda é mais um motivador. O ex-prefeito de Nova York e bilionário Michael Bloomberg colocou a questão de maneira eloquente:

"Nós fomos colocados aqui nesta terra para compartilhar e ajudar uns aos outros. E nada que eu fizer um dia, ou você, ou qualquer outra pessoa generosa, dará a você tanto prazer quanto você se olhar no espelho antes de apagar a luz e dizer: 'Ei, sabe de uma coisa, estou fazendo alguma diferença.'"[15]

No fim das contas, doações não são de maneira alguma análogas a oferecer dois ou mesmo três barras de chocolate pelo preço de uma. Nossos experimentos nos levaram à conclusão de que os doadores não se comportam como clientes no balcão de uma fruteira. Doadores fazem questão de saber que suas doações sejam um exemplo de ações corretas. Eles estão cansados de ser enganados. Mas todos os dias as pessoas também doam porque gostam de sentir aquele *warm glow*.

Então, o que esse achado implica para todos os locutores de rádios públicas, o cavalheiro elegante da organização de proteção de animais, organizações sem fins lucrativos, profissionais de marketing e negócios em geral? O conselho que damos para eles: parem de se basear em fórmulas de segunda mão ou presumir que vender doações funciona como vender barras de chocolate Snickers. Doações casadas funcionam — lembre-se, qualquer doação casada parece melhor do que nenhuma —, mas nossa pesquisa mostra que uma doação casada uma para uma funciona tão bem quanto uma doação casada duas para uma ou três para uma.

Acima de tudo, é importante apelar para os apetites das pessoas pelo *warm glow*, mostrando-lhes como se sentirão bem após fazer uma doação. Quando as caridades (e os profissionais de marketing) reconhecerem esse traço da motivação humana, eles serão capazes de gerar uma centena de maneiras novas e interessantes para fazer com que o Sr. e a Sra. Cidadã abram as carteiras.[16]

O EFEITO DA BELEZA

Em uma tarde fria em dezembro de 2005, Jeanne, uma estudante brilhante e cheia de energia no segundo ano da Universidade de East Carolina (ECU), subiu com passos rápidos a entrada da garagem de uma casa no subúrbio do condado de Pitt, Carolina do Norte. Jeanne usava uma camisa profissionalmente bordada com o nome "Centro de Pesquisa de Mitigação de Desastres Naturais da ECU". Um crachá com sua foto, nome e número de autorização para realizar a campanha pendia do pescoço. Trazia consigo uma prancheta e vários folhetos. Ela bateu, e um homem de meia-idade abriu a porta.

"Sim?", disse ele, encarando-a.

"Olá", cumprimentou ela, sorrindo alegremente. "Meu nome é Jeanne. Sou estudante da ECU visitando casas do condado de Pitt hoje em prol do recentemente criado Centro de Pesquisa de Mitigação de Desastres Naturais da ECU."

Jeanne seguiu em frente para explicar que o Centro era dedicado a proporcionar apoio e coordenação no evento de desastres naturais, como furacões, tornados e enchentes, eventos que não são estranhos à área.

O homem anuiu. Jeanne abriu ainda mais o sorriso.

"Para levantar fundos, estamos conduzindo uma rifa filantrópica. O vencedor receberá um MasterCard pré-pago. Para cada dólar que contribuir, você receberá um bilhete de uma rifa. As chances de vencer são baseadas na sua contribuição e no total de contribuições recebidas de outras casas do condado de Pitt. O vencedor será sorteado ao meio-dia no dia 17 de dezembro e será notificado, assim como os resultados postados no site do centro. Toda a renda financiará o Centro de Pesquisa, que é uma organização sem fins lucrativos. Você gostaria de fazer uma contribuição hoje?"

É claro, o homem que abriu a porta não fazia ideia de que Jeanne era uma agente dupla. Sim, ela estava tentando angariar fundos para o Centro. Mas ela também era parte de um experimento de campo maior envolvendo dúzias de estudantes universitários como ela, treinados e pagos para bater nas portas de 5 mil lares no condado de Pitt. Alguns dos estudantes apenas pediam dinheiro, mas os outros, como Jeanne, acrescentavam a isca da rifa. Todos eles faziam parte do nosso estudo para ver se a rifa aumentaria as doações para o Centro.

De maneira interessante, descobrimos que o tratamento da loteria (que chamamos de "efeito de loteria") aumentou a receita bruta em aproximadamente 50% em comparação ao pedido simples por doações. Descobrimos que mais pessoas participavam nas loterias; aproximadamente duas pessoas a mais optavam em doar em comparação com o tratamento em que apenas pedíamos doações. As loterias proporcionam aos arrecadadores de fundos uma ferramenta para gerar "listas receptivas"*, ou um *pool* de doadores ativos para acessar em futuras campanhas de arrecadação de fundos. Nesse espírito, as loterias dão ao arrecadador de

**Warm lists.* (*N. do T.*)

fundos um "dividendo duplo" — uma chance de ganhar mais fundos imediatamente, assim como estabelecer uma lista receptiva grande.[17]

Também descobrimos algo que era bastante previsível: quanto mais atraente era a pessoa angariando os fundos, maior a doação recebida. Chamamos isso de "o efeito da beleza". Para obter medidas da atratividade física, tiramos fotos digitais de cada angariador durante a entrevista inicial para preparar um crachá de identificação.[18] Daí, passamos as fotografias para arquivos que continham as fotos de três outros angariadores. As fotos estavam impressas em cores e foram avaliadas independentemente por 152 observadores independentes (estudantes universitários da Universidade de Maryland-College Park).

Os observadores classificaram angariadores como Jeanne em uma escala de 1 a 10 para atratividade. Jeanne teve uma nota alta, um 8, e angariou aproximadamente 50% mais fundos que mulheres igualmente qualificadas que receberam uma nota 6. Talvez de maneira pouco surpreendente, as mulheres arrecadaram mais dinheiro quando um homem atendeu a porta. Jimmy também recebeu uma nota bem mais alta em relação à sua atratividade do que Stan, e ele levantou mais dinheiro do que Stan; mas as mulheres levantaram mais dinheiro do que os homens.

O que nos chamou a atenção não foi que havia um efeito da beleza — foi o tamanho do efeito da beleza. Notamos que o "efeito da beleza" era quase tão grande quanto o "efeito da loteria". Isto é, apenas mudando a atratividade de um angariador de 6 para 8, poderíamos aumentar as doações tanto quanto ao acrescentar a loteria.

Beleza à parte, será que o bilhete de uma rifa realmente leva a qualquer mudança a longo prazo nas doações? Anos após esse primeiro experimento de campo, revisitamos as casas que haviam sido abordadas para uma contribuição com outra campanha.[19] Descobrimos que as pessoas que se sentiram inicialmente atraídas pela loteria continuaram a doar a um índice muito mais alto. No entanto, os sujeitos encantados com a beleza de Jeanne da primeira vez não continuaram a doar a não ser que outra angariadora, também atraente, batesse em sua porta.

Não chegou a nos surpreender que o efeito da beleza não levasse a uma vida inteira de doações — afinal de contas, uma visita de muito tempo atrás de um rosto bonito não é motivo para continuar a apoiar uma causa. Descobrimos, no entanto, que as pessoas que doavam por causa da rifa continuaram a realizar doações por muitos anos. Isso lembrou muito o que encontramos em cenários nos quais os participantes sentiram que a caridade estava envolvida no resultado (mais a esse respeito em um momento). A rifa, como um investimento de capital-semente inicial, sinaliza que a caridade está "dando algo para conseguir algo". Ela também sinaliza que a caridade é uma organização sólida.

ASSASSINATOS, DESAUTORIZAÇÕES E OUTRAS TENTAÇÕES

Em um episódio de 2011 do *The Daily Show with Jon Stewart*, Stewart, fazendo-se passar por um homem sério, pede ao especialista residente do programa, John Hodgman, para oferecer uma solução para o problema grande e difícil de equilibrar o orçamento norte-americano. Após sugerir que reduzamos o Pentágono (o prédio) de um prédio enorme de cinco lados para um paralelogramo de quatro lados, Hodgman sugere que aumentemos a receita de maneira pouco convencional.

"Se você realmente quiser encher os cofres da nação, sabe o que precisa fazer? Legalizar", diz ele. (A plateia, ouvindo a insinuação de legalizar a maconha, ri e aplaude.) O resto da conversa continua desta forma:

HODGMAN: Você sabe do que estou falando. Legalizar o assassinato.

STEWART: Você está falando em legalizar o *assassinato*?

HODGMAN: Assassinato. Só estou dizendo para testarmos nossas teorias darwinianas de livre-mercado. Deixe que os fracos pereçam e os fortes tirem suas vidas. Desde que eles possam pagar o imposto de bigamia.

STEWART: E a previdência social e o Medicare?

HODGMAN: Aí vai metade do nosso orçamento. E para quê? Dedicado a cuidar dos velhos e dos doentes em vez dos jovens e dos caras sexys como nós? Isso não é justo, essa é a questão.

STEWART: Você está dizendo para nos livrarmos dos velhos e dos doentes?

HODGMAN: Não, não, não nos livrarmos deles. Estou dizendo para tornarmos a previdência social *divertida*. Torná-la uma competição. O vencedor leva tudo.

STEWART: Você não quer dizer...

HODGMAN: Sim, John. Uma *tontina*. Um acordo entre cavalheiros em que o último participante vivo fica com todo o dinheiro da previdência social.

STEWART: Mas, se o assassinato for legal, então o que ele faz é incentivar as pessoas a matarem umas às outras para ganhar o prêmio![20]

O melhor modelo de argumentos tão ridículos é "Uma proposta modesta para evitar que as pessoas pobres na Irlanda sejam um fardo para os seus pais ou país, e para torná-las benéficas para o público", no qual o autor Jonathan Swift argumenta que os pais pobres da Irlanda devem vender seus filhos como alimento para cavalheiros e damas ricos. Mas tontinas são, na realidade, uma maneira tradicional de se ganhar dinheiro, e elas são mais do que um acordo entre cavalheiros.

Basicamente, uma tontina é uma mistura interessante de uma anuidade em grupo, seguro de vida em grupo e uma loteria, e não apenas matéria para roteiros de mistério ou comédia. Tontinas têm um lugar fascinante na história econômica, e elas tiveram um papel importante na arrecadação de fundos públicos na Europa durante os séculos XVII e XVIII. As tontinas recebem seu nome de um napolitano chamado Lorenzo Tonti, um sujeito de pouca distinção até que seu patrocinador, o cardeal Mazarin da França (que era responsável pela saúde financeira do país), apoiou sua posição na corte do rei francês nos anos 1650.

Nessa posição, Tonti propôs uma forma de anuidade contingente à vida com benefícios de sobrevivência por meio dos quais os contribuintes, que eram colocados em diferentes faixas etárias, fariam um pagamento único de 300 liras para o governo. Cada ano, o governo faria um pagamento para cada grupo equivalente a 5% do capital total contribuído por aquele grupo. Esses pagamentos seriam distribuídos entre os membros sobreviventes do grupo baseados na cota de cada participante do total de contribuições do grupo. A obrigação de dívida do governo cessaria com a morte do último membro do grupo.

Com base no seu sucesso na França, as tontinas se disseminaram. Os governos as usaram para financiar guerras e projetos municipais, como a ponte mais antiga em uso na Inglaterra (a ponte Richmond). Construída em 1777, arrecadou seu financiamento de cotas avaliadas em 100 libras cada, um valor elevado para a época. Os investidores tinham a promessa de um retorno anual baseado na renda do pedágio para atravessar a ponte. Quando um acionista morria, os membros sobreviventes recebiam uma parte do saldo que sobrara (razão pela qual tontinas parecem feitas sob medida para assassinatos misteriosos e são banidas nos Estados Unidos).[21]

Tontinas têm um lugar fascinante na ficção também. Agatha Christie as usou como base para uma série de tramas de seus romances, incluindo *Assassinato no Expresso do Oriente*. Mais recentemente, em um episódio de *Os Simpsons*, Abe Simpson e Sr. Burns descobrem que serviram juntos na Segunda Guerra Mundial, e seu esquadrão acabou ficando com pinturas alemãs inestimáveis que seriam deixadas para o último membro sobrevivente do esquadrão. *A loteria da vida*, um maravilhoso filme antigo estrelado por Peter Cook, Dudley Moore, Ralph Richardson, John Mills e muitos outros comediantes, é baseado em uma velha história de Robert Louis Stevenson, na qual os sobrinhos do último membro sobrevivente de uma tontina lutam pela fortuna.

Como sabíamos, baseados em nossa pesquisa anterior, que as loterias ajudam a aumentar as doações filantrópicas, nos perguntamos se as tontinas talvez não tivessem o mesmo efeito. Isto é: *em vez de usar as tontinas como um mecanismo para financiar a dívida do governo ou proporcionar uma anuidade vitalícia para os contribuintes, será que as organizações filantrópicas poderiam usá-las para conseguir mais doações? Como um mecanismo semelhante a uma tontina funcionaria em comparação com outros empreendimentos filantrópicos que nós tínhamos examinado?*

Primeiro, reflita a respeito da nossa loteria filantrópica. Para cada dólar que você doar, ganha um bilhete de uma rifa; cada bilhete da rifa representa uma chance de vencer o prêmio. Então, quanto mais você doar, mais altas são as chances de vencer o prêmio. Independentemente da quantidade de dinheiro que for arrecadada, o prêmio não muda; mas a chance de ganhar o prêmio da rifa diminui à medida que os outros doam mais, pois o número total de bilhetes da rifa aumenta.

Se você pensar por um momento, no entanto, é difícil compreender por que a caridade faz uso das loterias quando inverter essa estrutura poderia ser o ideal. Uma tontina filantrópica funcionaria dando a cada doador uma probabilidade fixa de vencer um prêmio, com o tamanho do prêmio proporcional ao montante doado.

Por exemplo, digamos que você vai à feira do seu condado e descobre que as pessoas em um estande estão arrecadando dinheiro para a Sociedade Norte-Americana do Câncer com a ajuda de uma tontina filantrópica. O voluntário simpático lhe diz que não importa quanto você doar, você terá uma chance de 25% de vencer um prêmio, mas quanto mais doar, melhor será o prêmio. Então ele lhe mostra as várias modalidades de prêmios pelos quais estará competindo. Se você doar menos de US$ 20, estará concorrendo a alguns pequenos brindes, como um marcador de livros e uma garrafa de água. Para doações entre US$ 20 e US$ 50, concorrerá a uma garrafa de um bom vinho. Por US$ 50, talvez ganhe o direito a uma liquidação; por US$ 100, um fim de semana de descanso em um resort; e, por US$ 200, concorre a um Lexus novo. Você começa a pensar a respeito da sua doação como uma oportunidade de investimento.

Para testar se as tontinas podem funcionar dessa maneira, nos juntamos a Andreas Lange e Michael Price para projetar um jogo de laboratório jogado pelos estudantes da Universidade de Maryland. O jogo era inventado, mas financeiramente muito real. As decisões dos estudantes acarretavam resultados reais, talvez tornados deliciosamente salientes pela conversão de fichas em dinheiro.

Eis como o jogo foi jogado: cada estudante foi colocado junto com outros estudantes. No começo de cada rodada, cada um recebeu cem fichas. Eles podiam doar essas fichas para o bem público (uma caridade, nesse caso) ou ficar com elas. Se ficassem com elas, receberiam alguns centavos por cada ficha com que ficassem. Se as doassem, uma de duas coisas aconteceria. Em uma condição, cada ficha doada para o bem público aumentava de valor. Então, se você doasse cinco fichas, elas aumentariam em valor público para seis fichas. (Esse arranjo reflete aproximadamente o que acontece quando você doa para a caridade. Por exemplo, quando doa sangue para a Cruz Vermelha, o próprio sangue não vale tanto para você, mas é muito valioso para outra pessoa. O aumento no valor de cada ficha no bem público tinha a intenção de refletir esse efeito.)

Na outra condição, todos em um grupo se beneficiavam de cada doação. Mesmo se você não doasse nada para o bem público, ainda poderia gozar dos frutos das doações de outras pessoas. (De modo similar, quando Bill Gates doa bilhões de dólares para a caridade, ele deixa o mundo melhor, mas não temos de pagar nada para gozar os frutos de sua generosidade.) Após serem designados para um grupo, os estudantes tinham uma decisão simples a tomar: com quanto deveriam ficar e quanto deveriam doar para o bem público? Daí, acrescentamos um detalhe: nós os colocamos em uma loteria ou uma tontina.

Descobrimos que as tontinas tiveram um desempenho melhor que as loterias em dois casos muito importantes. Primeiro, em casos em que as pessoas têm gostos muito diferentes, as tontinas arrecadam muito mais dinheiro que as loterias. Quando as pessoas realmente divergem em suas preferências para o que está sendo oferecido, elas podem ser uma ferramenta muito boa para conseguir fazer com que as pessoas que gostam dessa modalidade doem mais. Em segundo lugar, quando as pessoas são realmente avessas ao risco — digamos que elas não gostam de fazer apostas ou arriscar dinheiro demais —, a tontina é uma boa ferramenta para arrecadar dinheiro. Tendo em vista que ambos os aspectos — as pessoas são diferentes e avessas ao risco — representam o mundo hoje em dia, a tontina é uma ferramenta viável para os arrecadadores de fundos.

Os resultados dos nossos experimentos também sugeriram que as pessoas têm uma chance muito maior de fazer uma doação quando estão envolvidas no jogo. Esse achado faz sentido — afinal de contas, se você acredita que a caridade é confiável (você se lembra do efeito de seguir uma liderança?) e se tem uma chance de "vencer" com ela agora ou no futuro, tem mais chance de responder aos seus apelos.

* * *

Como um todo, nossa pesquisa sugere que o ato de doar diz menos a respeito de fazer algo bom para os outros e mais a respeito de fazer algo por si mesmo.

"Isso é menos deprimente do que talvez pareça", escreveu David Leonhardt, que resumiu nossos resultados na *New York Times Magazine* como a seguir:

> Por um lado, as caridades ainda estão recebendo o dinheiro, não importa quais sejam os motivos dos doadores, e muitas delas o estão colocando para um bom uso. Por outro lado, a teoria do *warm glow* significa que a filantropia pode ser mais do que um jogo de soma zero. Se doar fosse algo estritamente racional, o anúncio de uma grande doação poderia levar outras pessoas a doar menos para a causa; elas poderiam pensar que ela não precisaria mais tanto do seu dinheiro. Graças ao *warm glow*, no entanto, a doação de US$ 31 bilhões de Warren Buffett para a Gates Foundation não fará com que outras pessoas acreditem que elas não precisam mais ajudar a combater a disenteria. Se alguma coisa, a doação de Buffett poderia aumentar a chance de que elas fizessem uma doação. Elas podem, então, ter a sensação de que estão juntando forças com outra pessoa — com ninguém menos do que Warren Buffett — e tornando-se parte de uma causa maior.[22]

Esse é um ponto fundamental e que não pode ser subestimado: embora o comportamento humano possa parecer irracional, tudo muda assim que você compreende o que motiva as pessoas a agir. Assim que você compreende suas motivações, percebe que esse comportamento é, do seu ponto de vista, bastante racional. Nós todos só estamos tentando satisfazer diferentes desejos e necessidades, mas eles não se encaixam em pressuposições tradicionais, limitantes, ideias fixas e receitas de segunda mão, assim como maneiras conservadoras de se realizar essa prática.

Como observamos no capítulo 1, por exemplo, as pessoas imaginam que ser membro de uma academia vai inspirá-las a se exercitar com muito mais frequência do que realmente acontece. Então elas compram o passe de um mês para frequentar a academia na esperança de que esse seja o caso. Elas talvez terminem não se exercitando tantas vezes quanto planejaram, mas têm uma razão racional para se inscrever, a princípio.

Voltando ao nosso experimento sobre doações casadas, então, faz sentido que esse método funcione, mas que níveis mais altos de doações casadas não funcionem melhor do que níveis menores. Como um exemplo, considere o que alguns economistas reivindicam ser um problema nacional importante: nós não poupamos o suficiente para nossas aposentadorias. Como a maioria de nós poupa? Normalmente, nossos empregadores casam o que colocamos em um plano de aposentadoria 401k*. Como nossos colegas Richard Thaler e Cass Sunstein destacam, as pessoas que colocam dinheiro em seus 401ks contribuem *exatamente* com o mesmo montante usado para o valor casado. Se um empregador casa os primeiros 5% do salário 1:1, as pessoas vão poupar exatamente 5% do seu salário. Mas, se um empregador casa os primeiros 5% do salário 1:2 (o empregador contribui US$ 0,50 para cada US$ 1 que você poupar), então as pessoas *ainda* poupam exatamente 5% do seu salário.

Isso pode parecer intrigante em um primeiro momento, mas está diretamente em linha com nossos achados. Então, será que podemos usar esse insight comportamental para tornar o mundo um lugar melhor? Se estamos convencidos

*Tipo de plano de aposentadoria patrocinado pelo empregador, adotado nos Estados Unidos. (*N. do E.*)

de que as pessoas precisam poupar mais, eis o que podemos fazer. As empresas que atualmente casam os primeiros 5% do salário 1:1 deveriam simplesmente dizer: "Nós decidimos mudar o nosso plano de aposentadoria. Nós vamos agora casar os primeiros 10% do salário 1:2."

O que vai acontecer? Digamos que você seja alguém que atualmente ganha US$ 50 mil ao ano. Sob o velho regime, poupará pessoalmente US$ 2.500 e seu empregador casará US$ 2.500, para uma economia total de US$ 5 mil. Sob o novo esquema, poupará US$ 5 mil e o empregador casará US$ 2.500, para uma economia total de US$ 7.500. Ao simplesmente mudar as regras, o empregador aumentou a sua poupança, e isso não custa à empresa um centavo a mais. Presumindo que o governo norte-americano apoiasse uma mudança dessa natureza nas regras 401k, uma solução simples de política poderia ser colocada em prática, e você e milhões de outros poupariam muito mais.

No fim das contas, doar para a caridade não é nem um pouco parecido com comprar uma barra de Snickers chocolate; diz mais respeito a fazer a coisa certa e juntar-se a uma luta, e sentir-se bem a respeito do que você doa. Dessa maneira, doar para uma caridade diz tanto a respeito de suas inclinações pessoais quanto sobre o efeito da sua doação. Se você é o CEO mais vivido de uma organização filantrópica, precisa compreender que os doadores respondem a gatilhos que são diferentes daqueles que você aplicou tradicionalmente, ou a caridade não atingirá seu potencial.

No capítulo a seguir, exploraremos estratégias que uma caridade específica usou para arrecadar dinheiro e aprender mais sobre as maneiras como as pessoas respondem a um "gatilho" especial.

10. O que fendas palatinas e caixas de desautorização nos ensinam sobre as razões por que as pessoas doam para a caridade?

O fenômeno extraordinário da reciprocidade

Vamos conhecer a história de Pinki Sonkar, a estrela de um documentário vencedor do Oscar de 2008 chamado *Smile Pinki*.

Pinki nasceu no vilarejo rural pobre de Mirzapur, Índia. Ela passava seus dias sentada no canto de casa. Não tinha coragem de sair na rua porque as pessoas apontavam para ela e ficavam encarando-a. Ela não podia nem ir para a escola. Pinki se sentia magoada e irada e queria saber por que era diferente dos outros.

Seu pai estava certo de que ela jamais conseguiria se casar e achava que seria melhor que ela estivesse morta. Um dia, ela conheceu uma assistente social generosa chamada Pankaj que, por sua vez, apresentou-a a um médico chamado Subodh Kumar Singh.

O problema de Pinki não era incomum. Aproximadamente 35 mil crianças hindus nascem com lábios leporinos e fendas palatinas todos os anos, e milhões mundo afora sofrem como Pinki sofreu. Seus pais, que não têm condições de pagar pela cirurgia, muitas vezes as deixam em valas ao lado da estrada, sentindo como se uma maldição tivesse se abatido sobre eles, e as crianças que não são abandonadas são mantidas longe dos olhos das pessoas por vergonha. Comer e respirar é difícil para elas. Quando sobrevivem, crianças com fendas palatinas são evitadas pelos colegas na escola e por suas comunidades.

Os rostos de crianças com lábios leporinos estão por toda parte, graças aos anúncios da Smile Train em jornais, revistas e, é claro, no filme vencedor do Oscar. Os anúncios geraram milhões de dólares em doações para a caridade, que oferece cirurgias gratuitas para crianças em países em desenvolvimento mundo afora que sofrem desse defeito de nascença comum e facilmente corrigível, um defeito que nunca é visto nos Estados Unidos, pois é corrigido logo após o nascimento.

Hoje em dia, Pinki é uma celebridade em sua cidade natal. Ela tem muitos amigos e gosta de usar brilho labial.[1] E ela é uma entre 100 mil crianças mundo afora que tiveram suas fendas palatinas operadas de graça anualmente em razão de uma ideia experimental inovadora por parte de um sujeito chamado Brian Mullaney, cofundador da Smile Train e da WonderWork.org.

No capítulo anterior, aprendemos que as pessoas são motivadas por muitas coisas — seu próprio desejo humano por um sentimento de *warm glow*, entre outros. Neste capítulo, apresentaremos como um experimento de campo singular usando mala direta e baseado em princípios que se aplicam igualmente bem aos negócios fez uma diferença enorme na vida de Pinki e de milhões como ela ao apelar, mais uma vez, a um desejo humano fundamental.

A MALDIÇÃO DE UMA IRMÃ, O DOM DE UM IRMÃO

Brian Mullaney é um daqueles irlandeses batalhadores de olhos azuis e cabelos crespos que você encontra em um bar de aeroporto durante uma longa espera pela conexão. A luz nos seus olhos brilha com inteligência, franqueza e um espírito empreendedor ágil, do tipo pegue-me-se-for- capaz. Ele tem um jeito amigável, distinto, com um quê de Harvard e Ohio que é ao mesmo tempo incisivo e casual. Você se senta no bar e ele pergunta seu nome, para onde está indo e qual é o seu trabalho. Logo você se vê pagando uma Guinness para ele, passando-lhe seu cartão de visita e dizendo:

"Mas me fale de você!"

Então, lado a lado, você ouve a sua história.

Mullaney, que nasceu em 1959 em Dayton, Ohio, é o segundo irmão mais velho de cinco filhos em uma família rigidamente católica, o filho de uma linhagem de advogados do lado do pai. Sua avó paterna, Beatrice, foi uma das primeiras mulheres a formar-se pela Faculdade de Direito da Universidade de Boston nos anos 1920 e tornou-se a primeira juíza no estado de Massachusetts. Seu pai, Joseph, formou-se pela Harvard Law School após passar algum tempo no ROTC*; ele chegou a trabalhar como advogado corporativo e do governo, e por fim como vice-presidente da Gillette. Sua mãe, a dona de casa Rosemary, estudou no Stonehill College e na Universidade Brandeis.

Os Mullaneys eram uma família unida e feliz até uma tragédia ocorrer, quando Brian tinha 11 anos. Sua bela e

---

*Reserve Officers' Training Corps, o Centro de Preparação de Oficiais de Reserva nos Estados Unidos. (*N. do T.*)

adorada irmãzinha Maura contraiu uma febre alta e foi diagnosticada com uma condição autoimune chamada síndrome Stevens-Johnson, que resultou em uma erupção sangrenta que se espalhou e cobriu-a de pústulas, fazendo com que a parte de cima da pele do seu rosto morresse e se soltasse em camadas.

Com poucas semanas da febre, Maura foi da condição de ser uma garota bonita e saudável de 8 anos para o que Brian Mullaney descreve como uma "casca de 90 anos" presa a uma cadeira de rodas. Embora ela estivesse cega e sempre com dores, Maura tentou bravamente voltar para a escola. Mas as outras crianças implicavam e zombavam dela. Brian protegeu-a da melhor forma possível, mas ele se ressentia profundamente do fato de Maura ser rejeitada por sua aparência. Ela morreu aos 10 anos. Brian tinha apenas 13, no entanto, sentiu em seu interior a injustiça do tratamento que Maura recebeu daqueles que não compreendiam seu sofrimento.

* * *

Após o que aconteceu com Maura, Brian se transformou de um devoto coroinha em um adolescente rebelde, indignado e fora de controle, que só queria saber de basquete e sair com os amigos. Quando estava no primeiro ano do ensino médio, começou a não passar nas matérias. Seus pais o tiraram da escola pública e o colocaram em uma escola particular linha-dura em que garotos que tiravam notas ruins eram zombados. Então ele deu a volta por cima e terminou indo para Harvard, onde se formou em economia e começou a aguçar um saudável desrespeito pelo pensamento padrão. Começou criando cartuns editoriais para o periódico da universidade, *Harvard Crimson*.

Os cartuns, alguns dos quais cutucavam a questão da hipocrisia, o meteram em confusões. Em um cartum que ele produziu quando o deputado assumidamente homossexual Barney Frank, do estado de Massachusetts, estava concorrendo nas eleições de 1980, Brian zombou da Igreja Católica, cujos padres estavam dizendo para os paroquianos não votarem em Frank. O cartum mostrava dois homens deixando a igreja após a confissão, em que o padre disse para eles expiarem seus pecados. Um diz para o outro: "Não me importei com as vinte Aves Marias por trair a minha esposa, mas as cinquenta Aves Marias por votar em Barney Frank foram um pouco demais."

"Os católicos no *campus* me odiaram por isso", diz Brian.

Porém, as coisas pioraram muito quando ele brincou com as políticas do novo Third World Center de Harvard. O centro, que seria dedicado a servir às necessidades de estudantes de minorias, estipulou que nenhuma pessoa branca poderia servir no seu conselho, porque Harvard já tinha caucasianos demais. Em seu cartum, Brian — que odiava qualquer tipo de racismo, incluindo o "racismo inverso" — desenhou a figura de um castelo com uma placa que dizia "Não é permitida a entrada de brancos", e uma caricatura do então presidente de Harvard, Derek Bok, passando sacos de dinheiro para um homem negro e um homem chinês na entrada. A legenda mostrava Bok dizendo: "Vá embora, Branquelo. Sou o presidente Bok e estou aqui com o seu dinheiro!" Os estudantes negros ficaram malucos, rotularam Brian de racista e invadiram as salas de redação do *Crimson*. O editor escondeu-se debaixo da mesa, e Brian foi forçado a contratar proteção pessoal e um advogado de defesa.

"Foi terrível."

Um dia, Brian teve a brilhante ideia de ganhar dinheiro como publicitário. Ele colocou um terno e uma gravata e procurou negócios na região de Boston, dizendo a eles que poderia produzir propagandas, jingles e pôsteres. Brian se saiu muito bem nesse campo e, após se formar, conseguiu um trabalho na Young & Rubicam como redator, para espanto dos pais.

"Eles me perguntaram: 'Por que nós gastamos todo aquele dinheiro mandando você para Harvard e então você entra para uma indústria em que nem precisa de diploma universitário?'", relembra Brian.

Na Young & Rubicam, Brian percebeu quão limitada podia ser a visão das pessoas na indústria publicitária.

"Nós produzíamos centenas de boas ideias, e então a agência testava tudo em grupos de foco", lembra. "Mas eles se recusavam a seguir em frente com qualquer uma das boas ideias que vinham das sessões de testes porque elas não tinham nada a ver com a estratégia corporativa do cliente. Em vez disso, a agência prosseguia com comerciais chatos e mal concebidos que tinham tudo a ver com a estratégia e nada a ver com vender batatas chips ou gelatina, que era exatamente o que eles estavam vendendo."

Brian precisava de um lugar melhor para vender suas ideias criativas, então ele assumiu um trabalho na J. Walter Thomson, onde fazia comerciais de cerveja de US$ 1 milhão.

"Eu entrava em uma sala do conselho da Miller onde um monte de velhos brancos de terno tomavam todas as decisões. Eu usava a carta da juventude e lhes dizia: 'Eu sou o único cara nessa sala que estava em um bar à uma da manhã'", diz Brian. "Eu estava dando asas às minhas ideias. Não ia com PowerPoints e um monte de dados. Só falava com muita paixão. Eventualmente, fiquei bom em fazer apresentações para pessoas ricas."

Brian caminhava pela avenida Madison resplandecente, em ternos Armani e sapatos Gucci. Ele vivia em um mundo saído do seriado *Mad Men*, pleno de bares refinados e beleza por toda parte — belos anúncios, belos produtos e belas pessoas. Mas se cansou de trabalhar para os outros, então começou a própria empresa de propaganda. Seu talento para vender ideias foi compensado quando se tornou cofundador da Schell/Mullaney em 1990. A empresa servia a clientes na mídia e negócios de alta tecnologia, como Dow Jones, Computer Associates e Ziff-Davis.

Por fora, Brian era um empresário inteligente, competitivo, que nadava com os tubarões da avenida Madison. Por dentro, caminhava pelas ruas com a memória do que havia acontecido com sua irmãzinha. Em 1996, ele e seu sócio venderam a empresa por US$ 15 milhões, e aos 36 anos Brian estava "feito".

"Era uma quantidade inacreditável de dinheiro", diz ele. "Subitamente, percebi que eu tinha a liberdade de fazer o que realmente tinha vontade."

Brian era empreendedor demais para seguir as conquistas típicas dos novos ricos. Ele não tentou dar a volta ao mundo em um barco a vela ou conseguir seu cartão da PGA, a associação profissional de golfe. Era o tipo de cara que adorava inovar, tentar algo diferente. A memória de Maura levou-o a querer ajudar as crianças, então Brian partiu em uma missão médica para a China. Lá, ele testemunhou o isolamento social que crianças com fendas palatinas sofrem e quão facilmente suas vidas poderiam ser transformadas com um simples procedimento cirúrgico. Então, em 1998, ele fez uma parceria com o fundador da Computer Associates, Charles Wang, para fundar a Smile Train.

Nada mal para um publicitário da avenida Madison.

O NEGÓCIO DO SORRISO

Pessoas como Brian, que são fundadores de caridades, são impelidas pela paixão, mas tornar a caridade um sucesso de verdade exige uma noção aguçada dos negócios.

"A maioria das instituições de caridade é administrada de maneira muito ineficiente por pessoas bem-intencionadas", insiste Brian. "Não importa quão ineficiente ou incompetente você seja, é quase impossível para uma caridade sair do mercado. Enquanto você tiver um conjunto de slides de PowerPoint com fotos que possam fazer as pessoas chorarem, você pode levantar dinheiro suficiente para seguir no mercado."

A Smile Train é uma instituição singular em comparação a outras organizações filantrópicas no sentido de que Brian a estabeleceu como um negócio. Da mesma maneira que Brian inovou como publicitário, ele foi muito além dos outros tanto ao arrecadar dinheiro quanto ao fazer caridade. Basicamente, virou de cabeça para baixo o velho modelo do estilo missionário de fazer o bem. Em vez de mandar médicos ocidentais para realizar cirurgias de palato, a Smile Train desenvolveu uma tecnologia de ponta em 3D para educar médicos em países em desenvolvimento sobre a técnica cirúrgica para reparar fendas palatinas (Brian chama isso de modelo "ensinar um homem a pescar").

A Smile Train também é única porque conduz experimentos de campo para ver quais tipos de incentivos para os doadores funcionam melhor. Por exemplo, diz Brian, a Smile Train realizou uma série de testes para ver o que funcionaria melhor: uma foto "antes" e uma "depois" de uma criança, ou simplesmente a foto "antes"? Como publicitário, Brian sabia que a fórmula-padrão era mostrar, ou seja, antes e depois.

"Afinal de contas, sempre foi uma lei famosa da propaganda que as pessoas querem ver as fotos 'antes de lavar' e 'depois de lavar', como fazem em anúncios de detergentes da Procter & Gamble", diz ele. "Mas, quando realizamos o teste, descobrimos que, quando nós só mostrávamos as fotos 'antes', os índices de resposta subiam 17%. Por quê? A foto do garoto com o lábio leporino surpreende você."

A implicação, diz, é que a foto da criança carente tornou o apelo pelo dinheiro algo pessoal. Doadores sentiam que *tinham* de ajudar a criança sem o lábio superior.

A Smile Train também conduziu diversos experimentos de campo para descobrir quais tipos de fotos conseguiam fazer com que o envelope de doação fosse aberto. Eles testaram respostas para 49 envelopes diferentes adornados com fotos de garotos e garotas negros, morenos, asiáticos e brancos de várias idades e com diferentes expressões no rosto — alguns sorrindo, alguns franzindo a testa, outros olhando fixamente ou chorando. Como a Smile Train veio a descobrir, rostos têm um forte poder de atração, e determinados tipos de rostos atraem mais dinheiro de doadores do que outros.

Em dezembro de 2008, a Smile Train testou 21 dessas fotos diferentes no envelope exterior de outro arranjo de pacote de mala direta. A foto vencedora atraiu 62% mais doadores do que a foto de que os doadores menos gostaram. A Smile Train descobriu que a foto da criança caucasiana triste (que era afegã) provocou a maior reação. Por quê? Brian supôs que os doadores brancos — que compreendiam a maioria do *pool* de doadores — preferiam ajudar alguém que se parecesse com eles.[2]

A OPÇÃO "UMA VEZ E ESTÁ FEITO"

Quando conhecemos Brian, ele havia aperfeiçoado várias maneiras singulares de arrecadar dinheiro que eram orientadas por seu uso inabalável de experimentos de campo. Ele enviaria a doadores em potencial cartas que os "convidariam" a doar, ou a "salvar a vida de uma criança". A mensagem nas cartas refletiria os aprendizados de anos de experimentos de campo em mala direta que levaram as doações anuais da Smile Train a quase US$ 100 milhões ao ano.

Brian estava intrigado com nossas ideias sobre economia comportamental e caridade. Ele se perguntou se poderíamos ajudar a Smile Train a superar as melhores cartas de mala direta que ele havia passado anos desenvolvendo e refinando. Decidimos começar pela carta de melhor desempenho da Smile Train e trabalhar para melhorá-la. Embora não soubéssemos na época, tínhamos aberto caminho para um dos experimentos de campo em larga escala mais interessantes que já tínhamos feito.[3]

Em abril de 2008, começamos com um teste. Enviamos cartas para 150 mil lares. O grupo-controle recebeu uma solicitação-padrão da Smile Train pedindo por uma doação. Nós não tínhamos um texto especial ou um slogan para o envelope exterior. O grupo experimental recebeu cartas seladas em um envelope exterior que lia: "Faça uma doação agora e nunca mais pediremos outra doação novamente." A carta dizia para os doadores potenciais que eles podiam exercer esse direito marcando uma caixa no cartão de resposta, que dizia: "Esta é a minha única doação. Por favor, enviem-me um recibo e não peçam outra." Doadores tinham uma opção a mais: eles podiam também escolher receber "postagens limitadas" (o que poderia ser um grande negócio para a Smile Train em termos de economia com o correio).

Esse mecanismo poderia parecer um pouco maluco. Muitos especialistas, manuais e guias de arrecadação de fundos zombariam da própria ideia, pois uma das leis mais importantes nos círculos de arrecadação de fundos é desenvolver a chamada pirâmide de doadores.

Em uma pirâmide de doadores, a base inclui os dedicados, que doarão para sua causa sempre. Quando você encontra esses doadores, por que diria a eles "Obrigado por ajudar a nossa causa dessa vez! Agora nunca mais contataremos você"?

Nos meses após o primeiro teste no qual a mala direta foi enviada, as doações começaram a chegar aos poucos. E todos os sinais apontavam para uma coisa: nosso experimento havia sido um sucesso gigante. Em resposta às cartas enviadas em abril, a carta-padrão levantou US$ 13.234 de 193 doadores, enquanto a carta "uma vez e está feito" levantou US$ 22.728 de 362 doadores. No total, o tratamento experimental levantou muito mais dinheiro e engajou muito mais doadores do que a carta-padrão. De maneira interessante, apenas 39% dos doadores marcaram a caixa de desautorização.

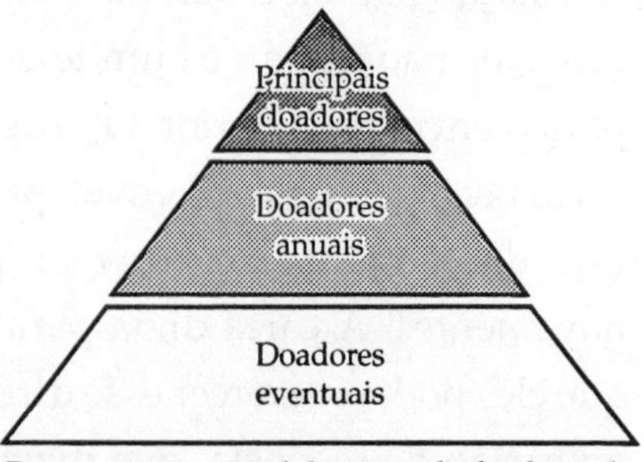

Representação visual dos tipos de doadores de uma caridade típica e quão numerosos eles são.

A campanha "uma vez e está feito" foi tão

bem-sucedida que decidimos dar um passo atrás e usá-la em outros experimentos de campo. No total, enviamos solicitações pelo correio em cinco ondas para mais de 800 mil indivíduos entre abril de 2008 e setembro de 2009.

Novamente, vimos um aumento significativo nas doações com a campanha "uma vez e está feito". As cartas desse tipo geraram um índice de resposta quase duas vezes maior que a carta-padrão, assim como doações ligeiramente maiores (na média, US$ 56 *versus* US$ 50). Consequentemente, a campanha levantou mais de duas vezes o valor da receita inicial da carta-padrão (US$ 152.928 *versus* US$ 71.566), resultando em extraordinários US$ 0,37 por carta enviada.

É claro, se as doações subsequentes fossem mais baixas no grupo "uma vez e está feito", a sabedoria convencional estaria correta. Isto é, não deveríamos instar as pessoas a "não encherem". De maneira interessante, o que descobrimos foi que a receita arrecadada subsequentemente provou-se ser quase idêntica entre as cartas-padrão e as cartas "uma vez e está feito".

Combinando a receita tanto das doações iniciais quanto das doações subsequentes, a campanha "uma vez e está feito" gerou um total de US$ 260.783 em comparação com os US$ 178.609 das postagens de controle — um aumento de 46%. Além disso, por causa das restrições a postagens futuras ditadas pelas respostas assinaladas, a Smile Train também poupou custos de postagem, pois não estava continuamente enviando cartas para doadores desinteressados.

Realizar uma campanha tão bem-sucedida é importante, mas queríamos nos aprofundar na razão para as cartas "uma vez e está feito" funcionarem tão bem. O que estava acontecendo?

RECIPROCIDADE: A CHAVE PARA A SATISFAÇÃO DO CLIENTE

Após analisar as centenas de milhares de observações através dos vários experimentos de campo, descobrimos que *passar o poder da caridade para o doador* era o que mudava a perspectiva das coisas. Ao dar aos destinatários a chance de assinalarem a sua desautorização, a Smile Train basicamente lhes oferecia um *presente*. Eles não precisavam ter de dizer não para solicitações futuras. Em vez de meramente pedir dinheiro, a caridade apenas dizia: "Uma mão lava a outra."

A economia tradicional presume que, atuando em prol do seu melhor interesse, muitas pessoas simplesmente sorrirão e jogarão fora o apelo de mala direta. No entanto, nem todos somos egoístas. Alguns, mesmo economistas, são pessoas legais que realmente querem retribuir uma gentileza com outra gentileza.[4] Sabendo disso, apelar para o sentimento de reciprocidade das pessoas pode funcionar. Organizações sem fins lucrativos, especialmente, gostam de enviar endereços de retorno pré-impressos, mapas-múndi ou calendários, esperando receber uma doação em troca.

De maneira mais geral, nosso resultado destaca retornos ocultos associados a incentivos que não são levados em consideração se você for manter um modelo econômico padrão. Por exemplo, nossa interpretação também significa que a mensagem psicológica transmitida pelos incentivos — não importa se eles são percebidos como generosos ou hostis — tem importantes efeitos comportamentais. As intenções importam: se você tem uma empresa que se preocupa com seus clientes, é importante saber que os clientes realmente apreciam ter suas opiniões perguntadas e adoram ser consultados se gostariam de optar pela desautorização.

Nossas explorações no mundo da caridade têm grandes implicações. Nos meios políticos, as pessoas querem saber a resposta para esta pergunta: *se nos livrarmos das isenções fiscais para a caridade, o que vai acontecer com todas as caridades que mantêm a sociedade unida? O que vai acontecer com os subsídios governamentais?* Antes de detalhar os efeitos dessas mudanças propostas, precisamos compreender por que as pessoas doam para a caridade em primeiro lugar.

* * *

Eis outra coisa que Brian, publicitário que virou filantropo, pode nos ensinar sobre os negócios. Se ele compreende alguma coisa, é de escala. A Smile Train conduz hoje em dia aproximadamente 100 mil cirurgias ao ano, e esse número está caindo — não porque a organização não consiga ajudar mais crianças, mas porque os serviços da caridade alcançaram as necessidades mundiais. Crianças com fendas palatinas não precisam mais esperar pela ajuda que merecem. Brian não queria parar de consertar fendas palatinas, no entanto; ele queria ir atrás de problemas ainda maiores. Tendo descoberto o que funciona para impelir doações filantrópicas, ele deixou a Smile Train e fundou uma nova operação, chamada WonderWork.org.

Essa nova caridade ataca cinco problemas facilmente reversíveis que crianças pobres mundo afora enfrentam: cegueira, pés tortos, queimaduras, hidrocefalia ("água no cérebro") e orifícios no coração. Cirurgias baratas podem tratar de cada um desses problemas. A cegueira, por exemplo: há mais de 40 milhões de pessoas cegas no mundo. Dessas, diz Brian, "metade poderia recuperar a visão com uma cirurgia ambulatorial de 10 minutos que custa US$ 100".

A WonderWork.org, que a revista *Time* chamou em 2011 de "uma das 10 ideias que mudam o mundo",[5] tem uma estrutura organizacional única que nenhuma caridade já tentou antes.

"Nós vamos construir uma General Motors da Compaixão, com diferentes modelos de caridade que lidem com causas únicas", informa Brian. "Assim como a GM tem o Chevrolet e o Cadillac, nós teremos um modelo para cegueira, um modelo para pés tortos, um modelo para queimaduras, um modelo para hidrocefalia e um modelo para orifícios no coração. Ao gerenciar cinco causas, reduzimos os custos logísticos e administrativos para cada causa em 80%. Isso nos traz enormes vantagens. Se formos bem-sucedidos em criar cinco novos Smile Trains, podemos criar cem."

Embora a Smile Train tenha usado bastante as campanhas do tipo "uma vez e está feito", da mesma maneira ocorreu com o WonderWork.org. Um dos "modelos" desta, Burn Rescue, também o utilizou com grandes resultados.

Visite nosso *site* <www.burnrescue.org> para realizar uma doação *on-line* segura.
A fatura do BurnRescue está anexa. Se preferir, também aceitamos:
( ) Mastercard ( ) Visa ( ) American Express ( ) Discover
Cartão: ______________________ CVV:_________ Data: / /
Assinatura:_____________________________________

BURN RESCUE

Para uma criança recuperar o uso de seus dedos e braços.
Para uma criança fazer amigos e ir à escola.
Para os pais dela, que se preocupam em como o filho ou a filha vai sobreviver quando eles se forem.
No mundo em desenvolvimento, no qual bilhões ainda usam o fogo para se aquecer, iluminar e cozinhar, queimaduras são um problema comum. Maior que a tuberculose e a Aids juntas. Maior que o câncer de mama. As queimaduras afligem aproximadamente 15 milhões de crianças. Milhões delas morrem por causa da falta de instalações de saúde. As que têm a "sorte" de sobreviver, em geral ficam deformadas ou desfiguradas e enfrentam uma vida de dor e sofrimento.
Uma queimadura não somente desfigura, mas pode afetar movimentos e funções. Pode impedir uma criança de andar. Pode transformar uma mão em um punho fechado. Pode unir um queixo ao peito para sempre.
A boa notícia é que a grande maioria dessas crianças pode ser salva por uma cirurgia milagrosa, que custa apenas US$500.
É por isso que começamos a BurnRescue.
Para ajudar 15 milhões de crianças que sofrem com queimaduras.
Para oferecer uma cirurgia milagrosa, que pode devolver a crianças desesperadas um futuro e uma segunda chance que nunca esperariam receber.
Para ajudar crianças que ninguém mais ajuda.
Mas não podemos fazer nada sem a sua ajuda.
Não recebemos apoio do governo ou de grandes empresas. 99% de nossos fundos vêm de doadores generosos como você.
VOCÊ pode fazer um milagre acontecer para uma criança que realmente precisa.
VOCÊ pode salvar uma criança de uma vida de mágoa e sofrimento.
VOCÊ pode mudar a vida de uma criança com uma doação, um presente, um momento.
Por favor, envie-nos uma doação de qualquer quantia e a usaremos para mudar a vida de uma criança.

OBRIGADO POR NOS AJUDAR!

Brian Mullaney, cofundador da BurnRescue
P.S.: Basta uma doação para ajudar a salvar uma criança de uma vida de dor e sofrimento. Se você quer que esta seja a sua doação, veja o quadro no formulário de resposta anexo e iremos honrar seu pedido.
P.P.S.: Uma doação de US$250 ou mais o tornará um Doador de Fundos da BurnRescue.

Após amplos testes em uma postagem em 2012 com mais de 4 milhões de cartas usando a campanha "uma vez e está feito", a WonderWork.org espera angariar mais de 350 mil doadores e arrecadar aproximadamente US$ 15 milhões com essa oferta.

Melhor ainda, Brian espera dobrar a receita por doador, porque os contribuintes terão mais de uma causa para fazer sua escolha. A nova estrutura não deixa os doadores pararem de contribuir, pois ela promove uma "venda cruzada" — algo jamais ouvido no setor sem fins lucrativos.

"Caridades odeiam a palavra 'vender'!", diz Brian. *"Mas eu a adoro."*

Obviamente, não há muitas pessoas no mundo filantrópico como Brian. Ele é um empreendedor. A maioria dos mandachuvas no mundo sem fins lucrativos ainda morrem de medo de mudar a maneira usual de fazer negócios, o que não é acusá-los de negligência, apenas de preconceito conservador. Seus corações estão no lugar certo. Muitos provavelmente se envolveram em trabalhos filantrópicos por uma crença profunda em tentar fazer o maior bem possível no mundo. Reconhecer que doadores talvez não compartilhem dessa crença ou sejam tão altruístas quanto as caridades gostariam que fossem poderia parecer como conceder uma derrota.

Ainda assim, fica cada dia mais claro que as caridades são as provedoras de linha de frente de muitos tipos de serviços e bens públicos importantes. À medida que o governo federal e os governos estaduais cortam seus financiamentos, todos saem perdendo com menos recursos para ajudar crianças, idosos, pobres, o meio ambiente e as artes. Organizações como o Sierra Club, a Anistia Internacional, a Cruz Vermelha e todas as organizações sem fins lucrativos que fazem de tudo, desde alimentar, dar moradia e educar os que mais precisam até nos proporcionar artes e entretenimento de alto nível, precisam de alguém para intervir em prol de sua causa. A lógica científica pode ajudar.

A FUNDAÇÃO PARA O SUCESSO A LONGO PRAZO

Tendo nos aprofundado mais na economia da caridade, descobrimos evidências sólidas e quantificáveis sobre como incentivos funcionam para atrair novos doadores e clientes; de maneira mais importante, essas evidências proporcionam a fundação para o sucesso a longo prazo. Nós sabemos agora que o capital-semente, doações casadas modestamente proporcionadas, bilhetes de rifas, crianças caucasianas de olhos tristes com fendas palatinas e uma mulher bonita na entrada da casa de um sujeito podem ajudar a arrecadar dinheiro. Nossas evidências demonstram que a pressão social é responsável por uma proporção bastante considerável da motivação para doar. Acreditamos que esquemas do tipo tontinas podem funcionar para abrir as carteiras das pessoas. E descobrimos que dar às pessoas a opção de desautorização não apenas aumenta a doação agora, como estabelece a fundação para campanhas eficientes depois também.

No fim das contas, suspeitamos que, apesar de os doadores cotidianos focarem aquele sentimento de bem-estar do *warm glow*, doadores maiores — aqueles que doam milhões de dólares ao ano — são mais influenciados por mudanças no código tributário. Se você refletir a respeito, isso faz sentido. Quando chega a época do imposto de renda, o governo federal permite que você deduza dólares que doou da sua renda declarada se relacionar suas deduções. Para aqueles contribuintes na categoria de tributação de 35%, essa dedução efetivamente baixa o preço de doar um dólar para algo como US$ 0,65. Não é pouca coisa como incentivo para doar.[6]

***

Nós todos presumimos que as pessoas doam porque fazer isso ajuda os outros. Mas a verdade, como vimos em nossos experimentos de campo todas as vezes, é que muitas pessoas doam mais motivadas por interesses próprios. Infelizmente, as caridades não compreenderam isso ainda. Para conseguir que as pessoas abram suas carteiras, as caridades aplicaram determinados truques do setor — anúncios de ter conseguido arrecadar 33% do capital-semente, doações casadas 3:1, apelos de mala direta, e assim por diante — contando com a tradição e fórmulas. Ao fazer isso, deixaram dinheiro sobre a mesa.

Em uma ampla gama de experimentos — das campanhas da Smile Train ao Sierra Club, da Universidade da Flórida Central às ruas dos bairros por todo o país —, descobrimos que determinadas pressuposições há muito sustentadas a respeito de doações filantrópicas não têm muito fundamento. Francamente, não ficamos surpresos em descobrir que homens doam mais quando belas mulheres lhes pedem. Mas ficamos surpresos em saber que os doadores da Smile Train abrem com mais frequência um envelope quando o garoto na imagem se parece com eles. Nas palavras do inimitável Carly Simon, nós somos (todos) "tão vaidosos". No fim das contas, precisamos sentir que temos algum envolvimento no jogo da caridade.

Nossa conclusão é simples: caridades, por necessidade, terão de parar de contar com fórmulas de segunda mão e começar a experimentar mais; se não fizerem isso, perderão para a concorrência.

Esperamos que os experimentos de campo descritos nesses capítulos ofereçam um conjunto de novas ideias, prescrições e lições que possam ajudar as organizações a dar aquele primeiro passo (ou pelo menos nos chamar para dar aquele primeiro passo!). À medida que o setor avança, os experimentos de campo servirão como uma ferramenta para revolucioná-lo, assim como se tornarão a regra no mundo corporativo, em vez da exceção.

Em seguida, visitaremos outro grupo de administradores precisando de ajuda: aqueles nas empresas com fins lucrativos.

11. Por que o empresário de hoje é uma espécie em risco de extinção?

Criando uma cultura de experimentação no seu negócio

É um dia de setembro agradável e de céu azul na cidade de Nova York. O ano é 1965. O motorista de táxi deixa um homem na esquina da Primeira Avenida com a rua 64. Ele entra no novo restaurante *art-nouveau*. Conferindo-se no espelho da entrada, ele acha que está com uma ótima aparência em seu terno Brooks Brothers, gravata preta e camisa branca engomada. Uma fragrância de Old Spice emana de seu pulso e de seu pescoço.

Ele cumprimenta os três sujeitos do marketing da Westinghouse como se fossem melhores amigos, enquanto a recepcionista, de sapatos de salto alto e saia lápis justa, anui e sorri recatadamente para ele. Ela guia o grupo até uma mesa adornada com linho e cristais debaixo de um lindo e multicolorido teto de vidro estilo Tiffany.

Ele e seus convidados se sentam e estudam o cardápio enquanto o garçom anota a primeira rodada de pedidos de drinques.

"Olá, Roger", diz de maneira familiar. "Vou querer o de sempre. Martíni seco com três azeitonas. Qual a sopa hoje?"

"Nossa sopa é um *bisque* cremoso de lagostas do Maine, senhor, feito agora mesmo. Delicioso!"

"Não, obrigado", responde. "Eu comi a lagosta ontem. Vou começar com o *pâté en croute,* seguido pelo javali e a torta com creme de limão com café de sobremesa."

Apenas um almoço no dia da vida de outro empresário da avenida Madison, apesar de quase cinquenta anos atrás. Como será o restante da sua semana de trabalho? Uma semana curta, graças a todos aqueles almoços com três martínis que duram horas. Mais reuniões com clientes nos restaurantes e clubes mais chiques de Nova York. Mais reuniões no escritório regadas a Bourbon. E, é claro, o namoro escondido.

Esse é o tipo de mundo esquisito descrito na série de TV *Mad Men* (e, não, não é um exagero enorme da realidade da época). O ambiente é perfeito para um ótimo drama, daí os 16 prêmios Emmy. Mas, a partir da perspectiva do economista rabugento, a série roga a pergunta: *Que diabo estavam pensando os negócios que contratavam esses caras metidos e posudos da publicidade?* Eles eram certamente criativos, mas como faziam ideia de que o que eles sugeriam funcionava?

Hoje em dia, altos executivos talvez nem sempre tomem decisões grandes e importantes a respeito de produtos, preços e campanhas publicitárias em almoços regados a álcool, mas muitas vezes tomam essas decisões baseados em pouco mais do que palpites. Acreditamos que os negócios que não experimentam — e que deixam de demonstrar, por meio de dados concretos, que suas ideias podem realmente funcionar antes de a companhia agir — estão desperdiçando dinheiro. Não apenas isso, mas esses executivos estão claramente se colocando em uma lista de espécies em risco de extinção.

NETFLIX: UM CASO EXEMPLAR

A Netflix, serviço que disponibiliza filmes e séries de TV, é um caso exemplar da necessidade de experimentação nos negócios. Como sua base de clientes e produtos é de primeiríssima qualidade, ele foi capaz de evitar a falência seguindo uma incrível e inteiramente evitável sequência de más decisões tomadas em 2011.

A Netflix foi fundada em 1997 com base em uma grande questão: *Será que as pessoas pagariam uma assinatura mensal para ter DVDs entregues nas suas portas (sem taxas por atraso) em vez de ter de ir até a locadora (que ganhava um monte de dinheiro em taxas por atraso)?* O mercado respondeu com um retumbante "sim". A pequena empresa do Vale do Silício entregava filmes que as pessoas queriam, os entregava rápido e em geral fazia um trabalho fantástico de Davi em relação ao Golias das cadeias de videolocadoras como a Blockbuster.

Mais tarde, a Netflix começou a oferecer vídeos para baixar on-line, embora a seleção fosse muito mais limitada, de maneira que os clientes podiam assistir aos filmes de duas maneiras diferentes. Ao fazer isso, a empresa gerou uma reviravolta no mercado de videolocadoras de rua, incluindo a gigante Blockbuster, que foi forçada a fechar muitas de suas lojas. Com 25 milhões de assinantes felizes, a Netflix era a queridinha do mercado de ações também: estava negociando a ação a quase US$ 300 em julho de 2011.

Mas, então, a empresa fez algo estranho: disse aos seus clientes em um longo e confuso e-mail que estava dividindo o serviço pelo correio e on-line em dois serviços separados. Os clientes já pagavam US$ 9,99, US$ 12,99 ou US$ 14,99 ao mês para alugar um, dois ou três DVDs de cada vez, respectivamente, dependendo do plano controlado, e um número limitado de vídeos on-line. Mas agora, disse a empresa, eles cobrariam de todos os clientes US$ 7,99 ao mês para um filme por correio e outros US$ 7,99 ao mês para o serviço on-line, efetivamente aumentando os preços anteriores em 60%.

Os clientes desaprovaram fortemente a mudança, considerando-a uma decisão "burra" por parte da administração. Postando um comentário no site da Netflix, um sujeito chamado Greg (assinando como "ex-cliente") escreveu o seguinte:

> Prezada Netflix,
>
> Para dizer o mínimo, estou chocado e pasmo com o seu comportamento recente. Parece que foi ontem que éramos melhores amigos. Você me informou com documentários comoventes; eu sempre ri dos seus filmes *trash* de horror. Por quatro anos a empresa foi a destinatária generosa do meu dinheiro duramente conseguido, mas, ai de mim, as suas ações atuais me forçaram a reavaliar a nossa relação. O aumento no preço nominal, embora inesperado, não desencoraja a minha lealdade. No entanto, a apresentação desse aumento por seu porta-voz, Jessie Becker — como uma escolha a mais para meu próprio benefício —, insulta a minha inteligência e

revela o tamanho da sua arrogância. Se eu tivesse sido tratado como um adulto e informado dessas mudanças de maneira direta e honesta, talvez nós pudéssemos voltar. Infelizmente, esse curso de ação não é mais possível; o seu tom condescendente e manipulativo arruinou irreparavelmente a nossa relação.[1]

A Netflix recebeu tantas reclamações que teve de contratar empregados extras no setor de serviço ao cliente. As ações da empresa afundaram 51%. Então, em setembro de 2011, o CEO Reed Hastings pediu desculpas aos clientes e anunciou que a Netflix tentaria corrigir a situação. Como? Dividindo a empresa em duas operações: uma, chamada Qwikster, seria o negócio de entrega pelo correio, administrado por um novo CEO; a outra seria o serviço on-line, chamado Netflix.

Esse anúncio deixou os clientes ainda mais irritados. Agora, assinantes tanto do vídeo on-line quanto dos DVDs veriam duas cobranças separadas nas suas contas de cartão de crédito e teriam de acessar dois sites diferentes. As ações caíram mais 7,4%.

Percebendo que haviam piorado as coisas, a "Time Netflix" enviou o seguinte e-mail para os clientes em outubro de 2011:

Prezado [Nome do Cliente Aqui],

está claro que, para muitos dos nossos membros, dois sites dificultariam demais as coisas, então manteremos a Netflix como um lugar para se procurar vídeos on-line e DVDs. Isso significa que não há mudança alguma: um site, uma conta, uma senha... em outras palavras, nada de Qwikster.

A Netflix achou que alguns clientes iam cancelar a conta; mas eles ficaram chocados quando perto de 1 milhão de clientes deixaram de usar a Netflix. A essa altura, a empresa estava sendo criticada maciçamente como mal administrada. Até o *Saturday Night Live* acabou fazendo graça dela.[2]

Para ver simplesmente como saiu caro não experimentar, dê uma olhada no preço das ações da Netflix, pré e pós-confusão em 2011:

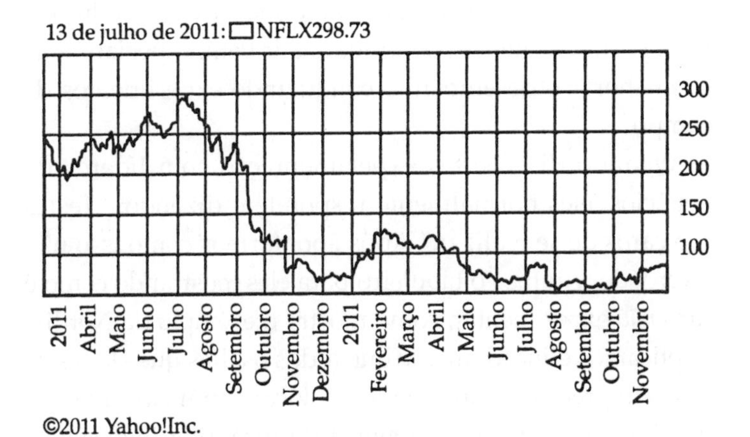

©2011 Yahoo!Inc.

Estamos contando essa história porque a empresa poderia ter evitado a perda de bilhões de dólares e o dano à sua marca se tivesse realizado alguns experimentos de campo simples. Em vez de vir com um esquema nacional a ser empurrado sobre os clientes e em vez de contar com ideias mal concebidas (baseadas na intuição de algumas pessoas muito inteligentes no conselho, talvez alguns grupos de foco, ou algumas empresas de consultoria caras), tudo que a Netflix tinha de fazer era realizar um piloto do seu grande plano em uma porção pequena do país — digamos, San Diego — e então estudar as reações dos seus clientes.

O experimento em pequena escala poderia ter poupado à empresa montes de dinheiro sem reduzir seu valor. A Netflix poderia perder alguns clientes em San Diego, mas teria tido a chance de melhorar o plano (ou talvez finalmente cancelá-lo) e seguir o líder de mercado. Mesmo se esse experimento tivesse provocado alguma atenção negativa, os executivos da Netflix poderiam tê-lo explicado como um equívoco local. O dano teria sido muito menor, e o experimento valeria seu peso em ouro. Desde então, a empresa se recuperou, e acreditamos que, dada sua base de produtos e forte perfil de clientes, continuará a ir bem, especialmente se melhorar o desempenho conduzindo experimentos de campo.

Quando discutimos experimentação com líderes de negócios, eles normalmente respondem dizendo: "Testes são caros de se realizar." Após apontarmos como isso não é verdade, viramos o tabuleiro para eles mostrando como é caro *não* experimentar, como mostra o exemplo da Netflix. Explicamos educadamente que todos os dias que eles estabelecem preços subotimizados, colocam anúncios que não funcionam, ou usam esquemas de incentivo ineficientes para sua força de trabalho, eles efetivamente perdem milhões de dólares.

É claro, muitos negócios experimentam, e o fazem frequentemente. Os negócios sempre mexem com a máquina e tentam coisas novas. Por exemplo, Steve Jobs, da Apple, estava sempre experimentando com design e novas maneiras de vender produtos. O problema é que os negócios raramente conduzem experimentos que permitem a comparação entre um grupo de tratamento e um grupo-controle. O lançamento do iPod e da loja de música iTunes por Jobs revolucionou uma indústria. Mas, por anos, Jobs insistiu que os músicos e as gravadoras cobrassem exatamente US$ 0,99 por canção no iTunes. Defender qualquer justificativa que a Apple possa oferecer para essa política é difícil, no entanto. A empresa nunca comparou o impacto dos preços do iTunes sobre as suas vendas de canções e iPods. E, na ausência de uma evidência sólida, os executivos da Apple se voltaram para suas intuições. Eles se saíram bem com essa estratégia, mas será que poderiam ter ido do "bom para o excelente", como o autor Jim Collins apresenta a questão, por meio da experimentação?

Apresentando a questão de maneira diferente, digamos que você tenha uma doença séria. Você vai ao médico, e ele lhe prescreve um novo tratamento. Quando você pergunta qual evidência ele tem para confiar nesse tratamento, ele diz:

"É minha intuição."

Nesse caso, seria melhor você ir embora e nunca mais voltar, pois prefere confiar a sua vida a uma pessoa cujas decisões médicas sejam baseadas em evidências científicas.

Como tomar as decisões de negócios certas difere de escolher o tratamento médico certo? Você poderia dizer que vidas não estão em jogo, mas executivos que recebem milhões de dólares ao ano para tomar decisões podem custar os empregos de pessoas e bilhões à economia. Experimentos de negócios são investigações de pesquisa que dão às empresas a oportunidade de conseguir dados de maneira rápida e precisa em relação a decisões importantes. Ao manipular vários fatores no meio ambiente, as empresas podem compreender melhor a relação causal entre uma mudança na estratégia e uma resposta no comportamento dos consumidores, competidores, empregados ou outras partes interessadas.

Experimentos de campo nos negócios também são diferentes de outros esforços de pesquisa — digamos, grupos de foco —, porque os participantes tomam decisões na vida real muitas vezes sem nem sequer saber que são parte de um estudo. Quando projetados adequadamente, experimentos de campo de negócios podem proporcionar insights inestimáveis e revelar resultados surpreendentes, que a empresa pode então implementar em uma escala maior. Neste capítulo, contaremos a história de dois grandes executivos que orientaram o futuro das suas empresas com experimentos de campo. Ao longo do caminho, combinamos experimentos que conduzimos com essas e outras empresas.

INOVAÇÃO NA INTUIT

Intuit, empresa baseada no Vale do Silício e famosa por seu software QuickBooks e TurboTax, passou anos tornando a experimentação parte do cerne da sua existência.

"Costumávamos tomar decisões pela análise e opinião gerencial, e de cima para baixo", diz o fundador e presidente, Scott Cook. "Agora deixamos nossos experimentos pequenos e ágeis tomarem as decisões por nós."

Nos velhos tempos, a Intuit era administrada como a maioria das grandes organizações. O pessoal do desenvolvimento de produtos vinha com ideias. Os gerentes das unidades de negócios reuniam os dados dos grupos de foco e outras pesquisas, faziam alguma análise, enfiavam seus achados em PowerPoints, disseminavam as informações para o restante da empresa, e seus chefes decidiam se financiariam o projeto ou não. Mas Cook começou a compreender que essa maneira de trabalhar era como caminhar em sapatos de concreto.

"Eu comecei a me convencer que a experimentação era a solução para dois problemas", diz Cook. "O primeiro era como conseguir que uma empresa grande e bem-sucedida fosse ágil e inovadora, pois quanto maior e mais bem-sucedida for uma empresa, menos inovadora e empreendedora ela pode se tornar. O segundo problema era que as decisões tomadas do jeito antigo eram muitas vezes erradas."

Intuit treinou os seus funcionários em *"design thinking"*, uma metodologia para investigar problemas (especialmente problemas complexos, vagos), reunir informações e chegar a soluções criativas. *Design thinkers* usam uma abordagem holística, trazendo criatividade para o trabalho, e então inovam com abordagens para os problemas. Um pequeno grupo de *design thinkers* e executivos treinou cem líderes na organização para realizar experimentos que testaram pressuposições e hipóteses; eles reuniram dados e chegaram a soluções. E esses líderes ensinaram pessoas que trabalhavam para eles a fazer o mesmo. Além disso, 150 "catalisadores de inovação" através da organização trabalham em todos os departamentos da empresa para impulsionar essa cultura de experimentação. Hoje em dia, todos são encorajados a brincar com novas ideias usando os mesmos métodos experimentais científicos, como Galileu, que usamos em nosso trabalho.

Nos velhos tempos, o pessoal na divisão da Turbotax.com realizava sete experimentos ao ano. Hoje em dia, eles realizam 141 experimentos ágeis e de baixo custo durante a temporada de pagamento de impostos em um ciclo semanal, começando às quintas-feiras. Testam a ideia, realizam o experimento, leem os dados, dão uma mexida no experimento, e na quinta-feira seguinte o testam de novo. O ciclo rápido de experimentação "libera a inovação e o empreendedorismo", diz Cook.

Como empresa, a Intuit libera seus empregados a passarem 10% do seu tempo trabalhando em projetos de sua própria invenção. Hoje em dia, a Intuit experimenta sempre que possível em uma base barata e em pequena escala como o cerne do processo de descoberta. Os empregados que apresentam ideias inovadoras têm de provar que os conceitos funcionam rastreando os resultados de clientes reais; as ideias mais promissoras ganham destaque. Dessa maneira, a Intuit desenvolveu o SnapTax (que prepara os impostos em uma câmera ou um telefone celular); o SnapPayroll (que possibilita que os empregadores paguem seus empregados com o telefone celular); e um Intuit Health Debit Card, que oferece cobertura de saúde para pequenos negócios que não têm condições de pagar pelo plano de saúde para os empregados; e mais.

Muitas vezes, esses experimentos resultam em novos recursos dos produtos. O time de desenvolvimento, por exemplo, usou questões experimentais específicas a respeito de situações tributárias; baseado nas respostas, o software poderia recomendar a dedução-padrão ou a dedução item a item. Testes mostraram que o recurso podia reduzir o tempo que levava para preencher o imposto de renda em 75%, então todas as versões subsequentes do produto incorporaram o novo recurso, chamado de "Fast Path", na sua "edição federal" gratuita do software TurboTax.

Os times de desenvolvimento da Intuit também criaram um "Audit Support Center", que ajudava a guiar todos os clientes através da experiência de auditoria, como se tivessem recebido uma carta da Receita Federal. Testes confirmaram que mais clientes começaram e completaram seus formulários TurboTax quando o recurso era apresentado no site.

"Nossa taxa de conversão de clientes, o número de pessoas que compram o produto após sair às compras na internet, cresceu 50% em seis anos", diz Cook.

Empregados também são encorajados a apresentar soluções para sérios problemas sociais. Em um caso, um time na Índia desenvolveu um serviço para agricultores hindus chamado "FASAL" ("colheita" em hindu). Os membros do time haviam observado que famílias produtoras rurais — compreendendo metade da sociedade hindu — eram tão pobres que não tinham acesso a algumas das necessidades mais básicas. Como, os engenheiros se perguntavam, eles poderiam melhorar as vidas desses camponeses?

A equipe da Intuit conduziu o próprio estudo, observando os agricultores pobres nos campos e quando eles iam ao mercado. A maioria dos agricultores tem acesso a apenas um ou dois mercados, e tinham de negociar com um intermediário em cada mercado para conseguir um preço para a sua produção. O intermediário se sentava debaixo de uma cobertura e sinalizava o preço por meio de gestos. Não havia uma política de preços transparente, e o sistema funcionava contra os agricultores. Mas eles tinham um fator que contava muito a seu favor: tinham celulares.

Então os engenheiros conceberam um aplicativo de texto para celulares que avisasse aos agricultores o que os intermediários de uma série de mercados estavam oferecendo. Em poucas semanas, os engenheiros testaram o conceito com um experimento rápido e simples, digitando mensagens de texto para 120 agricultores lhes dizendo quais mercados poderiam assegurar melhores preços para suas safras. O teste funcionou, e os agricultores começaram a adotar o aplicativo. Hoje em dia, o serviço FASAL está ajudando 1,2 milhão de agricultores a sair da pobreza.

"A FASAL não é uma caridade. Nós a administramos como um negócio, de maneira que possamos atacar de frente um dos problemas mais perniciosos do mundo em desenvolvimento, a pobreza rural", diz Cook. "Nós saímos e procuramos pelos maiores problemas que podemos solucionar, e uma série deles são problemas sociais. Nós os atacamos realizando experimentos rápidos e de baixa fidelidade."

Trabalhando com a Intuit, temos agora dúzias de experimentos de campo a caminho que prometem lançar luz sobre o que funciona e por quê. Suspeitamos que muitos ajudarão a influenciar o resultado da Intuit. A Intuit é uma grande companhia porque o gene do experimento de campo está inserido em seu DNA.

INTERVENÇÕES NA HUMANA

Outra empresa que gosta de realizar experimentos de campo é a Humana, a gigante de planos de saúde que começou como uma cadeia de asilos e hospitais.

"Gosto de descobrir o que faz as coisas funcionarem de verdade", diz Mike McCallister, o presidente e CEO afável e de bigode da Humana.

De fato, McCallister é um daqueles caras que está constantemente pensando a respeito de maneiras melhores de fazer as coisas. Na realidade, ele pensa muito mais como um empreendedor — ou mesmo um economista de campo — do que um CEO. Enquanto outros talvez confiem nas suas intuições, ele confia nas suas *contraintuições*.

"Eu tento descobrir o que é possível fazer", diz ele. "As pessoas presumem que não dá para fazer as coisas, mas quem são elas para dizer isso? Vamos descobrir!"

Por exemplo, nos velhos tempos, antes de a Humana ser uma provedora de planos de saúde, ela era proprietária de hospitais e prédios médicos, e McCallister era então responsável pelos consultórios médicos. Estes perdiam dinheiro; mas as farmácias do hospital ganhavam. A ideia brilhante de McCallister: vincular algumas farmácias aos consultórios médicos que não tinham farmácias vinculadas. E eis que os consultórios médicos com as farmácias se provaram mais lucrativos. Com a evidência na mão, a Humana expandiu essa união por seus consultórios médicos e ganhou dinheiro. Ninguém havia tentado esse tipo de coisa antes. Não era "feito" na Humana, ou em outra parte da indústria de saúde quanto a isso. Acreditamos que romper com o padrão exige coragem e a evidência de um experimento de campo que proporciona a você a confiança de que a sua ideia está realmente correta.

Assim que a Humana passou a ser provedora de planos de saúde e McCallister tornou-se seu CEO, ele começou a experimentar com outras políticas. Como empregadora, a Humana descobriu que os próprios custos de saúde estavam fora de controle, em parte porque os funcionários não estavam cuidando de si mesmos. McCallister acredita muito na questão da responsabilidade pessoal, então disse aos empregados que eles não seriam obrigados a fazer nada, mas teriam de trabalhar o problema juntos. Uma abordagem seria realizar pequenos experimentos incentivados. A Humana ofereceu um programa de perda de peso que começou e terminou com uma medida do IMC (índice de massa corporal). Aqueles que perderam parte da sua medida de cintura tiveram seus nomes colocados em uma loteria para um cheque bastante considerável de US$ 10 mil. De maneira pouco surpreendente, esse incentivo criou um entusiasmo considerável pela empresa — e, sim, algumas pessoas perderam peso.

O experimento de perda de peso é pequeno; mas considere um experimento em larga escala que a Humana está realizando hoje. Embora McCallister acredite que todas as pessoas devam ter acesso a tratamentos médicos a um preço razoável, ele reconhece que a burocracia do Medicare* tem muito pouco incentivo em investir em políticas preventivas. Isso, diz McCallister, leva a "fraude, abuso e uso excessivo dos serviços". Diante de uma geração enorme de *baby boomers,* nascidos entre 1946 e 1964, rapidamente envelhecendo e custos com a saúde estourando, ele acredita que há uma maneira muito melhor de prover saúde para os pacientes — uma maneira que se concentre no bem-estar do paciente, que poupa tanto dinheiro quanto vidas, acredita.

Com esse intuito, a empresa recentemente adotou um mantra: ajudar as pessoas a alcançar um bem-estar duradouro. Mas, o que funciona? Para descobrir, contratou uma consultora chamada Judi Israel para estabelecer um "consórcio econômico comportamental". Como parte desse consórcio, ajudamos a projetar alguns experimentos de campo e intervenções comportamentais. Nossa meta comum era ver que tipos de intervenções ajudavam mais os pacientes a melhorar ou estabilizar sua saúde ao administrar os custos.

Considere uma idosa no Medicare que sofre um ataque cardíaco, por exemplo. Ela sobrevive ao ataque, recebe tratamento apropriado e vai para casa. Mas então termina de volta ao hospital dentro de um mês por alguma questão comparativamente trivial, como deixar de tomar suas medicações receitadas. Cada readmissão no hospital tem um custo médio de US$ 10 mil, não incluindo "extras", como receitas médicas, serviços de fisioterapia, entre outros.

---

*Programa de seguro-saúde federal norte-americano. (*N. do T.*)

Levando-se em consideração que um número expressivo de um em cada cinco pacientes no Medicare é readmitido ao hospital dentro de um mês da sua primeira admissão,[3] esses custos podem ser enormes — e a readmissão não é divertida para o paciente também. A Humana, que cobre os custos que o Medicare não cobre, é parte interessada em tentar melhorar a situação.

Então, a empresa remexeu um pouco seus bancos de dados e descobriu que um número substancial dos 2 milhões de membros registrados no Medicare que ela segurava estava sendo readmitido. A empresa convocou sua equipe analítica para construir um modelo para abordar esse problema. Entre outros insights, a equipe encontrou que os membros que sofriam de problemas de saúde crônicos (diabetes, obesidade, doença cardíaca, pneumonia, insuficiência cardíaca congestiva etc.) estavam no topo da lista. Dessa maneira, a Humana decidiu acompanhar os pacientes após eles serem liberados do hospital. Todos os pacientes recebem um telefonema automatizado oferecendo ajuda ou conselhos por meio de um número gratuito, mas aqueles com problemas crônicos recebem uma chamada de uma enfermeira que os acompanha ao longo de seus passos na reabilitação e verifica se estão seguindo tudo corretamente. E pacientes que sofrem de diversos problemas crônicos ao mesmo tempo recebem uma visita em casa de uma enfermeira que os monitora e os auxilia com seu conhecimento. Mais de 100 mil segurados da Humana no Medicare com múltiplas doenças crônicas recebem esse tipo de ajuda.

Com os testes controlados, a Humana descobriu que uma simples intervenção proativa e de baixo custo, como enviar uma enfermeira para visitar o paciente, pode poupar quantidades significativas de dinheiro, ao mesmo tempo que ajuda o paciente. Continuamos a trabalhar com a Humana usando intervenções comportamentais que, confiamos, farão avanços significativos nos resultados da empresa.

De um ponto de vista dos negócios e da indústria da saúde, todas essas medidas fazem sentido:

"Nossa indústria não tem sido inovadora", insiste McCallister. "Esse país é produtivo sobre as costas da tecnologia, mas não há inovação nos seguros ou na saúde, tirando seus produtos. Nós estamos tentando solucionar um grande problema — para controlar os gastos com a saúde e concomitantemente buscar mitigar a sua deterioração. Talvez o que aprendermos aqui com nossos experimentos possa ser disseminado."

O PREÇO ESTÁ CERTO

Experimentos de campo concentrando-se em produtos, serviços e preços não são domínio apenas de grandes companhias como a Intuit e a Humana. Eles podem, na realidade, ser mais cruciais ainda para negócios menores, muitos dos quais oscilam à beira da falência diariamente.

No verão de 2009, Uri e sua esposa, Ayelet, receberam uma chamada de um sujeito que chamaremos de "George", um proprietário de uma vinícola em Temecula, Califórnia, uma cidade adorável e tranquila a aproximadamente uma hora a noroeste de San Diego. George pediu sua ajuda para estabelecer o preço dos seus vinhos — claramente uma das decisões de negócios mais importantes que ele precisava tomar. Eles ficaram encantados em aceitar o convite para visitar a vinícola de George, provar alguns dos seus produtos e possivelmente ajudá-lo no processo.[4]

Quando Uri e Ayelet perguntaram como ele havia escolhido os preços no passado, eles ouviram sobre os suspeitos de sempre: George observou como outras vinícolas haviam precificado vinhos similares, intuição, os preços do ano passado, e por aí afora. Ele esperava que os professores de administração aparecessem, olhassem à sua volta, fizessem alguns cálculos rápidos — e chegassem aos números mágicos que os tornariam ricos. Você pode imaginar quão desapontado ele ficou quando, após ter passado algum tempo com ele (e seu adorável cabernet), Uri e Ayelet lhe disseram que não faziam ideia de qual era o preço "certo", e que o número mágico não existia. Ele quase retirou da mesa o vinho que já havia servido para eles.

Em uma tentativa de salvar a bebida em seus copos, Uri e Ayelet lhe ofereceram ajuda, na forma de um método — sem mágica, sem equações e sem um conhecimento superior —, apenas um simples design experimental. Precificar vinhos é uma tarefa particularmente difícil, tendo em vista que a qualidade não é objetiva. Presumimos automaticamente uma conexão entre o preço e a qualidade; todos os outros fatores permanecendo iguais, se um laptop custa mais porque pesa menos, as pessoas pensam que é melhor. E é assim que grande parte do mundo funciona — é difícil encontrar uma evidência que vá contra essa intuição básica.

Será que esse também é o caso com vinhos? Você presumiria que sim, tendo em vista que a variação de preços dos vinhos é tão enorme — você pode pagar alguns dólares por um vinho de garrafão ou US$ 10 mil por uma garrafa de Domaine de la Romanée-Conti de 1959. Pesquisas sugerem que, mesmo quando a avaliação da qualidade de um produto é subjetiva (como é o caso do vinho, tendo em vista que as pessoas têm diferentes preferências de gostos), aumentar o preço pode aumentar a atratividade para os consumidores.

Visitantes da vinícola de George, assim como de outras vinícolas nessa região, podem saborear vinhos diferentes e escolher outros da seleção. Consumidores tipicamente vêm a Temecula para visitas a vinícolas, indo de uma a outra, provando e comprando vinhos. O que Uri e Ayelet experimentaram era um cabernet sauvignon de 2005, um "vinho com notas complexas de vacínio, licor de groselha-negra e um toque cítrico". O preço que George havia escolhido previamente era de US$ 10, e ele vendia bem.

Para o experimento, manipulamos o preço do cabernet para US$ 10, US$ 20 ou US$ 40 em dias diferentes no curso de algumas semanas. Cada dia experimental, George recebeu os visitantes e lhes falou sobre a degustação dos vinhos. Então os visitantes iam até o balcão, onde encontravam a pessoa que coordenava a degustação e lhes passava uma única página impressa contendo os nomes e os preços dos nove vinhos da amostra, variando de US$ 8 a US$ 60, dos quais os visitantes podiam provar seis da sua escolha. Como na maioria das vinícolas, a lista era elaborada de "leve a pesado", começando com vinhos brancos, passando para os vinhos tintos e concluindo com os vinhos de sobremesa. Os visitantes tipicamente escolhem vinhos mais abaixo na lista, e o cabernet sauvignon era sempre o número sete. As degustações levavam entre 15 e 30 minutos, após as quais os visitantes podiam decidir se queriam comprar qualquer um dos vinhos.

Os resultados chocaram George. Os visitantes tinham quase 50% mais de chance de comprar o cabernet quando ele o precificava em US$ 20 do que em US$ 10! Isto é, quando ele aumentava o preço, o vinho se tornava mais popular.

Usando um experimento quase sem custo algum e adotando preços de acordo, George aumentou o lucro total da vinícola em 11%. Seguindo esse experimento, ele adotou com satisfação os resultados e mudou o preço desse vinho para US$ 20. Tendo em vista que a vasta maioria dos clientes da vinícola é composta de visitantes de uma única vez (essa vinícola vende a maioria dos seus vinhos na sua loja), muito poucas pessoas observaram a mudança no preço.

SEJA CRIATIVO

Encontrar o preço "certo" é importante. Mas às vezes você precisa de mais. A questão não diz respeito somente ao preço, mas também a como ele é arrecadado.

Alguns anos atrás, uma estudante da Universidade da Califórnia, San Diego, Amber Brown, foi trabalhar para a Disney Research — um trabalho dos sonhos para uma jovem psicóloga. A Disney tem um grupo interdisciplinar de pesquisadores próprio que usa a ciência para tentar melhorar o desempenho da empresa e explorar novas tecnologias, marketing e economia. Como é o caso da Humana, esse grupo compreende a importância de usar a pesquisa comportamental para simultaneamente melhorar tanto a experiência dos clientes quanto o resultado da empresa.

Mais ou menos na mesma época em que Amber conseguiu o trabalho, estávamos nos interessando por uma abordagem de precificação comportamental emergente: "pague o que quiser". Um exemplo famoso dessa precificação é dado pela banda britânica Radiohead. Em 2007, a banda lançou um CD para ser baixado digitalmente. Ela encorajava os fãs a se conectarem ao seu site e baixarem o álbum por qualquer preço que escolhessem. Os fãs podiam baixar o álbum gratuitamente ou pagar tão pouco quanto US$ 0,65 (o custo cobrado pela companhia de cartão de crédito para realizar a transação) ou mais. Mas será que os fãs pagariam por algo que podiam conseguir de graça? E eles pagaram? De maneira interessante, centenas de milhares de pessoas baixaram o álbum do site da banda, e muitos deles (aproximadamente 50%) pagaram algo pelo CD. (Aliás, o recente prêmio Nobel, Al Roth, gosta de dizer que "Colombo não foi o primeiro a descobrir a América; ele foi o último". Após Colombo, todos sabiam sobre o "novo" continente. O mesmo é verdadeiro aqui. A banda Radiohead não foi a primeira a descobrir essa estratégia de precificação, mas o grupo é famoso o suficiente para ser o "último" — ninguém precisará mais "redescobri-la".)

Esse exemplo mostra que mesmo em mercados as pessoas não são completamente egoístas. Mas os dados do modelo da Radiohead, e outras empresas que o usaram, deixaram muitas questões em aberto. Claramente as pessoas pagaram mais do que precisavam, mas a questão se a estratégia de precificação teve consequências positivas ou negativas para a banda não foi esclarecida. A banda ganhou ou perdeu dinheiro em relação ao esquema de precificação-padrão?

Decidimos estudar o esquema "pague o que quiser" em um experimento de campo.[5] Pensamos que uma combinação de uma estratégia de precificação "pague o que quiser" *e* caridade poderia ser uma maneira interessante de apresentar a questão. Chamamos essa combinação de Responsabilidade Social Compartilhada (SSR — Shared Social Responsibility), porque, em vez de somente a companhia decidir quanto doar para a caridade, os clientes poderiam contribuir para as doações também. Se as pessoas podiam pagar o que quisessem por um item, será que pagariam mais se apelássemos para os "melhores anjos de sua natureza"?

Então, junto com a Disney Research, projetamos um grande experimento de campo que incluiu mais de 100 mil participantes para testar o efeito da precificação "pague o que quiser" combinada com a caridade. Estabelecemos nosso experimento em um brinquedo do tipo montanha-russa em um parque da Disney, onde as pessoas vão a passeio e depois podem comprar uma foto de si mesmas gritando e rindo.

Oferecemos a foto pelo preço regular de US$ 12,95 ou sob um esquema "pague o que quiser". Também acrescentamos tratamentos nos quais metade da receita da venda da foto ia para uma caridade bastante conhecida e apreciada. Esse design experimental resultou em quatro tratamentos diferentes que nós realizamos através de dias diferentes durante um período de um mês inteiro.

A figura a seguir mostra os lucros por usuário do brinquedo:

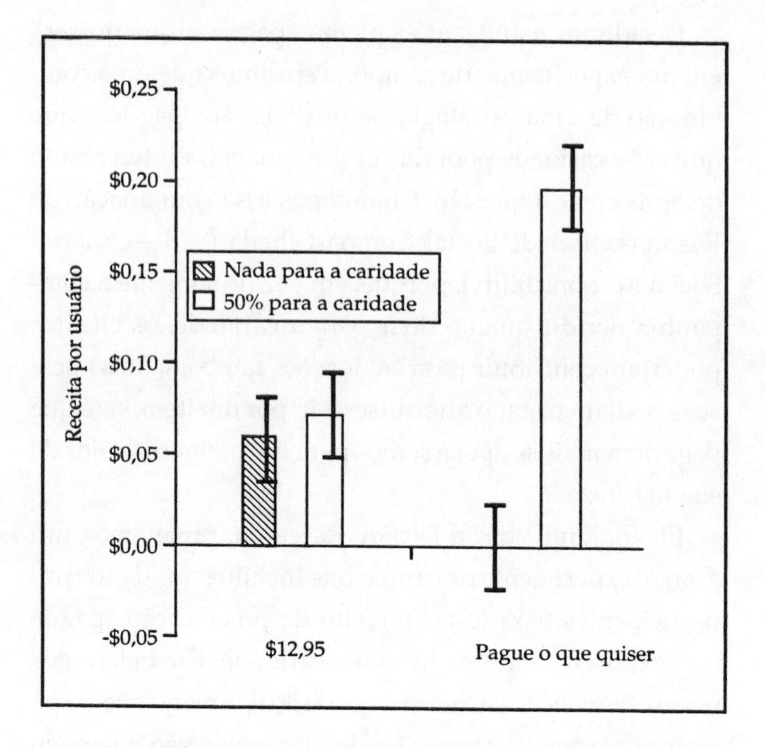

Como você pode ver, descobrimos que, no preço fixo-padrão de US$ 12,95, o componente filantrópico aumentou apenas ligeiramente a demanda — aumentando a receita por usuário apenas alguns centavos. Mas o que aconteceu quando os participantes podiam escolher o preço? Os índices de demanda aumentaram incrivelmente. Dezesseis vezes mais pessoas (8% em vez de 0,5%) compraram a foto. Mas, tendo em vista que elas pagaram apenas em torno de um dólar na média, a Disney não ganhou nenhum dinheiro com elas. (Lembre-se: estamos interessados em realizar experimentos nos quais podemos encontrar uma solução e que tanto as empresas quanto os clientes saiam ganhando. Essa é a melhor maneira de realizar mudanças que funcionem para valer.)

E o que, nos resultados dos experimentos, mais nos interessava? Quando misturamos o esquema "pague o que quiser" com a caridade, 4% das pessoas compraram a foto, mas elas pagaram muito mais (aproximadamente US$ 5) por ela. Acrescentar a opção da caridade se provou muito lucrativo. Na realidade, o parque de diversões ganharia US$ 600 mil adicionais ao ano oferecendo uma combinação "pague o que quiser"/caridade apenas nesse local no parque. De maneira mais geral, fazer essa mudança também aumentava o benefício para a caridade — e presumivelmente para os clientes, que sentiam que estavam fazendo algo bom.

Uma lição importante do nosso experimento é que, se você quer que os seus clientes ajam de maneira altruísta, precisa mostrar que pode fazer o mesmo. Quando a Disney concordou em experimentar a nova precificação, a empresa sinalizou aos clientes que se preocupava com as causas filantrópicas e, ainda mais importante, estava disposta a compartilhar o risco de agir a esse respeito. De maneira mais geral, aprendemos que ser criativo com suas estratégias de precificação prova que você pode fazer o bem enquanto vai bem (como discutimos nos capítulos 9 e 10).

COMO PODEMOS FAZER COM QUE VOCÊ RESPONDA?

Como mencionamos no capítulo anterior, todos estamos acostumados com as pilhas de correspondências para jogar fora de ofertas que soam boas demais para serem verdadeiras (provavelmente porque elas não são tão boas ou não tão verdadeiras). Muitos de nós jamais abrimos esse tipo de correspondência — simplesmente a "arquivamos" no lixo sem nem olhar para ela. Aqueles que a abrem normalmente ignoram o conteúdo ou pedidos. Sabendo disso, como uma empresa pode chamar a sua atenção através de uma mala direta (ou mídia social)?

Imagine que você abra um apelo de mala direta e uma nota de US$ 20 caia do envelope. Quem quer que tenha enviado a correspondência provavelmente tem a sua atenção agora. Curioso, você lê a carta enviada. A empresa está pedindo que você complete e retorne uma pequena pesquisa. Você faria? E se tivesse só US$ 10 dentro? Ou apenas US$ 1?

Anteriormente, mostramos como caridades como a Smile Train e a WonderWork.org usaram de maneira bem-sucedida a reciprocidade, o princípio básico de que, se alguém faz algo bom para você, você deve fazer algo bom em retorno. Mas, e se você não é uma instituição de caridade?

No caso da mala direta, a empresa generosamente mandou dinheiro para você e está lhe pedindo para fazer algo por eles em retorno. Digamos que você é o diretor de marketing de uma grande cadeia de lojas e se pergunta se faz sentido tentar apelar para o sentimento de reciprocidade das pessoas pedindo que elas respondam a uma iniciativa de mala direta. Sua empresa tem muita experiência em enviar pesquisas e também é boa em coletar dados. Mas não é muito boa em descobrir quais tipos de incentivos funcionam melhor ao lidar com a mala direta.

Com nosso colega, Pedro Rey-Biel (da Universidade Autônoma de Barcelona), analisamos os resultados de um grande experimento de campo, compreendendo 29 tratamentos e 7.250 "membros do clube" que já eram clientes registrados de uma grande cadeia de lojas.[6] A empresa enviou cartas pedindo aos membros do clube para completar uma pesquisa de 15 minutos. Ela estava interessada na questão: o que é melhor: pagar adiantado aos clientes para responderem a um apelo de mala direta ou pagar depois de sua resposta?

Apresentando a questão de outro modo: será que mais pessoas responderiam — e o estudo seria mais eficiente em termos de custos — se a empresa usasse o ângulo da reciprocidade e mandasse dinheiro para elas junto com a pesquisa na esperança de que a preenchessem? Ou será que seria mais inteligente fazer as coisas do jeito antigo? Isto é, seria melhor tratar as pessoas como empregados e tornar a recompensa contingente em ter realizado o trabalho?

Em um tratamento, a empresa enviou cartas com dinheiro, variando de US$ 1 a US$ 30 (chamamos este de o tratamento "social", tendo em vista que a reciprocidade é um fenômeno social), para aproximadamente metade dos destinatários. No outro tratamento, prometeu enviar cheques a 3.500 pessoas (com os mesmos montantes que no outro tratamento) se elas preenchessem o formulário (chamamos este de tratamento contingente). No tratamento de controle, a empresa apenas enviou a pesquisa para 250 pessoas e pediu que elas respondessem. O gráfico a seguir mostra a resposta.

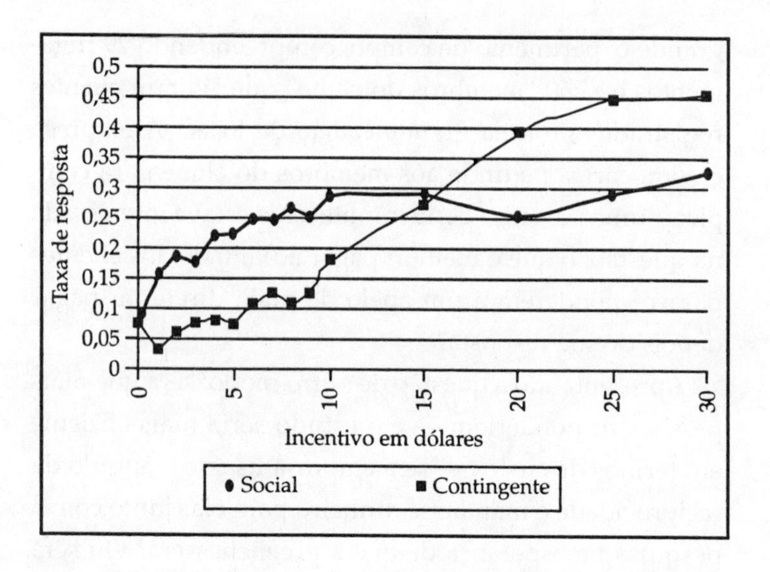

Esse gráfico mostra que o "ponto de ruptura" foi em torno de US$ 15. Até US$ 15, descobrimos que dar dinheiro adiantado às pessoas as faz sentir vontade de retribuir, aumentando assim a chance de retornarem à pesquisa, mesmo por quantidades pequenas como US$ 1. Na realidade, uma quantidade significativamente maior de pessoas respondeu quando lhes dissemos: "Você receberá US$ 1 se preencher a pesquisa e enviá-la de volta." Mas, após US$ 15, mais pessoas responderam à abordagem contingente "preencha nossa pesquisa e pagaremos a você".

De maneira importante, a abordagem contingente saiu mais barata do que a abordagem de pagamento adiantado. Faz sentido: afinal de contas, mandar dinheiro apenas para aqueles que enviam a pesquisa de volta é mais barato do que pagar a todos independentemente de eles responderem. O custo médio de uma pesquisa retornada no tratamento social foi US$ 45,40, mais do que o dobro do tratamento contingente (US$ 20,97). Como resultado, o custo total nos tratamentos sociais foi quase três vezes mais alto do que nos tratamentos contingentes (US$ 38.820 *versus* US$ 13.212).

O que as empresas que enviam mala direta podem aprender com esse exercício? Se o orçamento permite que você pague somente US$ 1 por pesquisa retornada, coloque a cédula no envelope. As pessoas (pelo menos as legais) ficarão felizes em recebê-lo e retribuir na mesma moeda. Mas, se puder gastar dinheiro suficiente por pessoa, se sairá melhor pagando apenas as pessoas que enviam a pesquisa de volta. Você poderia, é claro, experimentar pessoas diferentes nos dois casos; nossa aposta é que conseguirá mais pessoas que pensam como economistas quando fizer o pagamento contingente e mais pensadores não economistas quando não o fizer.

UMA VIAGEM PARA A CHINA

No Capítulo 4, falamos sobre como a maneira de enquadrar um bônus como um ganho ou uma perda afetava o desempenho de professores e estudantes. O enquadramento pode ser uma ferramenta importante para os negócios também. Digamos que você é o gerente de marketing de um produto chamado Protetor Sunny FPS 50 e está decidindo qual efeito dar para uma campanha. Sua mensagem positiva, com um "enquadramento de ganho", poderia ser algo assim: "Use o Protetor Sunny para diminuir o risco de ter câncer de pele" ou "Use o Protetor Sunny para ajudar sua pele a ficar saudável". Alternativamente, uma mensagem negativa, com um "enquadramento de perda", poderia ser "Sem Protetor Sunny, você aumenta sua chance de desenvolver câncer de pele" ou "Sem Protetor Sunny, você não pode garantir a saúde da sua pele".

Similarmente, um gerente pode dizer aos seus funcionários: "Se nós incrementarmos a produção em 10% este ano, todos receberemos um bônus!" Ou ele poderia dizer: "Se não incrementarmos a produção em 10% este ano, ninguém receberá um bônus." Que tipo de enquadramento é o melhor motivador?

Para descobrir isso, viajamos com nosso colega Tanjim Hossain (da Universidade de Toronto) para a cidade moderna e vibrante de Xiamen, na província de Fujian, na costa sul da China, não muito longe de Hong Kong.[7]

Xiamen é sede de muitas fábricas grandes — como a Dell e a Kodak. O local do nosso experimento de seis meses foi uma empresa de alta tecnologia chinesa de 20 mil empregados que produz e distribui equipamentos eletrônicos de computadores. A empresa — Wanlida Corporation — produz e distribui celulares, produtos de vídeo e áudio digitais, equipamentos de navegação de GPS, pequenos aparelhos caseiros e itens dessa ordem, que são exportados para mais de cinquenta países.

Nossa meta era simples: queríamos ver se podíamos aumentar a produtividade na planta usando manipulações de enquadramento simples. Então, enviamos duas cartas diferentes para dois grupos diferentes de empregados.

Imagine por um momento que você é uma mulher de 21 anos — nós a chamaremos de Lin Li — trabalhando para a Wanlida, e seu trabalho é inspecionar placas-mãe de PCs. Você chega para trabalhar na manhã de segunda-feira, senta-se à sua mesa e liga uma luz de aumento do tipo que dentistas ou cirurgiões usam. Coloca um par de luvas leves, pega a placa-mãe nas mãos e confere cada chip, recanto e fissura, procurando por defeitos. Você faz isso por nove horas por dia, seis dias por semana e, é claro, recebe um salário por seu trabalho.

Um dia, recebe uma carta da administração. "Cara Lin Li", diz a carta, "você receberá um bônus de 80 renminbi* por cada semana na qual a média de produção semanal da sua equipe for acima de 400 unidades por hora." Oitenta renminbi é aproximadamente US$ 12, o que representa um belo bônus semanal para um trabalhador na China; levando-se em consideração que o salário médio dos trabalhadores no país fica entre 290 e 375 renminbi, então 80 renminbi representa mais de 20% do salário semanal do trabalhador mais bem pago. Nenhum dos 165 trabalhadores envolvidos sabia que eles faziam parte de um experimento.

Sentindo-se empolgada, Lin Li volta ao trabalho sorrindo. Outro jovem funcionário — nós o chamaremos de Zi Peng — recebe uma carta diferente: "Caro Zi Peng, você receberá um bônus único de 320 renminbi. No entanto, para cada semana na qual a média de produção semanal da sua equipe for abaixo de quatrocentas unidades por hora, o incremento do salário será reduzido em 80 renminbi." Zi Peng não está muito certo sobre como se sente a respeito desse arranjo, mas volta para sua mesa e retoma o trabalho animado.

Agora, esse tipo de enquadramento talvez lembre você dos incentivos que tentamos com professores e estudan-

*Renminbi (RMB) é a moeda da China. (*N. do E.*)

tes no capítulo 4, quando dissemos que eles perderiam o dinheiro se não tivessem um bom desempenho. E, como você deve ter notado também, esse tipo de enquadramento combina uma cenoura ("você receberá um bônus") com uma vara ("se não produzir o suficiente, tiraremos o bônus"). A mensagem é claramente — e intencionalmente — confusa, pois queríamos ver os efeitos do que cientistas sociais chamam de "aversão à perda" funcionando em um cenário de fábrica real.

Quando sentimos que somos "donos" de algo — digamos, privilégios em mídias sociais (se você é um pré-adolescente), nossa coleção de LPs dos anos 1960, nosso carro, casa, emprego, e sim, nosso cheque-bônus — a perspectiva de perdê-lo nos deixa bastante infelizes.

Então, de volta à fábrica, quais indivíduos e equipes tiveram o melhor desempenho? Aqueles que, assim como nosso personagem ficcional, Lin Li, receberam a carta de estímulo? Ou aqueles como nosso colega ficcional Zi Peng, que recebeu a carta de punição? Antes de dar um palpite, pergunte a si mesmo o que o motiva mais: um "enquadramento de ganho" ou um "enquadramento de perda"? E, se você trabalha em uma equipe com outras pessoas, sabendo que o desempenho de cada membro afeta o bônus da equipe inteira, você trabalharia mais duro sob a recompensa do enquadramento de recompensa ou de punição?

Eis o que descobrimos: apenas ter um incentivo de bônus implementado melhorou a produtividade. O efeito girou em torno de 4% a 9% para trabalhadores em grupos e 5% a 12% para trabalhadores individuais. Esses são efeitos importantes, levando-se em consideração a magnitude dos nossos bônus. Mas, de maneira mais interessante, embora os trabalhadores individuais não tenham sido influenciados significativamente pelo enquadramento de perda, as pessoas que estavam trabalhando em grupos aumentaram sua produtividade em aproximadamente 16% a 25% acima dos trabalhadores no enquadramento de ganho. E, veja bem, os erros e defeitos não aumentaram.

Como um todo, descobrimos que a Wanlida poderia efetivamente usar um enquadramento simples para incrementar a produtividade global da equipe.

Será que esses resultados desapareceriam com o tempo? Será que os trabalhadores perderiam o ímpeto ou parariam de responder ao incentivo de punição? A resposta foi "não". Semana após semana, por seis meses, o enquadramento de punição *aumentou* a produtividade.

Claramente, o temor de perda motivou os trabalhadores mais do que a perspectiva de ganho. Em outras palavras, cenouras podem funcionar melhor se parecerem um pouco com varas. Mas quem quer trabalhar para uma empresa que dá aos seus empregados esse tipo de tratamento dúbio, de estímulo-punição? Bem, perdas são um fato da vida; alguém tem de suportá-las. Acreditamos que as perdas são um motivador poderoso. Negócios usaram a ameaça de dispensas ou demissões para encorajar a produtividade, mas, fora dessas ameaças em larga escala, as empresas raramente usam o enquadramento de perda.

* * *

É claro, se você é administrador, não precisa usar incentivos tão diabolicamente projetados como os utilizados neste estudo. Lembre-se: isso tem a ver com o enquadramento. Se você dá aos trabalhadores uma participação na sua produção e *então* foca nas perdas que poderiam ocorrer da sua falta de produção, deve atingir os efeitos descritos anteriormente, sem assustar os empregados com incentivos manipulativos.

ENTÃO, QUAL É O GRANDE PROBLEMA?

Então, por que os negócios não experimentam mais? Uma série de barreiras dificulta a implementação de experimentos nas empresas. Uma barreira, como Scott Cook apontou para nós, é a de que as pessoas no poder gostam de se ater aos seus PowerPoints, e elas não gostam de pessoinhas apontando que o rei está nu, ou que ele poderia administrar seu império de maneira diferente.

Outra questão é a absoluta inércia burocrática. Por exemplo, no verão de 2009, nós recrutamos alguns estudantes para nos ajudar com um experimento de campo sobre incentivos em uma grande empresa. A empresa veio até San Diego para se encontrar conosco, explicou o problema simples que eles estavam enfrentando e concordaram em realizar o experimento em poucos meses. Quatro anos mais tarde, o estudo ainda está enterrado em algum lugar na grande organização, esperando pela aprovação da administração.

Outras vezes, os administradores se sentem intimidados pela incerteza envolvida em uma mudança e o desconhecido. Seguir o caminho tradicional sem introduzir novos métodos é com o que estamos familiarizados, e desde que funcione, parece mais seguro ("se não está quebrado, não conserte"). Administradores também sentem que eles foram contratados para prover soluções e tomar decisões duras para incrementar o desempenho da empresa. Em outras palavras, sentem que se espera que eles tenham respostas prontas para os desafios que a empresa enfrenta. Optar pela experimentação pode parecer implicar que eles não as têm e poderia comprometer a aparência de sua condição como especialistas — fazendo parecer que tivessem fracassado em fazer seus trabalhos.

É possível superar essas barreiras de duas maneiras distintas: de cima para baixo e de baixo para cima. Primeiro, a equipe de administração da empresa precisaria superar a típica mentalidade "ganhos de curto prazo primeiro" e encorajar (e mesmo recompensar) a experimentação que poderia melhorar o desempenho da empresa, como Cook e McCallister fizeram. Essa abordagem exige contratar e treinar pessoas para projetar e realizar experimentos, analisar os dados e tirar conclusões. Sob uma abordagem de baixo para cima, gerentes de nível médio poderiam conduzir estudos de campo em escala menor e então apresentar os resultados para a administração, fornecendo-lhes os custos e benefícios associados ao realizar a pesquisa.

* * *

Modificar uma mentalidade testada — senão tão correta — não é uma tarefa fácil. No fim das contas, é necessária uma combinação de liderança destemida, treinamento e experiência prática para desenvolver uma cultura experimental.

Se as empresas são bem-sucedidas fazendo isso, podem reformular completamente suas indústrias.

Vimos muitos altos executivos se apaixonarem por suas próprias ideias e então descarregá-las sobre um mundo desprevenido, gerando uma reação negativa enorme, como a Netflix (e outras empresas antes e desde então). Vimos líderes empresariais aplicarem iniciativas de estímulo e punição em um esforço para aumentar a produtividade, sem resultado algum. Observamos empresas tentarem descobrir o preço certo para um produto, sem fazer ideia alguma de qual o seu valor para os consumidores. Esses erros caros ocorrem a todo momento e são totalmente evitáveis.

Em comparação, negócios pequenos e grandes que *realizam* experimentos de campo estão ganhando mais dinheiro e atraindo mais clientes. A Intuit expandiu seu mercado testando ideias pequenas e expandindo as boas. A Humana descobriu que, ao ajudar ativamente cidadãos idosos com suas receitas e cuidados médicos, essas pessoas mais velhas podiam permanecer longe dos hospitais e a empresa poderia poupar milhões de dólares no processo. Uma grande empresa de tecnologia como a Wanlida aprendeu que oferecer aos empregados um bônus e ameaçar tirá-lo aumentou em grande escala a produtividade. Um pequeno produtor de vinhos no norte da Califórnia, experimentando com a precificação de seu vinho, descobriu que estivera cobrando metade do que seus clientes estavam dispostos a pagar. E a Disney aprendeu que deixar as pessoas pagarem o que queriam por uma foto tirada ao fim de uma volta em um brinquedo funcionava especialmente bem quando metade do valor ia para a caridade.

A questão fundamental para os negócios é esta: você quer ganhar mais dinheiro? Se sim, então realize experimentos de campo. Quer entrar para a história como uma grande empresa? Se quer, então realize experimentos de campo.

Epílogo

Como mudar o mundo... ou ao menos fazer um negócio melhor

A vida é um laboratório

Praticamente 400 anos atrás, Galileu realizou o primeiro experimento de laboratório de que se tem registro. Ele colocou bolas pesadas sobre uma tábua de rolamento e lançou-as no plano inclinado para testar sua teoria da aceleração. Desde aquela época, os experimentos de laboratório têm sido uma pedra fundamental do método científico. O princípio da ciência e o teste de todo o conhecimento, de acordo com o célebre físico teórico Richard Feynman, são o experimento. "O experimento", diz ele, "é o único juiz da 'verdade' científica". Cada vez mais os economistas se voltam para o modelo experimental das ciências físicas como um método para compreender o comportamento humano.[1]

Até hoje, essa busca do método experimental ocorreu em grande parte dentro dos confins do laboratório. Experimentos de laboratório mudaram a maneira como os economistas veem o mundo, como foi reconhecido pelo Comitê Nobel ao conceder o prêmio de 2002 para Daniel Kahneman e Vernon Smith. Mas a forte dependência de testar o comportamento exclusivamente no laboratório está mudando.

Nós fazemos parte de um grupo emergente de economistas que usam experimentos de campo para aprender sobre o mundo. Enquanto esperamos que nossos amigos economistas, assim como aqueles em outras disciplinas acadêmicas, aceitem o desafio que acabamos de propor, você não precisa ficar parado esperando. Pode usar as nossas ferramentas no seu dia a dia para descobrir o que realmente funciona em tudo, desde ensinar higiene ao seu filhinho a administrar uma corporação multinacional.

Então, por onde começar?

Primeiro, pense no resultado que você quer mudar. Talvez sua meta seja aumentar o resultado do seu negócio; talvez seja convencer seu filho a estudar com mais afinco na escola. Talvez queira ajudar a March of Dimes a arrecadar mais dinheiro em uma caminhada solidária, ou encontrar maneiras de cortar seus custos de energia. Ter uma ideia clara sobre o que quer mudar e sobre como mensurá-lo é crucial. O mesmo é verdade para os negócios: concentre-se e então mensure. Por exemplo, notas e pontuações em testes podem ser mensurados, assim como watts de energia e produtividade.

O próximo passo é sonhar com algumas maneiras de conseguir o que quer que você esteja mensurando para mudar. Geralmente, partimos da premissa de que os incentivos têm importância. Simples incentivos financeiros são ótimos, mas incentivos não financeiros às vezes podem causar um impacto maior. Por exemplo, se seu filho no quarto ano é obcecado por jogar videogame, talvez você possa usar isso a seu favor. Oferecer um tempo de videogame extra em troca de notas mais altas nos deveres de casa pode ser uma oferta irrecusável aos olhos de alguém tão jovem. (No entanto, essa abordagem não vai funcionar para todas as crianças. Nossos achados sugerem que, à medida que ficam mais velhas, incentivos não financeiros têm menos poder. Mas use os seus próprios experimentos para ver o que melhor se aplica à sua situação em particular.)

Às vezes, remover incentivos ruins pode fazer uma diferença enorme também. Por exemplo, se no seu prédio há um medidor de consumo de eletricidade para todos e vocês dividem a conta igualmente, então incentivos ruins estão em jogo. Como observamos no capítulo 1, dividir as contas igualmente pode fazer com que as pessoas consumam mais do que consumiriam de outra maneira. Substituir esse incentivo por algo mais sensível (como medidores individuais) pode ter um grande impacto sobre a redução de gastos desnecessários, sem falar em usos mal-intencionados.

Uma vez que você tenha um plano em mente, tudo o que precisa fazer é aplicar um pouco de "cara ou coroa", ou aleatoriedade. Você vai querer comparar a diferença em resultados entre uma situação de "controle" e uma situação "experimental". Por exemplo, se você projeta duas estratégias para negociar um preço mais baixo com vendedores de carros usados, jogue uma moeda antes de ir a cada vendedor para escolher qual abordagem usar com cada um deles. Jogue "cara" e você faz a primeira oferta para o vendedor de carros. Jogue "coroa" e o vendedor faz a primeira oferta. Quando você consegue melhores ofertas? Se quiser aprender ainda mais, vá a um terceiro vendedor e faça a sua primeira oferta para ele. Ou tente isto: diga a alguns vendedores: "visitarei cinco revendas de carros hoje". Deixe outros saberem que "essa é a única revenda que vou visitar". Então veja o que acontece.

De maneira alternativa, digamos que você goste de comprar antiguidades e visita alguns antiquários onde pode negociar os preços. Em um caso, deixe que os vendedores saibam que você não tem tempo para pechinchar e precisa do preço mais baixo deles para aquele toucador bonitinho de 1790, por exemplo. Em outra loja, deixe que o processo de pechincha proceda naturalmente. Em qual caso você consegue a oferta mais baixa?

Ou digamos que você queira aumentar as doações para a organização sem fins lucrativos na qual é voluntário e está ajudando com uma campanha de mala direta. Tente enviar aleatoriamente para metade dos doadores potenciais na sua lista de destinatários um aviso a respeito de uma doação casada.[2] Em todos os casos, a aleatoriedade é fundamental; o objetivo do jogo é eliminar hipóteses competindo que possam influenciar os resultados do seu experimento.

Uma das coisas mais bacanas a respeito de realizar um experimento econômico é que você não precisa de um doutorado para se colocar no lugar de alguém que está participando do seu estudo. Digamos que você está em uma viagem de negócios e deixa o quarto do hotel para a camareira limpar um dia depois da sua chegada. No primeiro dia, não deixe uma gorjeta, e então faça uma rápida avaliação de quão arrumado está o quarto quando voltar para ele. No segundo dia, deixe alguns dólares, e então veja se o quarto está mais arrumado quando voltar. No terceiro dia, deixe uma gorjeta maior, e assim por diante. Você pode descobrir que terminará com alguns chocolates extras debaixo do seu travesseiro no terceiro dia. Esse experimento pode ajudá-lo a decidir como deixar sua gorjeta em viagens futuras.

Em alternância, tente esse experimento quando for o anfitrião de um jantar. Em vez de servir o vinho direto de suas garrafas, sirva vinhos de preços diversos em várias garrafas ornamentais, e então peça para os convidados escolherem o vinho que acreditam ser o melhor. Esse experimento é uma boa maneira de descobrir quais vinhos servir da próxima vez — e você pode descobrir também que os vinhos mais baratos são os que você e seus convidados mais gostam.

Como pode ver, acreditamos que as ferramentas da economia podem ajudar muito a solucionar problemas importantes de maneiras práticas. Quando os pesquisadores, armados com os métodos que apresentamos aqui, saem de trás dos seus teclados e vão para as ruas, descobrem coisas que transformam teorias e suposições anteriores em suas cabeças.

Em vez de praticar uma ciência melancólica, os economistas podem descobrir que estão praticando uma ciência apaixonada — impelida por profundos interesses pessoais, que lida com as emoções humanas e é capaz de produzir resultados que podem mudar o mundo para melhor. Mas a oportunidade para a mudança vai bem além da economia. Acreditamos que há oportunidades incríveis para pesquisadores em sociologia, antropologia, negócios, educação e muitos campos mais para usar as ferramentas de experimentos de campo na economia de maneiras que podem transformar substancialmente as vidas de milhões de pessoas mundo afora.

Sempre de novo neste livro, sugerimos que as razões por que nós, como sociedade, não fizemos um progresso significativo em enfrentar problemas importantes e que não nos deixam nos campos da educação, discriminação, pobreza, saúde, equidade de gênero e meio ambiente, entre outros, é que não fizemos um esforço verdadeiramente conjunto de deixar as pressuposições para trás. Deixamos de procurar e descobrir o que funciona e por quê. Seguimos perdendo a oportunidade de trazer as ferramentas da pesquisa científica para compreender nossos problemas mais prementes. Sem compreender que a vida é realmente um laboratório e que todos nós temos de aprender com nossas descobertas, não podemos esperar avançar em áreas cruciais.

Mas, para parafrasear John Lennon, gostaríamos de imaginar uma alternativa. Imagine o que aconteceria se milhares de pesquisadores mundo afora aplicassem os mesmos métodos científicos que descrevemos nas páginas anteriores para grandes problemas. Imagine centenas de experimentos sendo realizados um atrás do outro mundo afora, todos dedicados a virar as pedras e investigar intimamente os maiores problemas que enfrentamos. Imagine o que aconteceria se, assim que as quantidades enormes de feedback fossem coletadas, pudéssemos testar e testar e testar mais uma vez para descobrir o que realmente funciona e por quê. E imagine o que aconteceria se, armados com esse conhecimento, os governos mundo afora pudessem fazer amplas mudanças em suas políticas baseados nesses sólidos testes empíricos.

Então, aí está. Você tem uma ideia agora. Experimente! Saia na rua — jaleco branco e protetor solar de bolso não são necessários — e descubra o que está acontecendo de verdade. E então nos conte o que descobrir, ou como começou a pensar de modo diferente.

Agradecimentos

Conduzir pesquisa de campo exige longas horas, muitas passadas longe de casa. O conteúdo deste livro foi reunido ao longo de muitos anos e em muitas partes do mundo. Tudo isso não teria sido possível sem o apoio e encorajamento de nossas esposas, Ayelet e Jennifer. Palavras não conseguem expressar nossa gratidão.

Nós também temos de formular teorias, tirar sentido de dados e escrever longos ensaios acadêmicos. Por nos deixar sozinhos durante essas longas horas no computador, gostaríamos de agradecer aos nossos filhos.

A população de um vilarejo realmente foi necessária para produzir este livro. Embora as pessoas sejam numerosas demais para nomear aqui, agradecemos sinceramente aos nossos muitos coautores, assistentes de pesquisa e colegas por nos permitir buscar nossos sonhos. Sem sua ajuda, nada disso teria sido possível. Por proporcionar nosso começo na Academia, agradecemos nossos conselheiros, Eric van Damme e Shelby Gerking.

Bronwyn Fryer teve um papel fundamental na escrita deste manuscrito e impulso para nossa pesquisa. Aprendemos todos os dias com sua excelência na escrita enquanto ela transformava nosso linguajar acadêmico em algo que nossos vizinhos poderiam ler. Nosso agente, James Levine, da Levine Greenberg Literary Agency, nos proporcionou o apoio profissional e excelente orientação que nos ajudou a navegar pelas diferentes voltas que este livro deu até chegar à publicação. Nada deste empreendimento teria sido possível sem o grande trabalho de Bronwyn e Jim.

Nosso editor, John Mahaney, forneceu seu conhecimento e auxílio profissional no polimento deste manuscrito, passando-nos insights inteligentes que aguçaram nossos pensamentos. Nosso designer gráfico desenhou a capa, que, efetivamente, transmite a nossa mensagem. Agradecemos à nossa editora norte-americana, PublicAffairs, que acreditou em nós o suficiente para nos deixar escrever este livro da maneira que passa nossa mensagem fundamental, e por nos dar a flexibilidade tão necessária.

Por fim, uma série de pessoas forneceu comentários que ajudaram a dar forma a este manuscrito. Entre elas, Jennifer List, Ayelet Gneezy, Augie List, Alec Brandon, Molly Wright Buck, Joseph Buck, Winnie Pitcock, David "Lenny" Haas, Michael Price, Anya Samak, Edie Dobrez, Katie Baca-Motes, Sally Sadoff, Jeff Livingston, Steven Levitt, Stephen Dubner, Dave Novgorodsky, David Herberich, Annika List, Sandi Einerson, Jeff Einerson, Ron Huberman, Scott Cook, Freddie Chaney, Michael Goldberg, Pete Williams, Joe Gonzalez, Ryan "Mamba" Pitcock, Eric Faoro, Pete Bartolomei, John Friel, Michael McCallister, Brian Mullaney, Min Lee, Katie Spring, e nossos amigos e colegas na Intuit e Humana. Obrigado a todos pela ajuda e pelo apoio ao longo do caminho.

Notas

Introdução

1. Syed Z. Ahmed, "What Do Men Want?," *New York Times*, 15 de fevereiro de 1994, A21.
2. David Brooks, "What You'll Do Next," *New York Times*, 15 de abril de 2013.
3. Quando usamos o pronome "nós" ao longo do livro significa que um de nós, ou os dois, esteve envolvido nos experimentos descritos, com outros pesquisadores, como observado. Também, em determinados pontos do livro, usamos pseudônimos para proteger aqueles que preferem o anonimato.
4. *All in the family*, Temporada 2. Disponível em: http://www.youtube.com/watch?v=hxH_HEDv6o&list. Acessado no YouTube em 25 de março, 2013.
5. Thomas Carlyle, "Occasional Discourse on The Negro Question," *Fraser's Magazine* (dezembro de 1849). Reimpresso como panfleto separado (1853), reproduzido em *The Collected Works of Thomas Carlyle*, vol. 13 (1864).

Capítulo 1

1. Uri Gneezy, Steven Meier e Pedro Rey-Biel, "When and Why Incentives (Don't) Work to Modify Behavior," *Journal*

of Economic Perspectives 25 (2011): 191–210. Disponível em: http://rady.ucsd.edu/faculty/directory/gneezy/pub/docs/jep_published.pdf.

2. Uri Gneezy e Aldo Rustichini, "A Fine Is a Price," *Journal of Legal Studies* 29 (janeiro de 2000): 1–17.
3. Uri Gneezy e Aldo Rustichini, "Pay Enough or Don't Pay At All," *Quarterly Journal of Economics* (agosto de 2000): 791–810. Disponível em: http://rady.ucsd.edu/faculty/directory/gneezy/pub/docs/pay-enough.pdf.
4. Como nosso amigo Dan Ariely mostrou, a moeda com a qual você paga é importante. Em particular, o dinheiro é diferente da maioria das outras formas de pagamento. Ariely e seu parceiro de pesquisa, James Heyman, começaram mostrando que estudantes que não receberam pagamento por uma tarefa (ajudando outros estudantes a carregar um sofá em uma van) investiram mais esforço do que as pessoas que receberam apenas uma pequena quantia de dinheiro. Outro grupo recebeu um doce. Como esperavam, eles descobriram que as pessoas que eram pagas com um doce se esforçaram mais do que aquelas que receberam uma pequena quantia em dinheiro (e fizeram o mesmo esforço que aquelas que não foram pagas). Mas agora vem a parte interessante: em um tratamento diferente, eles deixaram o preço no doce. Eles previram que, assim que os estudantes tomassem conhecimento do valor no varejo do doce, se esforçariam tanto quanto aqueles que receberam o pagamento em dinheiro. E realmente isso aconteceu. Ver "Effort for Payment," *Psychological Science* 15, nº 11 (2004).
5. Uri Gneezy, Ernan Haruvy e Hadas Yafe, "The Inefficiency of Splitting the Bill," *Economic Journal* 114, nº 495 (abril de 2004): 265–280.
6. Nossos amigos Stefano DellaVigna e Ulrike Malmandier demonstraram isso em "Paying Not to Go to the Gym," *American Economic Review* 96 (2006): 694–719. Disponível em: http://eml.berkeley.edu/~ulrike/Papers/gym.pdf.

7. Steven A. Burd, "How Safeway Is Cutting Health-Care Costs," *Wall Street Journal*, 12 de junho de 2009.
8. Ver David S. Hilzenrath, "Misleading Claims About Safeway Wellness Incentives Shape Health-Care Bill," *Washington Post*, 17 de janeiro de 2010.
9. Gary Charness e Uri Gneezy, "Incentives to Exercise," *Econometrica* 77 (2009): 909–931.

Capítulo 2

1. *Archive of Remarks at NBER Conference on Diversifying the Science & Engineering Workforce*, 14 de janeiro, 2005. Ver também "Lawrence Summers," Wikipedia, http://en.wikipedia.org/wiki/Lawrence_Summers. Acessado pela última vez em 26 de março de 2013.
2. Daniel J. Hemel, "Summers' Comments on Women and Science Draw Ire," *The Harvard Crimson*, 14 de janeiro de 2005. Disponível em: http://www.thecrimson.com/article/2005/1/14/summerscomments-on-women-and-science/.
3. "Fast Facts: Degrees Conferred by Sex and Race", National Center for Education Statistics, http://nces.ed.gov/fastfacts/display.asp?id=72. Acessado pela última vez em 26 de março de 2013; "Women in Management in the United States, 1960–Present," Catalyst, http://www.catalyst.org. Acessado pela última vez em 26 de março de 2013; e Patricia Sellers, "New Yahoo CEO Mayer Is Pregnant," *CNN Money*, 16 de julho de 2012. Disponível em: http://postcards.blogs.fortune.cnn.com/2012/07/16/mayer-yahoo-ceo-pregnant/. Acessado pela última vez em 26 de março de 2013.
4. "Working Women: Still Struggling," *The Economist*, 25 de novembro de 2011. Disponível em: http://www.economist.com/blogs/dailychart/2011/11/working-women.
5. Ver Jeffrey A. Flory, Andreas Leibbrandt e John A. List, "Do Competitive Work Places Deter Female Workers? A Large-Scale

Natural Field Experiment on Gender Differences in Job--Entry Decisions," NBER Working Paper w16546, novembro de 2010.

6. Terminamos oferecendo empregos para alguns candidatos.
7. Não é apropriado — e em alguns casos é ilegal — perguntar ao candidato ao emprego sobre seu gênero. Então recorremos a um método testado e confiável para determinar se cada candidato era homem ou mulher: — o primeiro nome. Baseado nas probabilidades derivadas do banco de dados da *Social Security Administration* (SSA) a respeito da popularidade de nomes por gênero e ano de nascimento nas várias cidades, designamos o gênero. Para quaisquer nomes não incluídos no banco de dados da SSA, usamos um banco de dados adicional criado pelo colecionador de nomes de bebês Geoff Peters, que calcula índices de gênero pelo primeiro nome, usando a internet para analisar padrões de uso de nomes para mais de 100 mil primeiros nomes. Por fim, para nomes neutros em gênero, quando nenhum dos dois bancos de dados produziu um índice grande o suficiente para fazermos uma designação confiante, pesquisamos na internet para informações identificadoras de gênero dos próprios indivíduos em suas redes sociais. No final, ficamos bastante confiantes de que acertamos os gêneros.
8. Para um teste de laboratório disso, ver Muriel Niederle e Lise Vesterlund, "Do Women Shy Away from Competition? Do Men Compete Too Much?," *Quarterly Journal of Economics* 122, nº 3 (2007): 1067–1101.
9. Uri Gneezy, Muriel Niederle e Aldo Rustichini, "Performance in Competitive Environments: Gender Differences," *Quarterly Journal of Economics* 118, nº 3 (2003): 1049–1074. Disponível em: http://rady.ucsd.edu/faculty/directory/gneezy/pub/docs/gender-differences.pdf.

10. Muito foi escrito sobre as razões por que as garotas se sentem desencorajadas na matemática, engenharia e ciências e estão em menor número nessas profissões. Ver Valerie Strauss, "Decoding Why Few Girls Choose Science, Math," *Washington Post*, 1º de fevereiro de 2005. Disponível em: http://www.washingtonpost.com/wp-dyn/articles/A52344-2005Jan31.html; and Jeanna Bryner, "Why Men Dominate Math and Science Fields," *LiveScience*, 10 de outubro de 2007. Disponível em: http://www.livescience.com/1927-men- dominate-math--science-fields.html. Acessado pela última vez em em 26 de março de 2013.
11. Uri Gneezy e Aldo Rustichini, "Gender and Competition at a Young Age," *American Economic Review Papers and Proceedings* 94, nº 2 (2004): 377–381. Disponível em: http://rady.ucsd.edu/faculty/directory/gneezy/pub/docs/gender.pdf.
12. Diferentemente da maioria dos experimentos em larga escala — como um que estamos conduzindo atualmente nas Escolas públicas de Chicago —, essa investigação em locais distantes teria de ser relativamente pequena e usar algumas das técnicas que poderiam ser reproduzidas em um ambiente de laboratório. Nós chamamos esse tipo de pesquisa um "experimento de campo artefactual" ou um estudo de "laboratório no campo". Uri Gneezy, Kenneth L. Leonard e John A. List, "Gender Differences in Competition: Evidence from a Matrilineal and a Patriarchal Society," *Econometrica* 77, nº 5 (2009): 1637–1664. Disponível em: http://rady.ucsd.edu/faculty/directory/gneezy/pub/docs/gender-differences-competition.pdf.
13. Dorothy L. Hodgson, "Gender, Culture and the Myth of the Patriarchal Pastoralist," in *Rethinking Pastoralism in Africa*, ed. D. L. Hodgson (Londres: James Currey, 1639, 1641, 2000).
14. "Male Boards Holding Back Female Recruitment, Report Says," *BBC News*, 28 de maio de 2012. Disponível em: http://www.bbc.co.uk/news/business-18235815.

15. Barbara Black, "Stalled: Gender Diversity on Corporate Boards," University of Dayton Public Law Research Paper nº 11–06. Disponível em: http://www.udayton.edu/law/_resources/documents/law_review/stalled_gender_diversity_on_corporate_boards.pdf.
16. Aileen Lee, "Why Your Next Board Member Should Be a Woman," TechCrunch, 19 de fevereiro de 2012. Disponível em: http://techcrunch.com/2012/02/19/why-your-next-board-member-should-be-a-woman. Acessado pela última vez em 26 de março de 2013.

Capítulo 3

1. Garrett Hardin, "The Tragedy of the Commons," *Science* 162 (1968): 1243–1248.
2. Essa manipulação de enquadramento é tirada do nosso amigo James Andreoni, que famosamente introduziu variantes interessantes no jogo dos bens públicos.
3. Linda Babcock e Sara Laschever, *Women Don't Ask: The High Cost of Avoiding Negotiation — and Positive Strategies for Change* (Nova York: Bantam, 2007).
4. Ver Andreas Grandt e John A. List, "Do Women Avoid Salary Negotiations? Evidence from a Large-Scale Natural Field Experiment," NBER, working paper, 2012.
5. "Best Companies for Women's Enhancement," *Working Mother.* Disponível em: http://www.workingmother.com/best-companies/deloitte-3. Acessado pela última vez em 26 de março de 2013.
6. Ver Richard A. Lippa, *Gender, Nature and Nurture* (Mahwah, NJ: Laurence Erlbaum Associates, 2005).
7. Steffen Andersen, Seda Ertac, Uri Gneezy, John A. List e Sandra Maximiano, "Gender, Competitiveness and Socialization at a Young Age: Evidence from a Matrilineal and a Patriarchal Society," a ser publicado na *The Review of Economics and Statistics.*

Capítulo 4

1. Thomas D. Snyder e Sally A. Dillow, *Digest of Education Statistics 2010* (Washington, DC: US Department of Education, National Center for Education Statistics, Institute of Education Sciences, 2011).
2. Ver Richard Knox, "The Teen Brain: It's Just Not Grown Up Yet," National Public Radio, 1º de março de 2010. Disponível em: http://www.npr.org/templates/story/story.php?storyId=124119468. Para um insight fascinante sobre os cérebros de adolescentes, ver o programa do *Frontline*, "Inside the Teenage Brain," http://www.pbs.org/wgbh/pages/frontline/shows/teenbrain/.
3. Nosso amigo e colega Roland Fryer, coautor em alguns dos trabalhos discutidos aqui, fez um esforço importante para implementar incentivos financeiros em escolas nos Estados Unidos.
4. Sally agora é professora-assistente na Universidade da Califórnia, San Diego.
5. Para ver suas histórias e aprender mais sobre nosso experimento, veja o quarto episódio no documentário de 2010 "Freakonomics" ("Can You Bribe a Ninth Grader to Succeed?"). Observe que, no documentário, Urail King vence a loteria e a carona na limusine: não fica claro que esse momento era para ser, na realidade, a sequência de um sonho. Embora Urail não tenha sido escolhido na realidade, ele melhorou suas notas o suficiente para se qualificar para a loteria. Para o ensaio acadêmico no qual esse episódio é baseado, ver Steven D. Levitt; John A. List e Sally Sadoff, "The Effect of Performance-Based Incentives on Educational Achievement: Evidence from a Randomized Experiment," não publicado, 2011.
6. Levitt; List e Sadoff, "The Effect of Performance-Based Incentives".

7. Steven D. Levitt, John A. List, Susanne Neckermann e Sally Sadoff, "The Behavioralist Goes to School: Leveraging Behavioral Economics to Improve Educational Performance," NBER Working Paper 18165 (junho de 2012).
8. Essa ideia vem de Victoria H. Medvec, Scott F. Madey e Thomas Gilovitch, "When Less Is More: Counterfactual Thinking and Satisfaction Among Olympic Medalists," *Journal of Personality and Social Psychology* 69 (1995): 603–610. Disponível em: http://www.psych.cornell.edu/sec/pubPeople/tdg1/Medvec.Madey.Gilo.pdf.
9. Uri Gneezy, Stephen Meier e Pedro Rey-Biel, "When and Why Incentives (Don't) Work to Modify Behavior," *Journal of Economic Perspectives* 25, nº 4 (2011): 191–210.
10. Ver Roland G. Fryer Jr., Steven D. Levitt, John A. List e Sally Sadoff, "Enhancing the Efficacy of Teacher Incentives Through Loss Aversion: A Field Experiment," NBER Working Paper 18237 (julho de 2012).
11. Ver "Teacher Salary in Chicago Heights, IL", *Indeed*. Disponível em: http://www.indeed.com/salary/q-Teacher-l-Chicago-Heights,-IL.html. Acessado pela última vez em 28 de março de 2013.
12. Ver John A. List, Jeffrey A. Livingston e Susanne Neckermann, "Harnessing Complimentarities in the Education Production Function," ensaio não publicado da Universidade de Chicago.

Capítulo 5

1. Ver Steven Levitt e Stephen Dubner, *Freakonomics: A Rogue Economist Explores the Hidden Side of Everything* (Nova York: William Morrow, 2005), Capítulo 5: "What Makes a Perfect Parent?"
2. Joe Klein, "Time to Ax Public Programs That Don't Yield Results," *Time*, 7 de julho de 2011. Disponível em: http://www.time.com/time/nation/article/0,8599,2081778,00.html#ixzz1caSTom00.

3. Para uma descrição mais completa do projeto GECC, ver Oliver Staley, "Chicago Economist's 'Crazy Idea' wins Ken Griffin's Backing", *Bloomberg Markets* (abril de 2011): 85–92.
4. Os manuscritos acadêmicos estão atualmente em processo, com o primeiro estudo preparado como: Roland Fryer, Steve Levitt e John A. List, "Toward an Understanding of the Pre-K Education Production Function."

Capítulo 6

1. Nos Estados Unidos, perguntar tais questões seria ilegal. Isso, é claro, não quer dizer que os empregadores dos Estados Unidos não usam tais informações quando tomam decisões de contratação.
2. Ver "General Orders #11," Jewish-American History Foundation. Disponível em: http://www.jewish-history.com. Acessado pela última vez em 28 de março de 2013. Abraham Lincoln revogou a ordem.
3. "History of Antisemitism in the United States: Early Twentieth Century," Wikipedia, http://en.wikipedia.org/wiki/History_of_antisemitism_in_the_United_States#Early_Twentieth_Century. Acessado pela última vez em 28 de março de 2013.
4. Comunicado de imprensa, NobelPrize.org, 13 de outubro, 1992. Disponível em: http://www.nobelprize.org/nobel_prizes/economics/laureates/1992/press.html.
5. Entre os adultos com 25 anos e mais, 10,6 milhões de mulheres norte-americanas têm formação universitária ou mais alta, comparado a 10,5 milhões de homens.
6. Ver Kerwin K. Charles e Jonathan Guryan, "Prejudice and Wages: An Empirical Assessment of Becker's *The Economics of Discrimination*," *Journal of Political Economy* 116 (2008): 773–809.
7. Jeffrey M. Jones, "Record-High 86% Approve Black-White Marriages," Gallup, 12 de setembro de 2011. Disponível em: http://www.gallup.com/poll/149390/Record-High-Approve-

-Black-White-Marriages.aspx. Acessado pela última vez em 28 de março de 2013.

8. A literatura de economia se refere a esse tipo de discriminação como "discriminação estatística". Ver Kenneth Arrow, "The Theory of Discrimination," em Orley Ashenfelter e Albert Rees, eds., *Discrimination in Labor Markets* (Princeton, NJ: Princeton University Press, 1973), 3–33.
9. Aisha Sultan, "Data Mining Spurs Users to Protect Privacy Online," *The Bulletin* (Oregon), 29 de setembro de 2012. Disponível em: http://www.bendbulletin.com/article/20120929/NEWS0107/209290322/.
10. Ver "Web Sites Change Prices Based on Customers' Habits," CNN.com, 25 de junho de 2005. Disponível em: http://edition.cnn.com/2005/LAW/06/24/ramasastry.website.prices/ (acessado pela última vez em 28 de março, 2013).
11. Esse trabalho e o seguinte se baseiam na pesquisa anterior de John publicada nos anos 2000. Ver John A. List, "The Nature and Extent of Discrimination in the Marketplace, Evidence from the Field," *Quarterly Journal of Economics*, 2004, 119 (1), 49.
12. Ler mais em M. J. Lee, "Geraldo Rivera Apologizes for 'Hoodie' Comment," *Politico*, 27 de março de 2012. Disponível em: http://www.politico.com/news/stories/0312/74529.html#ixzz1qusQkm6. Acessado pela última vez em 28 de março de 2013.

Capítulo 7

1. Em empresas com mais de 20 mil empregados, 24% variam os prêmios com base em se alguém fuma, da mesma maneira que 12% das empresas com quinhentos ou mais trabalhadores. Ver "Smokers, Forced to Pay More for Health Insurance, Can Get Help with Quitting," *Washington Post*, 2 de janeiro de 2012. Ver também, "Firms to Charge Smokers, Obese More For Healthcare," *Reuters*, 31 de outubro de 2011.

2. "Kenlie Tiggeman, Southwest's 'Too Fat To Fly' Passenger, Sues Airline," *Huffington Post*, 4 de maio de 2012. Disponível em: http://www.huffingtonpost.com/2012/05/04/kenlie--tiggeman- southwests_n_1476907.html.
3. Ver Andrew Dainty e Helen Lingard, "Indirect Discrimination in Construction Organizations and the Impact on Women's Careers," *Journal of Management in Engineering* 22 (2006): 108–118.
4. "Nazi Persecution of Homosexuals, 1933–1945," United States Holocaust Memorial Museum. Disponível em: http://www.ushmm.org/museum/exhibit/online/hsx/. Acessado pela última vez em 27 de abril de 2013.
5. "The Black Church," BlackDemographics.com. Disponível em: http://www.blackdemographics.com/religion.html. Acessado pela última vez em 28 de março de 2013.
6. *All in the family*, Temporada 2. Disponível em: http://www.youtube.com/watch?v=hxH_HEDv6o&list. Acessado em: 25 de março de 2013.
7. Ver Uri Gneezy, John A. List e Michael K. Price, "Toward an Understanding of Why People Discriminate: Evidence from a Series of Natural Field Experiments," NBER Working Paper 17855 (fevereiro de 2012).
8. Richard H. Thaler, "Show Us the Data. (It's Ours, After All)," *New York Times*, 23 de abril de 2011. Disponível em: http://www.nytimes.com/2011/04/24/business/24view.html.

Capítulo 8

1. Você pode ver o vídeo no YouTube se estiver desesperado para descobrir o que acontece em seguida. Talvez já o tenha visto — foi uma notícia nacional, afinal de contas. Não recomendamos.
2. O *RAND Health Insurance Experiment* escolheu de maneira aleatória aproximadamente 6 mil pessoas em diferentes níveis de compartilhamento de custos. O experimento ainda

é incrivelmente influente e foi citado com frequência nos debates sobre a saúde de 2010. Talvez o melhor sinal de que a experimentação está de volta seja o estado de Oregon ter terminado recentemente um estudo em que os pesquisadores escolheram aleatoriamente indivíduos para o Medicare. Para uma discussão dos resultados do primeiro ano desse experimento, ver Amy Finkelstein, Sarah Taubman, Bill Wright, Mira Bernstein, Jonathan Gruber, Joseph P. Newhouse, Heidi Allen, Katherine Baicker e o Oregon Health Study Group, "The Oregon Health Insurance Experiment: Evidence from the First Year," *Quarterly Journal of Economics* 127, nº 3 (2012): 1057–1106.

3. Para mais informações, ver "Kanye West," Wikipedia, http://en.wikipedia.org/wiki/Kanye_West. Acessado pela última vez em 2 de abril de 2013.
4. Ver Dana Chandler, Steven D. Levitt e John A. List, "Predicting and Preventing Shootings Among At-Risk Youth," *American Economic Review Papers and Proceedings* 101, nº 3 (2011): 288–292.
5. "Jamie Oliver Misses a Few Ingredients," School Nutrition Association Press Releases, 22 de março de 2010. Disponível em: http://www.schoolnutrition.org/5--news-and-publication/2---press-releases/jamie-oliver-misses-a-few-ingredients.
6. John A. List e Anya C. Savikhin, "The Behavioralist as Dietician: Leveraging Behavioral Economics to Improve Child Food Choice and Consumption," 2013, ensaio acadêmico da Universidade de Chicago.
7. Paul Rozin, Sydney Scott, Megan Dingley, Joanna K. Urbanek, Hong Jiang e Mark Kaltenbach, "Nudge to Nobesity I: Minor Changes in Accessibility Decrease Food Intake," *Judgment and Decision Making* 6, nº 4 (2011): 323–332.
8. Um esforço importante para aumentar a oferta desses órgãos é a pesquisa pioneira de um economista de Stanford, Al Roth, que recebeu o prêmio Nobel em Economia em 2012, em

parte por sua contribuição para o design de algoritmos que combinam os doadores vivos com pessoas que precisam de transplantes. Roth e seus colegas mostram que simples alterações no procedimento usado para alocar os órgãos podem fazer uma grande mudança nos resultados.

9. Eric J. Johnson e Daniel Goldstein, "Do Defaults Save Lives?" *Science* 302 (2003): 1338–1339. Disponível em: http://www.dangoldstein.com/papers/DefaultsScience.pdf.
10. Ver Dean Karlan e John A. List, "Nudges or Nuisances for Organ Donation," 2012, ensaio acadêmico da Universidade de Chicago.
11. Ver "Federal Advisory Committee Draft Climate Assessment Report Released for Public Review," US Global Change Research Program. Disponível em: http://ncadac.globalchange.gov/. Acessado pela última vez em 2 de abril de 2013.
12. Ver http://www.energystar.gov/ia/partners/univ/download/CFL_Fact_Sheet.pdf? Acessado pela última vez em 24 de julho de 2013.
13. Ver Robert Cialdini, "Don't Throw in the Towel: Use Social Influence Research," *APS Observer*, abril de 2005.
14. Ver David Herberich, John A. List e Michael K. Price, "How Many Economists Does It Take to Change a Light Bulb? A Natural Field Experiment on Technology Adoption," ensaio acadêmico da Universidade de Chicago em 2012.

Capítulo 9

1. "American Giving Knowledge Base," Grant Space. Disponível em: http://www.grantspace.org/Tools/Knowledge-Base/Funding- Resources/Individual-Donors/American-giving. Acessado pela última vez em 27 de abril de 2013.
2. Essa pesquisa nos levou a estabelecer a *Science of Philanthropy Initiative* (SPI) na Universidade de Chicago a fim de explorar as bases da filantropia empregando uma aborda-

gem interdisciplinar que inclui parcerias estratégicas com a comunidade arrecadadora de fundos. A SPI é apoiada por uma doação de US$ 5 milhões da John Templeton Foundation. Por favor, ver http://www.spihub.org para mais informações.

3. Tendo em vista que John não tinha recursos para realizar esses experimentos, também ajudou que ele podia usar a coleção de figurinhas esportivas que juntou quando garoto para pagar os participantes dos experimentos.
4. Embora essa possa parecer uma grande ideia se você é um futuro administrador, ela apresenta alguns problemas. Um deles é que todo mundo no departamento vai decidir que a sua área deve ser escolhida. As pessoas que estudam a economia do comércio querem isso como a área nicho; aqueles que estudam a economia do trabalho acham que o trabalho é a melhor escolha, e assim por diante.
5. Antes desse papel de liderança, John só havia sido técnico das equipes de esqui aquático masculina e feminina.
6. O ensaio foi publicado como John A. List e David Lucking-Reiley, "The Effects of Seed Money and Refunds on Charitable Giving: Experimental Evidence from a University Capital Campaign," *Journal of Political Economy* 110 (2002): 215–233.
7. John A. List e Daniel Rondeau, "Matching and Challenge Gifts to Charity: Evidence from Laboratory and Natural Field Experiments," *Experimental Economics* 11 (2008): 253–267.
8. Outros economistas, mais notavelmente, nossos amigos Jan Potters, Martin Sefton, e Lise Vesterlund, encontraram insights similares de experimentos de laboratório.
9. Kent E. Dove, *Conducting a Successful Capital Campaign*, 2ª edição (São Francisco: Jossey-Bass, 2000), 510.
10. Dean Karlan e John A. List, "Does Price Matter in Charitable Giving? Evidence from a Large-Scale Natural Field Experiment," *American Economic Review* 97, nº 5 (2007): 1774–1793.

11. Como uma condição do experimento, concordamos em manter o nome da organização anônimo, de maneira que não podemos dizer qual foi.
12. Esses colchetes denotam uma abreviação (para evitar ter de digitar a carta inteira três vezes pelo seu bem e o nosso).
13. Nós essencialmente jogamos um dado de quatro lados para cada uma das 50 mil casas. Se caísse um "1", designávamos aquela casa para o Grupo 1, que recebia a oferta de uma doação casada 1:1. Se caísse um 2, designávamos a casa para o Grupo 2 e oferecíamos para ela uma doação 2:1. Se caísse um 3, oferecíamos à casa uma doação casada 3:1, e o Grupo 4 era nosso grupo-controle.
14. Esse resultado se encaixa bem com nossa intuição.
15. Harry Bruinius, "Why the Rich Give Money to Charity," *Christian Science Monitor,* 20 de novembro de 2010. Disponível em: http://www.csmonitor.com/Business/Guide-to--Giving/2010/1120/Why- the-rich-give-money-to-charity.
16. Ver a excelente pesquisa dos economistas Rachel Croson, Catherine Eckel, Phil Grossman, Stephan Meier e Jen Shang mostrando esses insights.
17. Ver Craig E. Landry, Andreas Lange, John A. List, Michael K. Price e Nicholas G. Rupp, "Toward an Understanding of the Economics of Charity: Evidence from a Field Experiment," *Quarterly Journal of Economics* 121 (maio de 2006): 747–782.
18. Todos os angariadores assinaram formulários de consentimento concordando em permitir essa avaliação. O leitor interessado deveria ver o excelente trabalho de Jeff E. Biddle e Daniel S. Hamermesh, 1998. "Beauty, Productivity and Discrimination: Lawyers' Looks and Lucre," NBER Working Paper 5636, na área da mensuração do valor da atratividade física.
19. Ver Craig E. Landry, Andreas Lange, John A. List, Michael K. Price e Nicholas G. Rupp, "Is a Donor in Hand Better Than

Two in the Bush? Evidence from a Natural Field Experiment," *American Economic Review* 100 (2010): 958–983.

20. *The Daily Show with John Stewart,* 16 de fevereiro de 2011. Disponível em: http://www.thedailyshow.com/watch/wed--february-16–2011/you- re-welcome-balancing-the-budget.
21. Grande parte disso é tirada diretamente de Andreas Lange, John A. List e Michael K. Price, "A Fundraising Mechanism Inspired by Historical Tontines: Theory and Experimental Evidence," *Journal of Public Economics* 91 (junho de 2007): 1750–1782.
22. Ver David Leonhardt, "What Makes People Give?," *New York Times Magazine,* 9 de março de 2008.

Capítulo 10

1. Ver "Pinki Sonkar: From School Outcast to an Oscar-Winning Film," *People Magazine,* 23 de fevereiro de 2009. Disponível em: http://www.peoplestylewatch.com/awards/pinki-sonkar--from-school-outcast-to-an-oscar-winning-film. Aliás, a Smile Train financiou o filme, e foi a maior e mais efetiva campanha publicitária que a caridade já fez!
2. Existem hoje em dia evidências consideráveis na literatura apoiando esse ponto de vista, incluindo algumas de nossa própria autoria. Ver John A. List e Michael K. Price, "The Role of Social Connections in Charitable Fundraising: Evidence from a Natural Field Experiment," *Journal of Economic Behavior and Organization* 69, nº 2 (2009): 160–169.
3. Ver Amee Kamdar, Steven D. Levitt, John A. List, Brian Mullaney e Chad Syverson, "Once and Done: Leveraging Behavioral Economics to Increase Charitable Contributions," ensaio acadêmico NBER publicado em 2013.
4. O leitor interessado deve procurar as literaturas de psicologia e economia, que estão cheias de modelos e experimentos

mostrando que as pessoas tendem a ser legais com aquelas que são legais com elas. Ver, por exemplo: Akerlof, George. 1982. "Labor Contracts as Partial Gift Exchange." Q.J.E. 97 (novembro): 543–569; Rabin, Matthew. 1993. "Incorporating Fairness into Game Theory and Economics"; *A.E.R.* 83 (dezembro): 1281–1302; Fehr, Ernst, e Simon Gächter. 2000. "Fairness and Retaliation: The Economics of Reciprocity." *J. Econ. Perspectives* 14 (verão): 159–181; Dufwenberg, Martin, e Georg Kirchsteiger. 2004. "A Theory of Sequential Reciprocity." *Games and Econ. Behavior* 47 (maio): 269–298; Charness, Gary. 2004. "Attribution and Reciprocity in an Experimental Labor Market." Manuscrito, Universidade da Califórnia, Santa Barbara; Sobel, Joel. 2005. "Social Preferences and Reciprocity." Manuscrito, Universidade da Califórnia, San Diego; Falk, Armin. 2007. "Charitable Giving as a Gift Exchange: Evidence from a Field Experiment." Ensaio acadêmico IZA nº 1148, Inst. Study Labor, Bonn.

5. Belinda Luscombe, "Using Business Savvy to Help Good Causes," *Time Magazine*, 17 de março de 2011.
6. A isenção tributária para filantropias é uma política debatida intensamente. Muitos na indústria dizem que acabar com a isenção tributária destruiria o setor sem fins lucrativos. Esse argumento é uma questão ainda sendo pesquisada e não se chegou a uma conclusão a respeito. Mas o impacto real está em se determinar exatamente por que as pessoas doam.

Capítulo 11

1. "Netfilx Introduces New Plans and Announces Price Changes," Netflix US & Canada Blog, terça-feira, 12 de julho de 2011. Disponível em: http://blog.netflix.com/2011/07/netflix-introduces-new- plans-and.html?commentPage=25.

2. "Netflix Apology," *Saturday Night Live* video. Disponível em: http://www.nbc.com/saturday-night-live/video/netflix-apology/1359563/.
3. Stephen F. Jencks, Mark V. Williams e Eric A. Coleman, "Rehospitalizations Among Patients in the Medicare Fee-for-Service Program," *New England Journal of Medicine* 360 (2009): 1418–1428.
4. Neste trabalho, descrevemos nossa experiência na vinícola com mais detalhes: "Intuition Can't Beat Experimentation," Rady School of Management, UC San Diego. Disponível em: http://rady.ucsd.edu/mba/student/clubs/rbj/rady-business-journal/2011/intuition/. Acessado pela última vez em 29 de abril de 2013. Para uma descrição do experimento, ver Ayelet Gneezy e Uri Gneezy, "Pricing Experimentation in Firms: Testing the Price Equal Quality Heuristics," Rady School of Management, UC San Diego. Disponível em: http://econ.as.nyu.edu/docs/IO/11975/Gneezy_CESS.pdf.
5. Ayelet Gneezy, Uri Gneezy, Leif D. Nelson, e Amber Brown, "Shared Social Responsibility: A Field Experiment in Pay-What-You-Want Pricing and Charitable Giving," *Science* 329 (2010): 325–327.
6. Uri Gneezy e Pedro Rey-Biel, "On the Relative Efficiency of Performance Pay and Social Incentives," Barcelona Graduate School of Economics, ensaio acadêmico nº 585, outubro de 2011.
7. Tanjim Hossain e John A. List, "The Behavioralist Visits the Factory: Increasing Productivity Using Simple Framing Manipulations," *Management Science* 58 (2012): 2151–2167.

Epílogo

1. Essa passagem vem de Steven D. Levitt e John A. List, "What Do Laboratory Experiments Measuring Social Preferences Reveal About the Real World," *Journal of Economic Perspectives* 21,

nº 2 (2007): 153–174. Para um ensaio inicial por um pioneiro da economia experimental, ver Vernon L. Smith, "Microeconomic Systems as an Experimental Science," *American Economic Review* 72, nº 5 (1982): 923–955.

2. Por razões óbvias, encorajamos você a não enganar seus clientes. Nesse caso, não faça propaganda de uma doação casada se ela não existe.

Índice

A

best.
business

Este livro foi composto na tipografia Palatino LT Std Roman,
em corpo 10,5/15, e impresso em papel off-white no Sistema
Cameron da Divisão Gráfica da Distribuidora Record.